DE LA

LIBERTÉ D'ASSOCIATION

AU POINT DE VUE DU DROIT PUBLIC

A TRAVERS LES AGES

Autres publications de M. Worms

Exposé élémentaire de l'Économie politique à l'usage des écoles (ouvrage adopté par le Ministère de l'Instruction publique et par la ville de Paris).

Rudiments de l'Économie politique à l'usage de l'enseignement secondaire (conformément aux programmes officiels).

Nouveau Catéchisme d'économie politique (à destination des écoles primaires).

Histoire commerciale de la Ligue hanséatique (ouvrage couronné par l'Institut).

L'Allemagne économique ou histoire du Zollverein allemand.

Théorie et pratique de la circulation monétaire et fiduciaire (ouvrage récompensé par l'Institut).

Sociétés humaines et privées.

De l'enseignement politique et administratif.

Sociétés par actions et Opérations de Bourse (ouvrage couronné par l'Institut).

Rapports du Droit pénal avec l'Économie politique.

L'Économie politique devant les Congrès de la Paix.

Conférence sur le mariage à l'asile de Vincennes.

Des loyers pendant la guerre.

Leçon d'ouverture d'un cours d'Économie politique.

Du cumul des fonctions.

De l'État au regard des erreurs judiciaires.

Du Droit au regard de l'Économie politique.

Rapports de missions à Florence, la Haye, Saint-Pétersbourg, Buda-Pesth.

DE LA
LIBERTÉ D'ASSOCIATION

AU POINT DE VUE DU DROIT PUBLIC

A TRAVERS LES AGES

PAR

ÉMILE WORMS

PROFESSEUR A L'ÉCOLE DE DROIT DE RENNES
CORRESPONDANT DE L'INSTITUT

PARIS

DENTU ET Cⁱᵉ, ÉDITEURS

LIBRAIRES DE LA SOCIÉTÉ DES GENS DE LETTRES

PALAIS-ROYAL, 15-17-19, GALERIE D'ORLÉANS

1887

INTRODUCTION

Les associations dont notre titre met en cause
la liberté ont pour cadre ce que nous avons appelé
ailleurs les sociétés *humaines*, en les opposant
aux sociétés *privées*. Ces sociétés humaines,
répandues sur la surface de l'univers, y existent
et s'y perpétuent sous le vocable de peuples ou
nations, en vertu d'une volonté supérieure, d'une
prédestination de l'humanité, sans que l'on prenne
sur le fait, pour leur formation, autrement que
dans des cas tout à fait exceptionnels, l'intervention d'un prétendu contrat social. Une telle origine
des groupes sociaux, s'enrichissant encore tous
les jours, sous nos yeux, par la naissance de
membres nouveaux, en dehors de leur consultation
préalable, n'est pas faite d'ailleurs pour nous
déplaire. Car n'ayant rien de conventionnel, et
participant en quelque sorte du caractère d'un fait
matériel et brutal, elle atteste à sa manière l'indé-

pendance et la responsabilité de l'homme, pour qui la société doit être non une fin, mais un moyen; une demeure, non une prison. La société n'étant qu'un milieu, et un milieu même accidentel, l'homme y apparaît au premier plan avec ses destinées particulières, à l'accomplissement desquelles la société doit concourir, loin de pouvoir les subordonner aux siennes propres.

Sans vouloir contester assurément aux diverses nationalités une personnalité collective qui tient cependant encore elle-même, si on veut y regarder de près, à l'action et à l'intérêt individuels, disons que ce qui convient le mieux àcette personnalité, c'est un rôle passif, un rôle d'expectative vigilante, de laisser faire enfin dans la direction du bien et du juste, alors que ce qui importe à l'individu, ce qui est son devoir et partant son droit, c'est d'agir, c'est d'employer au mieux de sa situation présente et de son avenir les forces physiques, intellectuelles et morales qui lui sont échues en partage ou qu'il est parvenu à accroître.

C'est sur le trajet parcouru par l'individu à la recherche de son but que se rencontrent les associations. Au milieu de la compétition acharnée des intérêts ou en face d'entreprises défiant l'effort des particuliers réduits à eux-mêmes, ceux-ci ne tardent pas à être envahis par le sentiment de leur impuissance, et dès qu'ils en ont une perception bien nette, ils courent au remède, en faisant appel à des activités et à des aptitudes semblables ou supérieures même aux leurs, solidarisées par la communauté du résultat.

On voit par là en quoi les associations diffèrent des sociétés humaines. Celles-ci contiennent et enveloppent celles-là. Celles-ci ont toujours existé, ou leurs débuts, si l'on fait abstraction de leur dénomination politique, se perdent dans la nuit des temps ; tandis que celles-là surgissent à un moment connu, provoquées par une suggestion et authentiquées par un document quelconque. Celles-ci, tout en veillant sur l'homme et en facilitant sa tâche par une organisation appropriée, l'abandonnent à ses inspirations propres, à la joie de ses triomphes, à l'amertume de ses déboires, pendant que celles-là font entrer simultanément en campagne un nombre plus ou moins considérable d'individualités et élèvent l'œuvre virtuelle de l'homme à une puissance d'autant plus haute

qu'elles lui auront donné plus de collaborateurs.
Il va sans dire, d'ailleurs, que ces distinctions marqueront aussi leur empreinte sur les fonctions directrices exercées dans les associations comme dans les agrégations humaines, et que si le titulaire de ces fonctions dans les agglomérations humaines, appelées empires, royautés ou républiques, les a remplies convenablement, quand on ne peut lui reprocher ni empiétement ni usurpation, le plus grand éloge qu'on puisse faire du titulaire du même pouvoir dans les associations est d'avoir déployé un zèle, une ardeur et un dévouement à toute épreuve. Les associations qui opèrent dans et sur la société s'emploient à la refaire pour ainsi dire de toutes pièces, infusent à cet organisme flegmatique un sang nouveau d'un cours plus rapide, et substituent l'offensive à la défensive, sur tous les points où elles révèlent leur présence.

L'association, qui est un véritable multiple de l'homme en action, est suscitée par les causes les plus diverses, par toutes celles qui sont capables de mettre l'homme lui-même en mouvement, en répondant à une de ses passions, à un de ses penchants, à un de ses besoins. Il n'y a pas à s'appesantir ici sur les associations établies en vue du mal. Les associations de malfaiteurs, poursuivant des visées immorales et antisociales, rencontrent devant elles, pour les combattre, le Code pénal à la main, la société tout entière, sortant à juste titre de la réserve qui lui est commandée d'habitude. Mais à côté de ces associations, d'autant plus condamnables qu'elles mettent au service de leur but des moyens plus efficaces, s'en placent d'autres, déterminées par des mobiles avouables, irréprochables ou même dignes d'encouragement, telles que les associations artistiques, scientifiques, charitables ou économiques, dont la légitimité ne pourrait être contestée que si on prétendait vouloir empêcher aussi un homme de gouverner sa vie et de faire lui-même ses affaires. La charge de leurs destinées, qui incombe respectivement à tous les hommes, est en effet selon nous le meilleur fondement du droit qu'ils ont de s'y prendre à plusieurs pour dégager leur responsabilité et parvenir à leurs fins.

Parmi les associations énumérées tout à l'heure, comme étant à l'abri de tout grief, nous avons omis de citer les associations politiques. C'est qu'en réparant cette omission volontaire nous abordons directement notre sujet, tel qu'il est circonscrit par notre titre, qui ne s'inquiète de l'association qu'au point de vue du droit public. Mais le droit public considère l'État dans son ensemble ou dans ses grandes subdivisions ; il n'envisage que les intérêts généraux et forme le recueil des règles qui gouvernent la collectivité des citoyens ou la société tout entière. N'y peuvent donc prendre place que des discussions ou des institutions, mettant en cause l'intégralité de la nation dans sa manière d'être et de vivre. Or, des diverses associations, s'il en est dont les études, les tendances, les agissements sont tournés vers l'organisation sociale, vers la chose publique, pour laquelle elles peuvent même constituer une véritable menace et qui ont en conséquence tout naturellement droit de cité dans le droit public, appelé à prononcer sur leur mode d'existence et sur leur existence même, ce sont, avant tout, les associations dites politiques.

D'ailleurs, cette application essentielle de notre titre à une catégorie spéciale d'associations, à celle des associations politiques, si manifestement liées à toute conception doctrinale ou pratique d'ordre constitutionnel, n'a rien d'absolument décourageant pour ceux qui voudraient nous voir évoquer le rôle des associations *telles quelles* dans le droit public. Sans devenir infidèle à la ligne de conduite indiquée, il est encore possible d'accorder à ces dernières une attention suffisante. En effet, si en théorie pure le droit public ne semble avoir rien à démêler avec d'autres associations que les associations politiques, ce droit, dans son adaptation plus ou moins avisée aux temps et aux lieux, établit parfois entre des associations très dissemblables une promiscuité dénuée de rigueur scientifique.

On comprend du reste que certaines associations, telles que des associations religieuses, si elles déviaient de leur but de piété si inoffensif, si elles dissimulaient des projets temporels et sociaux sous leur étiquette devenue mensongère, rencontrassent devant elles, en raison de leurs écarts ou d'une manière particulière de s'organiser, les prohibitions du droit public ou les annulations du droit sanctionnateur, parce que ces associations prétendues religieuses abriteraient en réalité des associations ou combinaisons politiques ou sociales, peut-être réprouvées, à tort ou à raison, par le législateur du moment. D'autres fois là machine législative sera tombée, par suite de surprise ou de la décadence du peuple, aux mains d'un maître, farouche et ombrageux, comme ils le sont généralement tous, qui, ayant conscience de son usurpation sans vouloir en perdre le profit, englobera dans une proscription commune des associations même complètement étrangères à la politique, tant la politique qu'il suit lui semble devoir être condamnée, même involontairement, par toutes les manifestations de l'esprit humain. Le droit public positif, sollicité de temps à autre par des inspirations plus ou moins correctes, vient donc fournir le moyen d'annihiler, le cas échéant, les inconvénients d'une exécution de notre programme, exclusive de tout tempérament, et c'est sous le bénéfice de cette constatation, assez rassurante pour tous, que nous abordons de plain-pied notre matière.

DE LA LIBERTÉ D'ASSOCIATION

AU POINT DE VUE DU DROIT PUBLIC

A TRAVERS LES AGES

CHAPITRE PREMIER

LES ASSOCIATIONS CHEZ LES GRECS

Ni l'antiquité ni le moyen âge ne doivent faire *ex professo* les frais de cette étude, inspirée surtout par les soucis de l'heure présente. Mais les hommes sérieux qui nous lisent, et qui ne croient pas plus à la génération spontanée dans le monde moral que dans le monde physique, ne souhaitent pas assurément que le passé, ce procréateur habituel et en tout cas ce précurseur du présent, ne fasse ici l'objet d'aucune recherche ou d'aucune réflexion. Ne s'agit-il pas d'ailleurs de combinaisons corrélatives aux tendances éternelles de la nature humaine qui, en butte aux mêmes aspirations, y pourvoit par les mêmes procédés, quand elle le peut, du moment qu'ils sont les plus appropriés. « L'union fait la force » constitue une vérité, sans doute banale, depuis les époques les plus reculées.

L'antiquité, considérée au point de vue constitutionnel, ne nous ménage pas les contrastes. L'absolu s'y livre carrière dans des directions opposées. On y rencontre d'immenses empires courbés sous des mains de fer et dont l'existence se confond pour ainsi dire, aux yeux de la postérité, avec celle des maîtres de leurs destinées. En revanche, la liberté et la dignité humaines s'y épanouissent dans quelques rares républiques, versant cependant quelquefois trop de la démocratie dans la démagogie, tout en méconnaissant indignement leur principe vis-à-vis des classes asservies, et en payant ce tribut honteux à la barbarie de leur temps. Seulement l'antiquité classique n'est représentée que par ces républiques isolées, qu'un certain degré de culture seul a pu fonder, comme aussi elles sont devenues à leur tour les instruments actifs d'une civilisation plus avancée et plus raffinée encore. Les monarchies tempérées n'ont pas fait encore leur apparition, et Montesquieu aurait vainement, pour cette forme de gouvernement, cherché dans cette période primitive de l'histoire un modèle que la Grande-Bretagne est venue lui offrir bien plus tard. Ainsi un seul était maître ou tout le monde était maître, et un partage des pouvoirs par voie d'accommodement et de transaction n'avait point encore prévalu. Ces grandes lignes posées, il est facile de se rendre compte de la situation contemporaine des associations politiques.

Dans les États tyranniquement gouvernés, où l'individu, à la merci du prince, n'est rien et ne peut pas compter sur le lendemain, il se gardera de former des projets de longue haleine et n'éprouvera pas le besoin d'unir à ses efforts d'autres efforts aussi stériles ou aussi menacés que les siens. D'ailleurs, toute tentative de concentrer des forces individuelles sèmerait l'alarme dans les régions du pouvoir, qui ne peut s'exercer, dans les conditions où il s'exerce, qu'en veillant à une division atomique du peuple exploité. Aussi l'association est-elle frappée de mort dans toutes les directions, puisque dans toutes les directions elle pourrait être tentée d'arrêter la marche de l'arbitraire qui, obéissant à sa loi, désirerait ne rencontrer de frein nulle part. A plus forte raison ne saurait-il y avoir ni tolérance, ni trêve, ni merci pour l'association proprement politique, qui contredit directement dans son ensemble l'état de choses en cours et prépare ou tient en réserve un bouleversement général. Et de même que le malheureux auquel on refuse le droit de se plaindre renferme en lui-même son ressentiment qu'il ne laissera éclater que lorsque l'occasion sera propice, de même les associations auxquelles une infortune et une haine communes auraient donné naissance, malgré tous les obstacles, traîneront dans l'ombre leur existence réprouvée et continueront d'être secrètes jusqu'au jour de la revanche.

Pour des raisons un peu différentes, ce tableau quelque peu désolé n'acquiert pas beaucoup plus d'animation dans les cités antiques en possession d'elles-mêmes. La personnalité humaine n'y était certes pas amoindrie; on lui faisait même, quand il s'agissait de celle des citoyens proprement dits, un piédestal, formé malheureusement d'autres créatures humaines, qui étaient déshéritées de tous droits; et quand un Romain, par exemple, disait : *Civis romanus sum*, cette déclaration comportait l'orgueil et les revendications qui seraient attachés de nos jours à une déclaration semblable dans la bouche d'un fils de la libre Angleterre. Seulement la liberté, si féconde en général, ne devait pas témoigner d'une fécondité exceptionnelle dans le domaine que nous parcourons. L'engouement des anciens n'était pas aux affaires qui sollicitent le plus l'association de droit commun. En dehors des passions politiques, on ne voit rien de nature à rendre bien nécessaire ou désirable le rapprochement des ressources et des activités isolées. Les occupations industrielles et mercantiles, qui assurent la prospérité durable, sinon glorieuse et fascinatrice des nations, étaient abandonnées, comme indignes de l'homme libre, à des mains viles ou plutôt aviles par la servitude; et si l'agriculture n'était pas partout l'objet des mêmes préventions, c'était à cause de l'indépendance plutôt qu'à cause des résultats qu'elle donnait et parce qu'on ne dédaigne pas non plus impunément cette nourricière du genre humain.

En Grèce, le culte des arts et des lettres était passablement absorbant et exclusif. Mais dans le champ de l'imagination, l'individualisme triomphe nécessairement, chacun sentant, comprenant, rendant à sa façon. Le concert, la collaboration n'y sont vraiment guère possibles, et il faut laisser chacun s'envoler sur les ailes de son inspiration propre. L'association peut s'emparer des travaux vulgaires et à la portée de tous : elle ne peut être utilisée pour la recherche de l'idéal. Ceux qui ont illustré le monde grec par les arts, les sciences et les lettres, les Homère, les Démosthène, les Sophocle, les Praxitèle, les Phidias, les Hippocrate, les Aristote étaient des génies, et les génies ne s'accouplent ni ne s'embrigadent; car, outre qu'ils ne foisonnent pas, ils ne s'accommodent que des voies solitaires, comme c'est d'ailleurs aussi le cas des hommes qui, sans être doués de facultés exceptionnelles, sont torturés par la noble passion du vrai et du beau. Aussi rien n'est-il plus juste que la locution de « République des lettres », appliquée à ce monde des chercheurs infatigables du dernier mot en toute chose, cette locution devant affirmer leur indépendance constitutionnelle, l'absence de tout lien de subordination entre eux.

Sans doute une région, même méridionale, ne peut s'en tenir aux seuls produits du cerveau, et il lui en faut de plus substantiels, dont l'acquisition, la répartition et la consommation motivent, par voie d'engendrement ou d'échange, une activité économique plus ou moins soutenue.. Nul pays d'ailleurs n'a, dans l'antiquité, offert plus que la Grèce des conditions physiques favorables à la production agricole et industrielle ainsi qu'aux relations commerciales. Voici, par exemple, comment M. Rougier rappelle les faveurs célestes échues en partage à ce coin privilégié du globe :

« Son territoire couvert aux neuf dixièmes de montagnes où s'échelonnaient d'antiques forêts, entouré de trois côtés des flots de la Méditerranée avec des ports naturels et des golfes, s'ouvrant sur un archipel semé d'îles nombreuses, réunissait tous les éléments qui font la sécurité et le succès de la navigation.

« Ses vallées, arrosées par de nombreux cours d'eau, offraient les bienfaits d'une ample fertilité. Quels pays furent plus féconds que la Thessalie, la Messénie, l'Arcadie, le nord de l'Elide et l'île d'Eubée, surnommée le grenier d'Athènes ?

« La Béotie avait, comme l'Égypte, les avantages naturels d'inondations périodiques. La Thessalie élevait une forte race de chevaux.

« Les métaux s'offraient riches d'abondance et de

variété. C'étaient : le fer dans la Béotie, en Laconie, au mont Taygète, dans l'Eubée, près de Chalcis, habile plus tard dans la fabrication des armes ; le cuivre également dans l'Eubée ; l'argent en Épire, à Siphnos et dans l'Attique où les mines du Laurium furent l'objet d'une large exploitation ; l'or en Thessalie, dans l'Hémus et au mont Pangée, sur les confins de la Thrace, de la Macédoine et de la Mœsie et encore dans les îles de Siphnos et de Thasos ; l'Hèbre dans la Thrace en roulait, dit-on, dans ses flots.

« Enfin le marbre se trouvait dans l'Attique et les îles ; la renommée de celui de Paros a traversé les âges. »

Quoi qu'il en soit de ces richesses et de ces avantages naturels, ils ne devaient pas, aidés même des suggestions de l'autonomie individuelle, favoriser le rapprochement des citoyens sur le terrain productif et mercantile, plus qu'ils ne favorisèrent le rapprochement des peuplades au moyen de la liberté commerciale. De cette liberté commerciale, entendue comme nous l'entendons et si peu connue de l'antiquité même grecque, où le commerce entre nations ne fut qu'une alternative de surprises, de rapines èt de vexations, nous n'avons rien à dire ici, pour éviter les hors-d'œuvre ; sinon peut-être que, parmi les causes des barrières douanières entre contrées voisines ou éloignées, on en pourrait découvrir, à la rigueur, ayant agi également pour rendre des concitoyens, au point de vue économique, aussi étrangers que possible les uns aux autres. Ainsi il est bien certain que l'État antique était une personnalité accusée, extrêmement prépondérante et armée de droits comme peuvent en rêver pour nos sociétés les utopistes modernes. Or cette personnalité exagérée dont l'égoïste méfiance, dès lors presque inévitable, mettait en garde chaque petit État contre tous les autres, se retrouve aussi au dedans où elle se manifeste par une confiscation presque complète du citoyen, malgré cette auréole de liberté dont il nous paraît entouré, au moins à distance.

Il ne faudrait pas croire qu'à Sparte seul on immolât à la chose publique la famille, la propriété, tous les sentiments les plus intimes et les plus profonds de la nature humaine : car, suivant l'assertion très justifiée de Bœckh, « partout dans la Grèce, même dans la république la plus libre, celle d'Athènes, le plus pauvre comme le plus riche citoyen était convaincu que l'État avait des droits sur la totalité des propriétés particulières. Toute restriction apportée à l'usage de ces propriétés, et amenée par les circonstances, paraissait juste : elle ne pouvait être regardée comme un préjudice que depuis que l'on a fait de la sûreté des personnes et des propriétés le seul but du gouvernement, ce qui n'entra jamais dans la pensée des anciens. »

C'est pour ainsi dire corps et biens que le citoyen

appartenait à l'Etat, auquel il consacrait le plus clair de son temps, en prenant part aux jeux publics, aux élections, aux harangues, ou en remplissant, suivant les décisions du sort ou du scrutin, les fonctions de magistrat dans la tribu ou la cité, d'archonte, de stratège, d'héliaste, de membre du Sénat, etc. Aussi rien n'est-il juste comme l'observation d'Aristote, d'après laquelle l'homme qui avait besoin de travailler pour vivre ne pouvait pas être citoyen.

Il est vrai qu'en échange de ses accaparements, l'État devait être amené à s'attribuer, dans des moments difficiles au moins, la mission d'un sauveur, à faire des opérations, des approvisionnements pour son compte, à faire vivre le plus de gens possible du salaire attaché aux fonctions publiques, qui étaient multipliées à l'envi, à faire face aux besoins aigus des citoyens par des distributions de toute nature, sauf à rendre les bénéficiaires de ces largesses aussi paresseux, aussi avides et aussi intrigants que Platon accusait les Athéniens de l'être devenus. Rien d'instructif, à l'égard de cette tâche d'entretien attribuée à l'État antique, comme ce surenchérissement des offres dans la comédie des Chevaliers d'Aristophane entre les deux prétendants, Cléon, le démagogue, successeur de Périclès, et un charcutier, qui tour à tour promettent aux masses le grain, la subsistance et la farine toute préparée, et auxquels le peuple répond qu'il abandonnera les rênes du Pnyx à celui qui le traitera le mieux.

Les citoyens s'alimentant de la sorte par l'État plutôt qu'ils ne l'alimentaient lui-même, abdiquant l'existence domestique et les intérêts privés pour la chose publique, épris, au moins aux belles époques, de grandeur morale, avides moins de jouissances matérielles que des satisfactions plus hautes que procurent le talent, le pouvoir et même la pauvreté volontaire, on comprend qu'au profit même de la vie publique, intellectuelle et artistique, ils n'aient fait qu'une part très restreinte à la vie végétative et se soient encore déchargés la plupart du temps des soucis de ce dernier ordre, si inférieur à leurs yeux, sur leurs esclaves ou sur les métèques, c'est-à-dire les étrangers admis à la résidence. Or rien que ce fait seul de la remise ordinaire des intérêts matériels aux mains des esclaves, des ilotes, c'est-à-dire de gens sans droits propres et privés d'initiative, aurait suffi à empêcher l'association de ces intérêts de pousser des racines vigoureuses et nombreuses sur le sol grec.

Cependant des modèles d'association ou de groupement ne faisaient pas absolument défaut, surtout si on les cherchait dans une autre sphère, des plus familières aux anciens. Qu'était-ce en effet que la cité, sinon une confédération de plusieurs groupes constitués avant elle et qu'elle laisse subsister ? C'est ainsi que, d'après les orateurs antiques, chaque Athénien faisait partie de quatre sociétés distinctes, car il était à la fois membre d'une famille, d'une phratrie, d'une tribu et de la cité. A la base de la cité, il y avait, à titre de cellule pour ainsi dire, le groupe de la famille avec ses diverses branches, son foyer, son chef, ses rites, ses dieux, ses clients, ses serviteurs variés plus ou moins nombreux.

La réunion de plusieurs familles formait sous le nom de phratrie, à laquelle correspondait la curie à Rome, un second groupe, placé sous l'égide de divinités communes auxquelles sont offerts des sacrifices accompagnés de repas pris en commun devant l'autel du dieu de la phratrie.

A son tour, la tribu réunit en un faisceau un certain nombre de phratries et élève un autel à sa divinité tutélaire, en faisant choix le plus souvent, pour cet honneur, d'un héros, d'un ancêtre, dont elle tire son nom.

Et c'est l'assemblage des tribus qui constitue les bourgades et les cités. Le jeune homme de seize à dix-huit ans y entre en prêtant devant l'autel de leur dieu, également distinct, le serment de respecter la religion et les lois; comme il était entré dans la famille par sa naissance et la cérémonie religieuse qui intervient dix jours après; dans la phratrie par la présentation que le père fait de son fils en attestant la légitimité de sa naissance devant l'autel du dieu de la phratrie qui reçoit les chairs de la victime partagées en un repas commun, et dans la tribu par des cérémonies de même nature.

Ce mouvement non pas d'incorporation mais d'adjonction se propageant, on voit des cités au nombre de quatre, cinq, six, donner naissance, par leur rapprochement, à la peuplade qui adopte une divinité à elle et un feu sacré, sans préjudice des cultes particuliers qui survivent. En même temps d'ailleurs que chaque élément social, chaque canton garde son culte propre; au-dessous du culte qui est commun à tous, il conserve aussi son organisation politique, ses assemblées, ses chefs, ses magistrats. Faute d'unification complète, on obtenait au moins une certaine unité, comme ce fut le cas de l'unité athénienne, à partir du moment où Thésée, notamment, eut fait de Minerve la déesse de *toute* l'Attique, et de sa fête, appelée les Panathénées, le rendez-vous et le lien commun des peuples de *tous* les bourgs de cette contrée.

Puis, grâce à la force d'expansion inhérente à une idée juste, il devait arriver qu'à la confédération des bourgs succédât celle des peuplades elles-mêmes. La Grèce ne nous montre-t-elle pas sous ce rapport la confédération amphyctionique, dotée de ses divinités spéciales et supérieures, et réunissant au printemps à Delphes, pour ses fêtes religieuses, les délégués des douze peuples grecs ? Ces mêmes députés prenaient part aussi à des jeux publics, dont les plus renommés, les jeux isthmiques, fondés jadis par Sisyphe, réorganisés par Thésée et consacrés par lui à Neptune, et où se disputait, près de Corinthe, le prix de la lutte, de la course, du saut, du disque, du javelot, de la musique et de la poésie, cimentèrent plus d'une fois l'alliance ou les réconciliations des villes confédérées. Nous n'aurions garde d'ailleurs d'oublier ici les fêtes olympiques, célébrées pendant cinq jours dans la plaine d'Olympie en l'honneur de Jupiter, où des hommages solennels furent rendus à Pindare, à Archiloque, à Simonide, à Pythagore, à Platon, à Hérodote, et au cours desquelles on faisait trêve à toutes les inimitiés.

Aussi bien, le principe fédératif sut franchir les limites de la Grèce proprement dite, et, grâce à l'union des Cyclades, nous apercevons des députés de toutes les îles, assemblés à Délos et y célébrant des sacrifices en l'honneur des divinités communes. L'Italie nous offre, au besoin, de son côté, le spectacle de confédérations analogues entre les villes du Latium et celles des Étrusques.

C'est à la faveur de cette entente plus ou moins fugitive et solide, qu'a pu être entreprise et menée à bonne fin contre la ville de Troie cette fameuse expédition à laquelle prirent part douze cents vaisseaux et cent mille hommes, confiés au commandement suprême d'Agamemnon, roi des rois, comme aussi ont pu être concentrées plus tard toutes les forces du Péloponèse contre les hordes innombrables du roi de Perse.

Seulement, ces contacts momentanés, issus de périls ou de blessures d'amour-propre également temporaires, ne permettent tout de même pas de se faire illusion sur la fragilité du lien formé qui, en tout cas, n'était pas de force à déterminer, entre les cités agrégées, une cohésion comme celle que réclame et que comporte un État. Dans son livre sur la *Cité antique*, M. Fustel de Coulanges, constatant l'individualisme excessif qui caractérise les cités grecques et crée un obstacle à leur fusion complète, à leur pénétration réciproque, cherche à expliquer les causes de cet état de choses regrettable.

« Quelques milliers de citoyens, dit-il, pouvaient bien, dans des fêtes patriotiques, se réunir autour d'un même prytanée, offrir un même sacrifice, se partager les mets sacrés, participer aux mêmes jeux ; mais ces usages étaient-ils suffisants pour réunir plusieurs cités en un seul État ?

« Le caractère le plus saillant de l'histoire de la Grèce et de celle de l'Italie avant la conquête romaine, c'est le morcellement poussé à l'excès et l'isolement de chaque cité..... La Grèce n'a jamais réussi à former un seul État ; ni les villes latines, ni les villes étrusques, ni les tribus samnites n'ont jamais pu former un corps compact. On a attribué l'inexorable

division des Grecs à la nature de leur pays et l'on a
dit que les montagnes qui s'y croisent établissaient
entre les hommes des lignes de démarcation naturelles. Mais il n'y avait pas de montagnes entre
Thèbes et Platée, entre Argos et Spartes, entre
Sybaris et Crotone..... La nature physique a, sans
nul doute, quelque action sur l'histoire des peuples ;
mais les croyances de l'homme en ont une bien plus
puissante. Entre deux cités voisines, il y avait quelque
chose de plus infranchissable qu'une montagne, c'était
la série des bornes sacrées, c'était la différence des
cultes et la haine des dieux nationaux pour l'étranger.

« Pour ce motif, les anciens n'ont jamais pu établir ni même concevoir aucune autre organisation
sociale que la cité..... Entre deux cités, il pouvait
bien y avoir alliance, association momentanée en
vue d'un profit à faire ou d'un danger à repousser,
mais il n'y avait jamais union complète..... l'isolement étant la loi de la cité. »

Eh bien, ce ciment dont M. Fustel de Coulanges
relève l'absence entre cités, ne parvenant pas à vivre
sous une loi commune, faisait défaut aussi à l'intérieur de chaque cité, dont les habitants ne manifestaient qu'un goût médiocre pour cette communauté
relative, appelée l'association. Pour des causes déjà
indiquées, l'isolement qui était la loi de la cité dans
ses rapports avec le dehors était aussi en général la
loi du citoyen au dedans. L'esprit de la cité soufflait

pour ainsi dire sur tous ses membres. Mais quand nous parlons de l'esprit, peu enclin à l'association, qui animait les individus, nous sommes dans notre sujet, tandis qu'en parlant, comme nous l'avons fait, de la cité et de la manière dont se formait la cité, nous tenons à constater que nous ne nous ne croyions pas même dans notre sujet, et que ces développements rapides avaient uniquement sous notre plume la valeur d'un point de repère.

En effet, en assistant au travail d'assimilation, qui aboutit à la naissance de la cité, nous n'assistons nullement à la naissance d'une association politique, au sens que notre présente étude au moins attache à ce dernier mot. La cité constitue, si l'on veut, une société politique, une division politique, un lien entre gens, que des affinités intellectuelles, religieuses, historiques, locales ou autres déterminent à vivre côte à côte, sous le contrôle et la protection de tous, mais qui n'entendent pas moins vivre chacun à sa guise et organiser chacun son existence à sa façon, en ne se faisant les uns aux autres que les concessions nécessitées et compensées par les profits à tirer du contact. Avec la cité, s'établissant sur des éléments familiaux qui se sont agrégés en clans de plus en plus vastes, nous ne possédons que l'arène, que le champ clos où se livrent des combats qui sont ou des combats singuliers ou des combats de plusieurs contre des individus isolés, ou des combats entre groupes plus ou moins forts par le nombre ou les ressources. L'histoire de l'avènement de la cité ne nous présente que l'intérêt relatif de la formation de la croûte terrestre, envisagée indépendamment de l'humus fécondant. La cité, c'est la croûte, la croûte seulement, et quant à l'humus qui donne à cette croûte la fécondité, son esprit riant et enchanteur, c'est surtout l'association qui l'y dépose, qu'elle affecte un caractère d'intérêt privé ou d'intérêt public.

Mais l'association dictée par des considérations d'intérêt privé ne nous a pas paru jouir en Grèce d'une fortune bien brillante. En tout cas, c'est sur Athènes que doivent de préférence se porter les regards, comme ayant offert le spectacle d'un épanouissement particulier. Sans doute elle ne fut pas beaucoup servie par un sol bien autrement ingrat que celui de la Béotie, sa voisine, et par des ressources naturelles, se réduisant à un peu de blé et d'orge, insuffisant pour sa consommation, à des figuiers, à des vignes, aux abeilles de l'Hymette, aux marbres du Pentélique et aux mines d'argent du Laurium. Seulement sa situation topographique la prédestinait à la prépondérance maritime, et le génie de Solon, qui avait beaucoup voyagé et s'était livré lui-même au commerce, lui avait vite assigné, comme double source de sa prospérité à venir, le négoce et la marine. Chargé en 596 avant Jésus-Christ de donner des lois à sa patrie, le descendant de Codrus ne se fit pas faute d'ailleurs, par l'organisation politique dont il la dota et par diverses mesures économiques, de préluder à cet éclat et à cette splendeur qui devaient atteindre leur apogée sous Périclès.

Les produits étant l'aliment indiqué de la navigation, il importait d'activer la production nationale, en laissant à sa disposition, sans en permettre la sortie jusqu'à leur transformation, les matières premières fournies par la contrée elle-même, et de faire rapporter d'aussi loin que possible les matières premières et les produits du dehors. Aussi le marché athénien accumulait-il des richesses de toutes provenances, et Périclès put-il dire justement plus tard, dans son *Éloge des citoyens morts pour la patrie* : « Les pays les plus fertiles payent à la grandeur de notre ville le tribut de leurs productions, de manière que les fruits les plus rares dans chaque contrée sont aussi communs chez nous que s'ils naissaient sur notre sol. » On ne se contentait pas d'ailleurs d'attirer les marchandises exotiques ; tout était mis en œuvre pour faire accourir les étrangers eux-mêmes, et certes les monuments, les musées, les jeux, les fêtes, les grandes et petites panathénées, les dionysiaques, les mystères d'Éleusis, etc., ne pouvaient manquer d'exercer sur eux une grande attraction. Parmi les objets d'importation, tels que denrées en blé, bétails, poissons salés, ou bien

peaux brutes, laines, métaux, ivoire, ébène, utilisés
par les industries indigènes, il convient de citer,
comme un des plus précieux, les esclaves, ces machines industrielles de l'antiquité, que le maître ex-
ploitait, non sans profit, soit directement, soit en les
louant, car, suivant une trop juste observation, toute la
philanthropie et l'économie politique des anciens sont
là : vivre et s'enrichir du travail des esclaves. Il fallait
bien, en effet, que de telles inspirations et doctrines
y prévalussent, pour qu'un Xénophon, dans son
livre sur les *Revenus de l'Attique*, pût proposer que
la république accaparât tous les esclaves, les mar-
quât au front et les louât aux particuliers.

Quant à l'exportation, elle portait d'abord sur des
denrées, telles que l'huile, le miel et à certaines époques les figues, dont l'Attique, plus abondamment
pourvue, permettait l'écoulement au dehors, en prohibant au contraire la sortie des céréales, des bois de
construction, sapins, platanes, cyprès et autres arbres que baignait l'Ilissus, ainsi que de la cire, des
cordages, outres et goudrons et de tout ce qui était
propre à la construction et à l'équipement des vaisseaux.

Mais cette exportation était défrayée aussi par des
articles plus travaillés, dus à l'industrie nationale,
que Solon avait cherché à aviver en voulant astreindre, sans y réussir cependant beaucoup, au travail productif, à l'effort personnel, les citoyens eux-

mêmes, empressés malheureusement à s'en décharger sur les métèques et les esclaves. Ici figuraient des ouvrages de cuir, de pelleterie, d'orfèvrerie, des tissus, les lits, les vases de terre et de métal, les parfumeries, les objets de luxe et de goût, faisant penser involontairement à l'article de Paris si réputé de nos jours, des armes de toutes sortes : glaives, boucliers, casques, cuirasses, etc.

A côté des exportations proprement industrielles, il y en avait d'ailleurs d'un caractère tout à fait artistique répondant au génie particulier des Athéniens et consistant, suivant Xénophon qui nous en entretient dans son *Expédition de Cyrus*, en tableaux, en statues, en ornements, en marbres, en manuscrits que les grandes cités se disputaient, avides de lire les œuvres des poètes, des orateurs, des philosophes de l'Attique.

Rappelons enfin, comme éminemment favorable à l'appel des importations, les exportations de numéraire, provenant des mines du Laurium dont l'exploitation concédée, moyennant redevance, par l'État à des entrepreneurs, occupait vingt mille esclaves au temps de Périclès.

Inutile, bien entendu, de nous arrêter ici aux amendes ou taxes pouvant entraver ou grever l'exportation ou l'importation, ni de prendre parti entre Heeren (*Idées sur la politique et le commerce des peuples de l'antiquité*) et Bœckh (*Économie poli-*

tique des Athéniens) sur le point de savoir si les droits établis avaient une signification exclusivement fiscale, ou bien se rattachaient déjà à ce système de politique commerciale, appelé de nos jours, selon les cas, prohibitif ou protecteur.

Ce qui est certain, c'est que la navigation commerciale de l'Attique ne manque de fret ni à l'aller ni au retour, comme l'atteste encore cette exclamation de Xénophon : « Où ceux qui veulent acheter ou vendre quoi que ce soit s'adresseraient-ils mieux qu'à Athènes ? »

Pour rendre cette navigation plus productive, Solon, sacrifiant à l'esprit de son temps, qui faisait de la piraterie une des opérations normales ou usuelles de la marine, laissa subsister les collèges ou associations de pirates. Les vaisseaux athéniens pourvurent au transport des diverses productions sur toutes les côtes de la mer Égée et dans la Sicile, l'Italie, la Colchide, ancien pays de l'Asie, à l'est du Pont-Euxin, Chypre, le royaume de Pont en Asie Mineure. A l'occasion, ils servaient aussi aux exactions exercées plus d'une fois contre les colonies.

Que les institutions commerciales aient reçu de ce mouvement d'affaires une impulsion sérieuse à Athènes, nous n'y contredisons pas. Seulement, quand certains écrivains, tels que M. Rougier, faisant supposer une floraison exceptionnelle desdites institutions commerciales, signalent le développement *considérable* pris à Athènes par la lettre de change, les associations diverses, même les sociétés par actions, les contrats d'assurance maritime, les institutions de crédit et véritablement tous les genres de spéculations, nous aimerions voir les justifications succéder aux assertions, et sans vouloir nier absolument des phénomènes, éclos à l'état rudimentaire sous l'étreinte de la nécessité, nous devons, en face des exagérations, faire les réserves commandées par nos observations antérieures sur l'état des esprits et des mœurs dans les temps et les lieux dont s'agit.

Pour ce qui est enfin des associations politiques, leur rareté, sinon leur absence, est encore bien plus certaine, sans que cette constatation, au moins, dût causer le moindre regret. Plus ces associations peuvent se produire librement, moins elles abondent. La même liberté qui servirait leur formation et leur élan leur retire pour ainsi dire toute raison d'être. Quand les citoyens ont en effet, comme c'était notamment le cas dans la république athénienne, le moyen légal d'organiser et de façonner l'État à leur guise, le droit public peut bien, pour répondre à un desideratum doctrinal, sanctionner en même temps que les autres libertés celle des associations politiques ; mais outre qu'il n'y a plus place pour des associations politiques occultes, on n'aperçoit plus un grand intérêt à celles qui viendraient à se produire légitimement au grand jour, et qui, ne pouvant pas vouloir renverser ce que leurs membres eux-mêmes ont contribué à fonder, semblent nécessairement vouées au rôle assez modeste et effacé de sociétés d'étude des questions politiques.

CHAPITRE II

LES ASSOCIATIONS CHEZ LES ROMAINS

Des Grecs, passons immédiatement aux Romains, pour dégager de l'antiquité ce qu'elle présente encore de plus sortable et sans nous arrêter même au peuple juif fuyant, de par la volonté de ses législateurs et prophètes, le contact impur des autres peuples, tourné vers la pratique de la morale la plus haute, d'un désintéressement presque absolu et d'institutions économiques adéquates comme l'année sabbatique et l'année jubilaire, indolent d'ailleurs par nature, *blandiente inertia,* suivant Tacite, plus enclin et plus propre aux travaux de la guerre qu'à ceux des champs et de l'industrie, sans exportation, ne se laissant guère envahir par le faste et les produits du dehors qu'à partir de la transformation politique qui au pouvoir des juges fait succéder celui des rois, se bornant au rôle économique d'intermédiaire, livrant son territoire moins à la production qu'au transit et peu propre, par les voies dans lesquelles il cheminait en général, à enrichir nos observations rétrospectives.

Les Romains ne nous réservent d'ailleurs pas, sur notre sujet, de surprises beaucoup plus agréables que les Grecs, quoique pour des raisons quelque peu différentes. Autant les Grecs sont entraînés vers les arts de la paix, la culture intellectuelle et la fréquentation de l'agora, autant les Romains recherchent les émotions et les résultats de la guerre. La guerre, dans laquelle nous n'apercevons aujourd'hui qu'un accident douloureux, constitue le fond des aspirations et de la politique romaines, et revêt, par sa continuité, les caractères d'une sorte d'institution permanente. Si, chez eux, les Romains sont un peuple se gouvernant par le droit, au dehors, ils ne connaissent guère que la force, et c'est à la force triomphante, primant et opprimant le droit, qu'ils demandent communément l'apaisement de leurs besoins. La conquête, la spoliation, la rapine, voilà la source, non cataloguée par les économistes modernes, d'où dérivaient pour eux les richesses qu'ils appliquaient à ces besoins ; et l'on ne s'explique que trop, dès lors, le mépris affiché par les Romains et jusque par un Cicéron, leur fidèle écho à cet égard, pour l'activité productive, pouvant tout au plus convenir à des êtres inférieurs, c'est-à-dire dégradés par la servitude. C'est là, d'ailleurs, un sentiment qui semble s'être perpétué à travers les âges dans la carrière des armes, où l'on n'a jamais été sans éprouver quelque commisération pour le petit commerçant et industriel, encore même que l'armée soit, au moins actuellement, instituée moins en vue d'une extension que de la conservation et de la protection du patrimoine national. Seule, la culture des champs paraît avoir pendant longtemps échappé, chez les Romains, à la déconsidération attachée aux autres moyens d'appropriation et d'entretien qui n'étaient, pas plus qu'elle, entachés de violence.

Il est juste, d'ailleurs, de dire que le Latium était un pays essentiellement agricole, si bien que la cité romaine avait pu être parfaitement assise sur le partage des terres et leur culture. Parmi les produits assez variés du Latium figuraient les céréales, les plantes légumineuses, les fourrages, auxquels se joignaient la vigne, l'olivier et de nombreux arbres fruitiers ; et, s'il faut en croire les historiens, les vins d'Italie arrivèrent à certaines époques en quantités considérables dans les îles Baléares, chez les Celtibères et sur les côtes d'Afrique, où ne se voyaient que des pâtures et des champs de céréales, enfin à Narbonne et dans l'intérieur des Gaules.

En répartissant le sol entre les trois tribus et trente curies à raison de deux arpents de terre par chaque citoyen, sauf des attributions plus fortes aux pères de famille et à ceux qui s'étaient signalés par des actions d'éclat, le fondateur de Rome avait fait aussi la part de l'État avec l'*ager publicus*, dont la jouissance fut concédée par les rois, moyennant certaines redevances, aux *patriciens* et *plébéiens*, issus de l'acte de partage originaire.

Mais, bientôt, la surface occupée parut insuffisante et, la rudesse des mœurs aidant, on chercha, dans la guerre de conquêtes, le remède qui eût pu être cherché aussi notamment dans une culture plus intensive, plus perfectionnée et dans un appel à d'autres branches d'activité, de telle sorte que la politique guerrière et conquérante des Romains prit son point d'appui sur l'agriculture, comme l'avait fait déjà leur constitution.

Nous ne demandons pas mieux assurément que de rendre avec d'autres écrivains au peuple romain cette justice « que nul n'a su autant que lui s'approprier la terre en y versant les sueurs après la victoire et conquérir, en quelque sorte, une seconde fois, par le soc de la charrue, dans les premiers siècles de Rome, ce que l'épée avait d'abord gagné ».

Nous voulons bien croire aussi, quoiqu'il fût troublé et traversé par bien des commotions sociales et politiques, à un âge d'or pour l'agriculture romaine, quand les généraux, enlevés inopinément à leurs sillons, se hâtaient de retourner, après le triomphe, à l'exploitation du domaine héréditaire, quand le sol recevait les soins empressés des hommes libres, quand le petit propriétaire prenait à la culture une part personnelle et directe avec sa famille et quand, en même temps que s'accroissait la population, l'Italie parvenait, suivant les recherches méritoires de Dureau de la Malle, à recueillir en certaines années, malgré l'imperfection des instruments et l'élévation des dépenses, plus qu'elle ne consommait et à exporter l'excédent de ses grains.

Mais, à s'enrichir constamment des dépouilles des vaincus, on finit par devenir un adorateur de la force bien plus que de travaux pénibles, aux résultats toujours aléatoires. Pourquoi attendrait-on d'efforts aussi obscurs que persévérants ce qu'un coup de main heureux peut donner, avec la gloire par-dessus le marché? Aussi l'ère prospère ne tarda-t-elle pas à être suivie d'une décadence qui nous montre les produits indigènes, de plus en plus rares, devenus inférieurs non seulement aux arrivages étrangers, mais aux besoins quotidiens des masses; et Dureau de la Malle a-t-il raison d'observer qu'à partir de la prise de Carthage (146 av. J.-C.) les lois, les institutions et l'opinion publique semblent s'être concertées pour détruire en Italie la production des richesses, même des richesses naturelles du sol.

Tout conspirait, en effet, en dehors même des procédés rudimentaires de culture en usage et de la passion de plus en plus dominante chez les hommes libres pour la vie des camps au détriment de la vie des champs, pour précipiter la ruine de la production agricole. Avec les usurpations de l'*ager publicus*, auxquelles les Gracques essayèrent vainement de s'opposer de la part des riches propriétaires patriciens ou plébéiens, avec le fardeau de plus en plus lourd des charges publiques et des dettes pesant sur les petits propriétaires, avec les facilités offertes par la loi aux créanciers pour s'emparer des biens de leurs débiteurs, la petite culture devait nécessairement tendre à disparaître en cédant la place à une concentration progressive et peu avantageuse des domaines ruraux. Puis, ce qui devait mettre le comble à la crise agricole, au désarroi des cultivateurs, ce furent les secours alimentaires octroyés par l'autorité à une plèbe réduite à la misère par sa renonciation à toute occupation industrielle et inspirant les craintes les plus sérieuses, quand la guerre ne la faisait pas vivre sur l'ennemi loin de Rome. Pour faire face à ces besoins, que l'État républicain antique prenait presque partout en charge, on prohibait arbitrairement l'exportation des céréales italiennes, en favorisant, à l'aide de primes, l'importation des blés de Sicile, de Sardaigne et d'Afrique. Les prolétaires romains pouvaient ainsi, en temps de paix, s'approvisionner du nécessaire à des prix inférieurs à la valeur vénale, sans compter même les distributions tout à fait gratuites faites au peuple à titre extraordinaire, mais rendues de plus en plus fréquentes au moyen de contributions levées annuellement sur les pays soumis.

Or, de telles mesures, en privant de débouchés les
petits propriétaires italiens et en amenant l'encom-
brement sur le marché national qui leur était seul
accessible, devaient équivaloir pour eux à un véritable
arrêt de mort, et on en vint, en effet, par modification d'une culture qui n'était plus rémunératrice, à ne
plus semer que les quantités de céréales indispensables pour l'entretien des personnes occupant les lieux.
Peu à peu, par suite de cette concurrence désastreuse
de l'État et de la difficulté à transformer aisément
la culture, la petite propriété fut délaissée ou vendue,
en attendant que ces tronçons épars se fondissent
dans les vastes domaines.

Ce sont ces grands domaines qui arrivent à constituer insensiblement le régime général de l'agriculture dans la Campagne romaine comme dans le
reste de l'Italie, et à porter leurs fruits naturels, avec
la substitution des pâtures aux labours, l'inaugura-
tion des parcs d'agrément et un amoindrissement des
produits des surfaces, encore cultivées par des troupes
serviles dirigées par un régisseur dont la dureté ne
pouvait suppléer avantageusement l'ancienne vigilance d'un propriétaire résidant à distance.

Vainement des agronomes comme Terrentius
Varron et Columella prodiguent-ils leurs conseils
pour l'exploitation la plus profitable de domaines
dont les maîtres ne peuvent faire le tour à cheval,
et qu'occupent des citoyens prisonniers pour dettes

en même temps que des bandes d'esclaves enchaînés ;
le cri d'alarme a été poussé ou plutôt le jugement
de condamnation a été prononcé par Pline le Jeune,
quand il s'exclame : « *Latifundia perdidere Italiam
jam vero et provincias.* » Les grands domaines ont
perdu l'Italie et les provinces.

Si l'agriculture n'a pas connu longtemps des jours
prospères et ne s'est guère trouvée sur la voie des
entreprises collectives, l'industrie, sur laquelle n'est
jamais tombé un rayon de la faveur populaire à Rome,
y a eu une carrière bien plus sacrifiée encore. Dans
les antiquités romaines de Denis d'Halicarnasse,
nous voyons les divers métiers, le commerce et le
colportage dévolus par Romulus et Servius Tullius
aux étrangers et interdits aux Romains qui doivent
se réserver exclusivement pour l'agriculture et le
métier des armes.

Cependant, comme la petite industrie ne perd jamais complètement ses droits, le sage Numa Pom-
pilius, ce créateur de l'ordre des vestales, du collège
des pontifes et de celui des féciaux, qui se montra
aussi attentif aux intérêts de la paix que son prédé-
cesseur l'avait été aux intérêts de la guerre, avait
donné au peuple une organisation nouvelle, en le
divisant par arts et métiers. C'est à lui qu'on doit,
comme on sait, l'institution des sept corps d'arts et
métiers suivants : les joueurs de flûte, les orfèvres,
les ouvriers de cuivre, les foulons, les teinturiers,

les potiers, les cordonniers et les charpentiers. Certaines omissions frappent assurément dans cette curieuse nomenclature, comme celle relative aux ouvriers en fer, alors que, dans les chants nationaux des Romains, on rencontre plus tard la glorification du dieu des combats, Mamers, et de l'habile armurier Mamurius, lequel, suivant Festus et Ovide, forgeait des boucliers rivalisant de beauté avec ce bouclier divin qu'on vit un jour tomber du ciel sous le règne de Numa. En revanche, on s'étonne moins de la prétérition de certaines professions répondant à des nécessités de premier ordre, telles que la boulangerie, les industries textiles, la profession médicale et tant d'autres encore, en se rappelant que bien des travaux s'accomplissaient dans l'intérieur des demeures respectives, que le pain de la famille se confectionnait sous le toit domestique, que la laine des vêtements était filée par les dames romaines et qu'à mesure que s'accrut le nombre des esclaves, ces instruments universels du travail furent employés aux tâches ou banales ou relevées, que les besoins quotidiens rendaient opportunes.

Gardons-nous toutefois d'inférer des dispositions prises par Numa une estime particulière des Romains pour l'industrie. On serait vite détrompé, en voyant sous le règne du sixième roi de Rome, Servius Tullius, si attaché cependant aux libertés plébéiennes, les industriels, dont le nombre était très restreint et dont l'établissement était fixe pour très peu d'entre eux, exclus du droit de porter les armes par la loi qui n'admit dans les rangs de l'armée que les citoyens établis à demeure.

Que cette circonstance explique ou non l'infériorité du rang politique dès lors assigné aux gens de métier, toujours est-il que l'industrie est loin de prendre l'essor que prend Rome elle-même, et que, frappée de discrédit chez les artisans libres, elle occupe plus spécialement des étrangers ou des esclaves, qui s'y livrent pour le compte de leurs maîtres, ou des affranchis que leurs patrons pourvoient du capital nécessaire, en se faisant dans les profits réalisés la part du lion.

Vainement la puissance romaine arrive à son apogée avec la chute de Carthage et la soumission de la Grèce ; l'industrie et les métiers ne sortent pas de leur marasme, si bien que, dans son histoire romaine, Mommsen, l'écrivain si investigateur, a pu dire « qu'à cet égard l'Italie demeure passive et immobile à l'égal presque des barbares ».

N'est-il pas douloureux non moins que bien instructif, sur les suites d'une politique purement guerrière, de voir que les succès remportés par Rome sur Carthage comme sur la Grèce, au lieu de provoquer une noble émulation et le respect, la continuation ailleurs ou la transplantation chez elle de traditions industrielles, variées et brillantes, n'aient amené que dévastation et pillage et aient tout au plus développé l'envie de collectionner, à des prix exorbitants, notamment les chefs-d'œuvre de la céramique corinthienne, les vases de bronze et autres « antiquités » qui meublaient les habitations grecques ?

Peut-être cependant y avait-il chez les Romains une industrie échappant à la léthargie générale : c'était l'industrie ou plutôt les industries se rattachant au bâtiment, aux constructions de diverses natures, constructions de maisons, de monuments, de routes, d'aqueducs, dans lesquelles ils ont excellé au point de faire l'admiration de la postérité : mais, outre que de pareils travaux ne comportent pas l'aliment de l'exportation qui soutient et centuple l'activité, ils étaient concentrés aux mains d'un petit nombre d'entrepreneurs, auxquels leurs nombreux esclaves fournissaient les seuls collaborateurs vraiment en usage à cette époque.

L'agriculture et l'industrie romaines étant donc en général dépourvues de vitalité, le commerce de Rome devait présenter nécessairement une animation en rapport avec l'impossibilité où était la cité de faire face par elle-même à tous ses besoins. Pendant un certain temps, ce commerce ne franchit pas la Péninsule, en dedans des frontières de laquelle ont existé de toute ancienneté des marchés hebdomadaires et des foires pour les marchandises les plus diverses, les produits agricoles, le bétail et

les esclaves, pouvant être à la convenance des
Latins, Sabins ou Étrusques. Seulement, comme
les premiers Romains, qui manquaient de valeurs
métalliques, ne trouvaient pas non plus dans leur
industrie si chétive le moyen de faire la contre-partie
de leurs approvisionnements, ils payaient en bœufs
ou en brebis, à moins de livrer en nature d'autres
produits agricoles, et ce troc limité persévéra tant que
l'airain ne se fut pas fait reconnaître comme monnaie
ou signe conventionnel de la valeur des choses échan-
gées. Mais, après qu'Ancus Martius, petit-fils de
Numa et l'adversaire heureux des Latins, des Fi-
dénates, des Sabins, des Véïens et des Volsques,
eût étendu la domination de Rome jusqu'à la mer,
par la construction du port d'Ostie, les transactions
commerciales avec les étrangers d'au delà les mers,
auparavant fort restreintes, acquirent un plus grand
développement. En même temps que l'embouchure
du Tibre procurait un port commode au navigateur
et un refuge précieux aux petits navires fuyant devant
les pirates de la haute mer, son cours s'offrait comme
une route aisée pour le transit des marchandises, et
Rome, maîtresse de ses deux rives, que relie le pont
Sublicius, devint un entrepôt nécessaire pour la
traite fluviale et maritime.

Toutefois, grand ou petit, le commerce de Rome
ne devait guère perdre son caractère dominant de
commerce d'importation. Sans doute, moins réprouvé

que le petit négoce, que l'auteur des Offices déclarait
sordide et méprisable, le grand commerce attirait à
lui les revenus économisés par les propriétaires fonciers ainsi que les richesses enlevées aux provinces
conquises. Sans doute aussi ce grand commerce ne se
fit pas faute de prendre une importance considérable,
grâce justement à de vastes associations qui soumis-
sionnaient les fournitures, frétaient des navires et
se faisaient attribuer la perception des impôts. Mais
étant donnée la fatalité qui pèse sur les nations con-
quérantes par profession, étant donnée la tendance
qui y prédomine à faire servir les capitaux dont elles
s'emparent à des achats, à des jouissances qui les
épuisent plutôt qu'à des œuvres indigènes de production qui les renouvellent et les multiplient, la
balance commerciale, dans les échanges, devait s'établir au désavantage de Rome et de l'Italie, suivant
la très juste observation de l'historien Mommsen
déjà cité, qui ajoute : « Avec l'insouciance de l'opu-
lence, on s'accommoda de ce commerce passif, apa-
nage obligé de toute capitale qui n'est rien autre
chose qu'une capitale! A quoi bon produire? N'a-t-on
pas assez d'or pour payer tout ce qui fait ou ne fait
pas besoin? »

Aussi les importations allaient-elles leur train, et
portaient-elles sur une variété infinie d'objets significatifs, parmi lesquels figurent, suivant une liste que
nous en a conservée le jurisconsulte Marcien dans un

fragment des Pandectes, ce recueil de la jurisprudence romaine : l'encens, l'ambre, l'ivoire, les épices,
les vêtements de soie et de laine, les tapis de Perse,
les mousselines de l'Inde, les bois d'ébène, les
plumes d'oiseaux rares, les fourrures, les esclaves,
les diamants, les pierres précieuses et tant d'autres
articles, dont la consommation était évaluée par
Pline à 100 millions de sesterces par an et lui arra-
chait cette exclamation : « Tanti nobis deliciæ et
feminæ constant. »

La conséquence d'une si grande et si improduc-
tive consommation fut un drainage du numéraire tel
que Tibère en marqua sa vive inquiétude dans la
lettre, rapportée par Tacite, qu'il écrivit au Sénat, et
qu'on vit refluer vers l'Orient et toutes les extrémités
de l'empire les trésors que Rome en avait tirés sans
que ses folles prodigalités lui permissent de les retenir.

« Il appartenait au christianisme, écrit M. Rougier, après avoir promené un regard attristé sur la
ruine et les invasions qui couronnent les derniers
siècles de l'empire romain, de réhabiliter et d'ho-
norer le travail, d'en faire connaître la raison d'être
et la grandeur, de proclamer que tous les hommes
sont égaux, que nul ne doit vivre du labeur d'autrui,
que le travail s'impose à tous, que lui seul peut,
avec la prévoyance et l'épargne, c'est-à-dire par le
sacrifice et la vertu, produire la vraie richesse et

assurer l'indépendance de l'âme, l'inviolabilité des droits individuels et fournir aux nations des moyens d'échange, de réciprocité dans les services et de paci fication. »

Peut-être cependant l'histoire contemporaine se chargera-t-elle de nous présenter, à propos d'une autre puissance non moins belliqueuse par principe que Rome, un enseignement et un dénouement de même nature, avec les seuls tempéraments motivés par une éducation morale et économique quelque peu différente.

Quoi qu'il en soit, et pour des causes suffisamment mises en lumière, le monde romain, pas plus d'ailleurs que le monde grec, ne devait rester absolument déshérité de toutes combinaisons sociales. La preuve s'en trouve déjà dans les Institutes qui, à l'exemple de Gaius, annoncent que dans l'usage on contractait « ou une société de tous biens, que les Grecs appellent spécialement κοινοπραξία ou une société relative à un seul ordre d'affaires, par exemple ayant pour objet d'acheter et de vendre des esclaves, d'acheter et de vendre de l'huile, du vin, du froment ». Notre pensée ne peut être évidemment de nous livrer ici à un commentaire des textes romains, pour lequel nous renvoyons volontiers aux développements de ceux qui sont, par la plume ou la parole, des maîtres reconnus en ces matières : les Labbé, Demangeat, Accarias, Ortolan, Vangerow, etc. Il peut suffire au but spécial que nous poursuivons de relever les caractères particuliers du contrat de société romaine, qui, d'une part, se forme en considération des qualités et aptitudes personnelles des associés dont la personnalité exerce donc une influence décisive sur la rupture du lien social, et qui, d'autre part, implique *un jus fraternitatis,* faisant de ce contrat un contrat de bonne foi entre tous par les rapports fraternels qu'il supposait et commandait entre les contractants. Or si l'on rapproche les caractères de toute société à Rome de cette espèce particulière de contrat social appelée la société de tous biens qui met en commun tous les biens présents et à venir des parties, moins ceux qu'elles pourraient acquérir à titre gratuit ou par l'exercice d'une action pénale, on est tout de suite fixé sur le peu de ressort de combinaisons s'accommodant de tels principes, de telles entraves ou de telles proportions.

Du reste, l'énumération des espèces de sociétés, télle qu'on la trouve dans les Instilutes, est complétée par Ulpien, suivant lequel : on peut contracter une société de tous biens (*societas universorum bonorum*), ou une société restreinte à une seule opération ou un seul objet (*societas unius rei*) comme lorsque deux personnes, par exemple, s'accordent pour acheter et exploiter un fonds de terre, ou une société ayant en vue une série illimitée d'opérations du même genre (*societas unius negotiationis*) comme la société des banquiers ou des marchands d'esclaves, ou bien enfin une société relative à la perception de l'impôt (*societas vectigalis*), dont notre jurisconsulte fait une classe à part, bien qu'elle puisse rentrer dans la précédente, sans doute à cause des particularités qu'elle présentait. Enfin le même Ulpien fait encore mention d'une cinquième espèce de société, qui aurait lieu entre parties, ayant simplement déclaré qu'elles se mettent en société, et que nous appelons la société universelle de gains.

Il est d'ailleurs aisé de s'expliquer la formation de sociétés pour la perception des impôts. Ces impôts (*vectigalia*) étaient donnés à ferme à des individus, nommés *publicani* qui, moyennant une somme qu'ils s'engageaient à payer au trésor, étaient autorisés à les toucher et à s'en appliquer le montant et qui, dans l'intérêt d'un plus grand rendement, déployaient, par eux ou leurs agents inférieurs, les *portitores*, une âpreté à laquelle ces fermiers durent bientôt leur extrême impopularité. Il advint même ainsi que, sous l'Empire, le système de la ferme fut restreint aux impôts indirects, tels que les droits de douane et à quelques impôts directs peu importants, tandis que l'impôt foncier et la capitation furent perçus par des collecteurs (*susceptores*) nommés par les curies, qui en étaient responsables. Toujours est-il que les publicains, quand l'État recourait à leur entremise pour savoir sur quoi compter, auraient été dans l'impossibilité de faire face à leurs obligations vis-à-vis du trésor sans des ressources considérables, que l'association était en général seule à même de donner. Et c'est aussi pourquoi, sans doute, Ulpien nous informe quelque part que cette classe de personnes ne se recrutait guère que parmi les *patresfamiliâs*, c'est-à-dire parmi des citoyens maîtres de leurs droits et à la tête d'un avoir plus ou moins important.

Si la plupart des sociétés ordinaires étaient, en droit romain, dépourvues de personnalité et appelées pour cela même *societates privatæ* par le jurisconsulte Pomponius, il en était différemment de celles se rattachant à des intérêts publics de premier ordre, telles que précisément les sociétés des publicains, dont il vient d'être parlé, et les sociétés qui avaient pour objet l'exploitation des mines d'or et d'argent ou des salines. Avec la personnalité civile ou morale, on fait acquérir à qui l'on en dote une situation se rapprochant plus ou moins de celle d'êtres véritablement vivants, et la personne morale, tout en restant nécessairement étrangère à toutes les relations juridiques qui constituent le droit de famille, aura par exemple ou pourra avoir des droits de propriété, des créances et des dettes. Bien entendu, les droits actifs et passifs de cette personne morale — c'est là la raison d'être même de sa personnalité — ne se confondront pas avec ceux des individus *(certi homines)* qui la composent. Il appartient d'ailleurs aussi à la caractéristique de la personne morale établie à l'image de l'État, qu'ayant une volonté collective qui ne s'accorde pas nécessairement avec une volonté individuelle des participants et dont le sort ne dépend pas nécessairement d'un dissentiment individuel, elle possède des statuts. Et comme enfin il ne lui est pas donné de se mouvoir, d'agir par elle-même, elle a besoin d'organes en chair et en os, de préposés, d'administrateurs, d'agents délibérant sur les intérêts communs et les gérant suivant les prescriptions statutaires.

Mais par cela même qu'il s'agit d'une fiction, d'une création artificielle, d'une personnification qui n'a pas de base dans la nature; par cela qu'il s'agit d'accroître le nombre des personnalités et de l'accroître dans des conditions qui, vu les éléments constitutifs de certaines d'entre elles, peuvent n'être pas inoffensives ou indifférentes pour l'État, les Romains paraissent avoir de tout temps pensé que l'assentiment, que l'autorisation de la puissance publique devrait présider à la naissance de toute personne morale. En principe donc, les sociétés n'avaient pas de personnalité; une autorisation seule pouvait la leur donner. Gaius est catégorique à cet égard. La forme de l'autorisation varie d'ailleurs selon les époques : conférée sous la république par une loi ou un sénatus-consulte, cette autorisation découlait, sous l'empire, d'un sénatus-consulte ou d'une constitution impériale. Et de même que l'État appelait seul à la vie une personne morale, de même aussi il disposait de son existence, en ce sens qu'il ne dépendait que de lui de la supprimer.

« Si l'on essaye, dit M. Accarias dans son *Précis de droit romain*, de classer les personnes morales, elles rentrent à peu près toutes dans les deux catégories suivantes. Les unes manifestent extérieurement leur existence par une réunion d'individus déterminés, sans laquelle on ne les conçoit pas : elles sont l'expression et la résultante d'une collection d'intérêts appartenant en commun à ces individus, mais à eux seuls. Les autres personnifient un intérêt général d'une nature permanente : elles répondent ou sont censées répondre à un besoin de tout le monde, plutôt qu'elles n'expriment les intérêts exclusifs d'une certaine classe de personnes.

« Les personnes morales de la première catégorie s'appellent *universitates;* et s'il faut en donner des exemples, je citerai d'abord le peuple romain, les municipes, les colonies, toutes les cités et même les bourgs (*vici*). Ce sont là les *universitates* les moins artificielles. On en peut citer d'autres qu'on appelle assez indifféremment *societates, collegia, corpora, sodalitia,* parmi lesquelles sont compris les sociétés de publicains, les collèges de prêtres fort nombreux à l'époque païenne, et ces innombrables corporations d'artisans, dont le Bas-Empire fit de véritables castes, en ôtant à leurs membres la faculté d'en sortir. Quant aux personnes morales de la seconde catégorie, autrefois elles comprenaient notamment certains dieux et certains temples. Sous le Bas-Empire, elles comprirent les églises, les monastères, les hôpitaux, les orphelinats et les nombreux établissements de bienfaisance qui furent créés sous la double influence du christianisme et de la misère de jour en jour croissante. A l'égard de cette seconde espèce de personnes morales, Justinien ne maintient pas la nécessité d'une autorisation législative spéciale. L'intervention d'un évêque fut désormais suffisante et c'est ainsi que le monde romain se couvrit de personnes morales autrefois inconnues et dont un grand nombre lui survécurent. »

Ce passage qui, sans toucher aux sociétés d'affaires proprement dites, sur lesquelles nous nous sommes expliqué, embrasse de nombreuses manifestations corporatives de la vie romaine, ne mentionne pas spécialement les associations politiques, auxquelles est, pour bonne partie, consacré notre ouvrage. Il est évident d'ailleurs que ces associations auraient subi la loi commune. Mais il est probable aussi que sous la république, pendant les siècles où les Romains demeurèrent si profondément attachés aux institutions qu'ils s'étaient données après l'expulsion de leurs rois, ils ne devaient, vu surtout la tournure pratique de leur esprit, éprouver qu'une tendresse médiocre pour des associations d'un intérêt purement spéculatif, si elles voulaient conserver leur caractère légal. Au contraire, sous l'Empire, le regret du temps passé et des libertés perdues aurait peut-être pu inspirer le goût des associations politiques, mais celles-ci auraient alors sans doute vainement sollicité l'autorisation obligatoire du pouvoir même, contre lequel elles auraient été dirigées et, condamnées à une existence occulte, elles auraient sans doute délaissé les études abstraites et les sentiers pacifiques, pour s'adonner quelque peu, suivant une expression aujourd'hui en faveur, à la propagande par le fait.

CHAPITRE III

LES ASSOCIATIONS CHEZ LES ROMAINS

(Suite.)

Ce n'est pas le moment d'examiner de près le bien
fondé de l'ingérence de l'État qui semble même, à
première vue, ne pas pouvoir abandonner absolument au bon plaisir des individus la constitution des
diverses associations, avec production de leurs
effets juridiques, encore que ces associations ne se
proposassent que des buts purement privés. Ces
êtres de convention entendent en effet imposer non
seulement à leurs adhérents, mais encore à autrui,
une prise en considération et des obligations, en vue
desquelles ni l'État ni le reste de la société ne concédera aux intéressés un droit de juridiction et
d'aide personnelle, exposé d'ailleurs à se heurter à
de légitimes retorsions. Il leur importe dès lors déjà
à eux-mêmes de s'assurer la protection publique,
liée à un certain examen et les attributions nécessaires à leur développement, dont l'octroi relève

uniquement du pouvoir législatif. Même quand on forme une compagnie commerciale ou financière, comme on veut créer un être moral et fictif, capable d'agir en justice et de contracter, c'est à la loi ou au pouvoir qu'elle a désigné que semble revenir le droit de fixer, dans l'intérêt général comme dans l'intérêt privé, toutes les conditions de cette corporation qui est son ouvrage. À cet égard, tout le monde sait que l'autorisation gouvernementale exposée à l'accusation d'arbitraire et faisant encourir à l'administration supérieure des responsabilités au moins morales très fâcheuses, a été à juste titre remplacée chez nous au moins, quant aux sociétés anonymes, pour lesquelles elle était jadis obligatoire, par une réglementation législative uniforme, destinée à offrir des garanties suffisantes aux participants et au public.

Mais il peut être au moins intéressant ici de se demander, si l'autorisation instituée par le droit romain ne valait que comme une prescription dispositive ou si l'on est en présence d'une loi impérative, à laquelle il fallait se soumettre sous les peines édictées. En d'autres termes, la sanction de l'autorité établie n'est-elle nécessaire aux sociétés que pour leur plus grand bien, et est-il loisible à ceux qui fondent de ces sociétés publiques, d'apprécier s'ils peuvent avoir besoin des tribunaux et de la protection de l'État pour la sauvegarde de leurs droits?

Voulant autant que possible bannir de ce travail,

écrit pour tous, un appareil scientifique gênant, nous nous bornons à déclarer que le corps de jurisprudence romaine ou *corpus juris* ne se contente pas de prononcer la nullité de toute communauté de personnes érigée en dehors de l'assentiment de l'État, mais voit un acte prohibé et très punissable dans l'organisation d'une société constituée *proprio motu* en fait, si même elle ne réclame de l'autorité aucun privilège, aucune attribution collective. Et comme si cet acte attestait par lui seul la prétention à un pouvoir public, à un droit de justice et d'aide personnelle, il se trouve traité comme un crime contre l'État. « *Quisquis illicitum collegium usurpaverit, ea pœna tenetur, qua tenentur qui hominibus armatis loca publica vel templa occupasse judicati sunt.* » « Quiconque aura organisé un collège contraire au droit, sera puni comme le sont ceux qui ont été reconnus coupables d'avoir envahi à main armée les lieux publics ou les temples. » D'ailleurs cette assimilation, dont le rigorisme déroute quelque peu les commentateurs, n'a pas été imaginée seulement au temps d'Ulpien, à un des écrits duquel sur l'office du proconsul nous venons d'emprunter le passage cité ; car elle remonte déjà à la république, comme l'atteste cette lettre où Cicéron mande à son frère : « *Eodem die, senatusconsultum factum est, ut sodalitates, decuriatique discederent : lexque de iis ferratur ut qui non discederent, ea pœna, quæ est* de vi, *tenerentur*. » « Le même jour, un *senatus-consulte* fut rendu, décidant que les sodalités et les membres des factions auraient à se disperser et qu'une loi serait proposée pour que ceux qui ne se disperseraient pas fussent tenus des peines infligées aux gens coupables de violence. » Par contre, nous n'apercevons pas, dans le *corpus juris*, de texte plaçant sous une surveillance policière spéciale les réunions de communautés de personnes une fois autorisées, ou bien imposant aux réunions publiques pour leur organisation et leur tenue une approbation préalable de l'autorité ; et cependant les fonctionnaires qui pouvaient agir contre les sociétés contrevenantes, à savoir le préfet à Rome, le président dans les provinces, étaient en même temps chargés de veiller à la tranquillité dans les rues, dans les théâtres, partout où il y avait des affluences de monde. Les défenses inscrites au Code contre les conciliabules (*conventicula*) de sectes hérétiques en dedans ou hors des églises peuvent d'autant moins être généralisées que les lois répressives très vagues, édictées contre les mouvements populaires ou des cris tumultueux, rentrent dans cet ordre d'idées.

Nous avons néanmoins de fortes raisons de croire que les Romains n'ont pas envisagé l'organisation et la tenue d'assemblées publiques comme étant de pure faculté et que des recherches historiques plus approfondies conduiront à des conclusions différentes.

En effet, si l'hypothèse contre laquelle nous nous élevons avait répondu aux mœurs, aux traditions, aux idées dominantes, comment, à l'occasion des réunions suspectes tenues pour la célébration du service de Bacchus, les consuls auraient-ils pu, dans Tite Live, tenir, en s'adressant au peuple, ou, ce qui est plus significatif, comment l'historien aurait-il pu leur prêter les propos suivants : « *Majores vestri, ne vos quidem, nisi quum aut vexillo in arce posito, comitiorum causa exercitus eductus esset, aut plebi concilium tribuni edixissent, aut aliquis ex magistratibus ad concionem vocasset, forte temere coire voluerunt : et ubicumque multitudo esset, ibi et legitimum rectorem multitudinis censebant debere esse.* » Manifestement l'argumentation est transportée ici des assemblées du peuple souverain à d'autres assemblées que pouvait se permettre une masse indéterminée d'hommes, et la nécessité de l'ordre à y maintenir fait requérir des garanties qu'on ne saurait abandonner au hasard ou au caprice. Dans son discours *Pro domo sua ad Pontifices*, Cicéron, après s'être glorifié d'une adhésion unanime auprès du Sénat et de la classe des chevaliers, ce qui met aussi en cause la pluralité des sociétés de publicains, ne poursuit-il pas ainsi : « *Nullum in hac urbe collegium, nulli pagani aut montani (quoniam plebi quoque urbanæ majores nostri conventicula et quasi consilia quædam esse voluerunt) qui non am-*

plissime non modo de salute mea, sed etiam de dignitate decreverint? Or si le passage intercalé met hors de doute l'existence parmi le petit peuple (si l'on peut parler de la sorte) de réunions soit de quartiers, soit de corporations, etc, il atteste aussi qu'il n'y avait que *certaines* de ces réunions qui fussent considérées comme positivement licites en vertu des us et coutumes; et il donne à penser que l'organisation et la tenue *ad libitum* de réunions de l'espèce contemporaine n'eût pas passé à Rome pour tellement à l'abri de toute restriction possible, qu'on y eût crié, dès la moindre entrave, à la violation monstrueuse des libertés civiques. Il est vrai que la société romaine n'a pas connu cette variété et multiplicité d'intérêts qui caractérisent les sociétés à notre époque de civilisation avancée, en rendant les obstacles à une entente particulièrement préjudiciables et désagréables.

Un second argument en faveur de notre conjecture se tire de l'opinion, en apparence excessive, qu'on se fait au premier abord du châtiment encouru par le crime d'association indue ou non autorisée, opinion suivant laquelle le crime est mis au rang de la *vis publica* ou même du *crimen majestatis*, et que les juristes n'ont jamais professée sans exiger, dans son application, de la mesure et des distinctions. Assurément le texte cité plus haut, et qu'on trouve au livre XLVII du *Digeste*, titre XXII, fragment 2, sous la rubrique *de collegiis et corporibus*, ne justifie pas une interprétation étroite au point que la formation arbitraire d'associations ne constituât aucune infraction, et ne se convertit en crime que par sa dégénérescence en un complot criminel, c'est-à-dire que par des actions et des intentions manifestes, auxquelles se reconnaît le crime de violence publique ou de lèse-majesté. Par contre, on peut supposer, à bien bon droit, que le législateur avait en vue quelque chose de correspondant aux caractères de ceux des méfaits auxquels les sociétés défendues ont été assimilées. Or ce quelque chose est justement fourni par ces dernières sociétés au moyen de leurs *réunions*, rassemblant avec *préméditation* une foule, qui sans investiture spéciale est résolue à maintenir son existence morale, et qui mériterait de fixer l'attention de la police rien déjà que pour son apparition accidentelle comme *turba*, à cause de la difficulté résultant de sa direction incertaine et de l'influence qu'elle peut exercer par l'éveil ou l'exaltation des esprits. Car il est à la connaissance des romanistes que vis-à-vis du *crimen vis* comme du *crimen majestatis* on ne manque jamais de traiter, comme si l'on avait relevé contre elle un port d'armes, une levée provocatrice en masse, une multitude, unie par *un même* sentiment et une même volonté, qui fait mine d'agir comme *un seul* homme et serait à même de se procurer tous moyens propres à l'offensive ou à la défensive. L'assimilation n'est donc vraie que si on porte ses regards sur la manifestation sensible des sociétés, à savoir : leurs assemblées, dont la dispersion représente aussi pour la puissance publique le seul moyen d'exercer sur elles une action. Que si la défense faite aux associations de surgir de leur plein gré doit principalement prévenir cette extrémité, on se demande tout naturellement s'il serait logique de renoncer à une surveillance préventive et de ne pas sévir, au cas de résistance, à supposer que le résultat se produisît sans société préalablement établie, que le mal éclatât subitement, en se montrant peut-être à cause de cela même plus aveugle et plus redoutable dans ses effets? Les considérations suivantes aideront peut-être à lever ce doute.

Nous avons pour les sociétés, que le droit romain appelle du nom de collèges, corporations, sodalités, hétairies, sociétés publiques, mentionné les traits qui les caractérisent et qui se greffent sur la personnalité morale, à la faveur de laquelle une pareille société passe *universitas*. Cette qualité est assurément la plus féconde en droit civil, et elle ne saurait manquer à des sociétés permises qui ne voudraient pas paraître incomplètes. Mais, sur le point de savoir si ladite qualité est non seulement de la nature mais de l'essence même d'un collège, il faut, croyonsnous, se prononcer pour la négative. Il y a eu des combinaisons sociales ratifiées ou tolérées par l'État sans que, dans l'intérêt de leur objectif, il leur eût concédé une représentation personnelle apte à agir ou à être traduite en justice et une capacité s'appliquant à des droits de fortune indépendants ; il y a eu des combinaisons, dont la fortune, réalisée avec des contributions volontaires, est restée le bien des particuliers qui en faisaient partie. Même le droit moderne viendrait au besoin confirmer cette thèse. Ainsi nous douterions fort de la validité d'un testament instituant pour héritière une cour de justice, et que cette disposition pût même se sauver comme legs fait au Trésor public, encore que personne n'imaginât de contester à cette cour le caractère d'un collège.

Cela étant, on arrive, en faisant un pas de plus, à se demander ce qui subsiste donc, comme le trait essentiel d'un collège, au sens romain de ce mot ? Ce trait est dénoncé apparemment par les locutions fort accentuées dans les *Pandectes*, du *coire, quibus jus coeundi permissum est.* Il revient au droit de s'assembler pour délibérer sur les intérêts communs et pour voter des résolutions communes, et de prendre ainsi une attitude, qui apparaît, chez les sociétés de génération spontanée et non autorisées, comme leur prétention la plus répréhensible. D'où il suit que de telles assemblées, qui sont le commencement et la fin de tout collège, tombent déjà en elles-mêmes sous la loi et doivent être jugées d'après la loi, qui, pour la légalité aussi bien que pour la liberté de pareils agissements, suppose une autorisation supérieure.

Cette proposition n'a certes rien de choquant, quand on évite de l'appliquer maladroitement à toute agglomération d'hommes amenée par le hasard ou le marché ou une salle de danse ou de spectacle ou enfin d'autres préoccupations purement individuelles qui, bien que se trouvant entremêlées fortuitement, n'en restent pas moins distinctes, à l'instar du vinaigre et de l'huile répandus dans le même vase. Elle vise une assemblée, qui a à délibérer sur un but commun et au sein de laquelle les choses ne peuvent se passer convenablement, sans qu'elle s'improvise, pour s'y soumettre, une sorte de règlement, une manière de statuts. Entre une pareille assemblée et un collège il n'y a pas de différence essentielle, et celle-là se comporte vis-à-vis de celui-ci comme la chose du moment vis-à-vis de la chose qui se maintient en vie, comme la cristallisation vis-à-vis de l'organisme. Il est clair que les règles qui prévalent pour les collèges peuvent de deux manières trouver ici leur application. Tout d'abord cette assemblée ne peut avoir lieu sans préparation, *sans des invitations équivalant à une convocation*. Que si la police est informée de ces invitations, elle peut demander leur programme aux organisateurs et consentir ou s'opposer à la réunion,

suivant qu'elle lui paraît inoffensive ou non. Ou bien
il s'est produit un rassemblement anormal, dont le
but anodin n'est établi ni par le lieu, ni par l'époque,
ni par des usages locaux ; auquel cas il doit des explications sur ses desseins, et si ces explications ne
sont pas trouvées satisfaisantes, la police pourra
sommer le rassemblement de se dissoudre, et exercer
des poursuites criminelles parce qu'il aurait refusé
d'obtempérer aux injonctions reçues.

Qu'il nous soit maintenant permis de résumer brièvement le système des Romains en cette matière.
L'esprit d'association se manifeste chez les hommes
dans une double direction. D'un côté, la société peut
servir de *moyen* à des fins privées. On recourt alors
au contrat de société ; la société, qui nous apparaît en
cette occurence comme un fait plus que comme un
pacte dans sa dissolubilité et son instabilité, constituant l'instrument des acquêts communs, qui doivent profiter à chacun de ses membres. Sous ce rapport, la fantaisie individuelle peut largement se
donner carrière, puisqu'il ne serait même pas
impossible aux contractants d'établir entre eux une
communauté générale de biens, alors qu'il n'y aurait
pas place dans nos États modernes pour une société
adoptant le principe de la communauté de biens et
lui cherchant des prosélytes. On y voit un droit
naturel, qui peut sans doute être réglé par certaines
prescriptions comme celle interdisant la société

léonine (*societas leonina*), mais qui n'est soumis
qu'à un *jus dispositivum*, sans l'être à un *jus cogens*,
si bien qu'un accord répugnant à la nature de l'affaire, pour encourir la *nullité*, n'encourt pas par
lui-même un châtiment. Par analogie, il convient,
dans la sphère des jouissances et des biens intel-
lectuels, de considérer comme un usage légitime
de notre liberté native le commerce et la conversation avec d'autres en vue d'une instruction, de
délassements, de consolations ou d'encouragements
mutuels, et les anciens juristes étaient certainement en ce point des stoïciens trop décidés pour
chercher à enrayer cette impulsion éminemment
humaine qui fait, *ut homo hominum coetus et
celebrationes et esse et a se obiri velit.*

Les choses se présentent différemment quand la
société forme elle-même le but immédiat ou final,
devant lequel les fins privées de leurs membres,
oublieux d'eux-mêmes, s'évanouissent, et qui, sans
souci de tendances individuelles, fait converger
toutes les volontés et tous les efforts vers un
objectif indépendant. Rien que par sa forme, une
société de cette espèce rentre dans le droit public,
à supposer même qu'elle fût tournée exclusivement
vers l'acquisition de biens matériels, comme c'était
le cas de la société des publicains, ou comme c'est
le cas, dans les États modernes, pour les grandes
compagnies commerciales. Elle se restreindra d'ail-

leurs rarement à de pures fins particulières et à ce qui ne regarde que les membres seuls et entre eux. Elle porte en elle comme un droit propre de légiférer, qu'on doit lui concéder pour ne pas la frapper de paralysie et qui était concédé aussi par la loi des Douze Tables aux sociétés autorisées, sous la seule réserve de ne pas se mettre en conflit avec la législation de l'État. « *Sodales sunt*, dit Gaius, (*libro* IV *ad Legem Duodecim Tabularum, in lege 4 : D. de collegiis et corporibus illicitis*) *qui ejusdem collegii sunt. His autem potestatem facit lex*, pactionem, quam velint, sibi ferre, dum ne quid ex lege publica corrumpant. » Mais moins elle pourra pratiquer ostensiblement cette autonomie, plus elle développera, sous l'empire de l'esprit corporatif, une morale et une politique propres contre lesquelles il ne serait pas possible de se garer, si l'on ne prenait la précaution de ne laisser vivre la société que d'une vie ordonnée par avance. L'existence et la prospérité de l'État semblent dès lors s'opposer à ce que l'érection de pareilles sociétés fût abandonnée au bon plaisir et à la liberté naturelle. D'où la règle obligatoire, qu'elles ne sont pas permises à défaut d'une autorisation de l'autorité compétente.

L'État commettrait assurément une faute politique en se montrant trop chiche de ces autorisations. Il ne peut ni ne doit tout faire, et que de choses

utiles, voire grandes et nobles, seraient perdues tant
pour la vie privée que publique sans le libre jeu des
vastes coopérations, où l'individu se plaît le plus
à s'effacer lui-même! Mais, abstraction faite de cette
considération que l'État doit non-seulement ne pas
entraver, mais encore favoriser toutes les créations
excellentes, qu'il ne serait peut-être même pas en état
de réaliser, il lui convient peut-être aussi de ne pas
se montrer libéral à l'excès en fait d'autorisations!
Neque societas, est-il écrit à la loi 1 au *Digeste*,
livre III, titre IV, « *neque collegium, neque hujus
modi corpus* passim omnibus *habere conceditur.
Nam et legibus, et senatusconsultis et principa-
libus constitutionibus ea res* coercetur. Paucis
admodum in causis *concessa sunt hujus modi corpora, ut ecce vectigalium publicorum sociis permissum est corpus habere, etc.* » Ailleurs encore,
on trouve cet autre passage conçu dans le même
esprit de prudente réserve : *Quibusdam collegiis, quibus jus coeundi permissum est, immu-
nitas tribuitur : scilicet eis collegiis vel corporibus, in quibus artificii sui causa quisque adsumitur,
ut fabrorum corpus est et si qua eamdem rationem
originis habent id est, idcirco instituta sunt, ut*
necessariam operam publicis utilitatibus exhibe-
rent. (L. 5 § 12, *D. de jure immunitatis.*) C'est
ainsi, enfin, que démasquant plus franchement
encore le péril politique, *Asconius Pedianus* a pu

dire de son côté : *Frequenter tum etiam* coetus *factiosorum hominum sine publica auctoritate malo publico fiebant. Propter quod postea collegia senatusconsultis et pluribus legibus sunt sublata,* præter pauca et certa, *quæ utilitas civitatis desideravisset, ut fabrorum, lictorumque.* Nous ne saurions personnellement approuver ce point de vue étroit qui aurait fait écarter tout ce que n'aurait pas réclamé l'utilité publique, trouvant suffisant que l'État proscrive ce qui lui porte directement atteinte ! Toujours est-il que la citation précédente nous montre l'immunité soumise à l'exigence que l'association favorisera l'intérêt public ; et si telle a été la maxime d'État et de droit en cours à cette époque, comment les Romains auraient-ils pu se faire à l'idée que l'État eût à s'étayer sur des associations, même pour ce qui engage sa propre responsabilité, pour les résultats attachés à sa législation, à son administration, à ses institutions, en faveur desquelles il doit gagner les cœurs et les opinions, ou qu'il eût à reconnaître ces associations comme des puissances indépendantes liguées en une sorte d'opposition et à composer avec elles ?

Combinée avec ces principes, la sanction pénale, qui élève à la hauteur d'un crime de lèse-majesté la part prise comme fondateur ou intéressé à des sociétés non permises, se trouve placée sous un jour qui l'éclaire convenablement. Elle ne saurait

encourir le reproche de dureté, si l'on veut réfléchir que pour être coupable de lèse-majesté on ne
s'est pas encore rendu nécessairement coupable du
crime de haute trahison, et que la loi *Julia Majestatis* comprend les cas les plus dissemblables. Le
gouverneur rappelé, qui au lieu de remettre sa
province à son successeur, demeure en fonctions,
parce qu'il se croit peut-être renversé par une ca-
bale de cour et médite d'appeler du prince mal informé au prince mieux informé ; le prince soumis de la
province lointaine d'un grand empire, qui part en
guerre contre un principicule voisin dans la crainte
que le secours diplomatique lui parvienne trop tard
contre les taquineries de ce dernier, et quiconque
enfin s'attribue une parcelle, si modeste soit-elle,
de la puissance publique, passent pour d'incontestables et pas pour les moindres fauteurs de lèse-
majesté, encore qu'ils soient plus ou moins éloignés
du crime de haute trahison. Y aurait-il donc incom-
patibilité radicale entre la grande société et les
fondateurs et membres de sociétés non autorisées ?
Sans pouvoir le soutenir d'une manière absolue, on
le peut néanmoins, *en ce sens*, qu'il y a de la part de
ces derniers comme une provocation, comme une
mutinerie à vouloir, au moyen de forces privées
agglutinées, mettre à fin ce que l'État ne pourrait
sans doute pas faire par lui seul, mais ce qu'il doit
dépendre de son appréciation d'interdire ou d'en-

courager. Or cette bravade comme le *formale delicti*
doit être supposée en principe, et dans tous les cas
où la société ne saurait être par avance assez sûre
de l'assentissement de l'État pour qu'on pût admettre qu'elle a par inadvertance compromis ses propres intérêts. Les intentions de la société s'accordent-
elles avec les besoins humains ou l'intérêt général?
Qu'a-t-elle à fuir le regard investigateur de l'autorité,
qui peut seule lui assurer une existence juridique des
plus désirables? Comment comprendre même qu'une
société puisse subsister comme telle et se passer
entièrement de la protection de l'État? A tout moment, les intérêts sociaux, sont exposés à se heurter
aux intérêts privés des divers membres et aux intérêts privés de tierces personnes. Aussi, tant que les
hommes resteront des hommes, aura-t-on de la peine
à croire que les éléments constitutifs de la société
puissent à la longue être librement maintenus grâce
à des scrupules de conscience, inspirant en même
temps confiance et respect au public étranger à sa
composition, à moins que l'obligation morale des participants n'ait été renforcée par la crainte de la haine
et de la honte, qui poursuivraient les contrevenants
dans leur milieu, voire par des prestations de serments ou des moyens fondés sur la superstition. Ou
bien cette conscience qui retient unie une collection
d'individus et qui argue d'une soumission plus
grande envers Dieu qu'envers les hommes, doit être

exaltée jusqu'à un enthousiasme surhumain et en réalité inhumain, se forgeant, sans souci de la morale des autres sociétés, des devoirs et un honneur propres; ce qui rappelle ces visionnaires religieux, suivant lesquels il n'y a pas de loi pour le juste et dont la pureté refuse toute caution, parce que derrière eux s'abrite tout aussi bien le pire des égoïsmes, qui les conduit habituellement aux fins les plus prosaïques. Les mêmes moyens et la même violence leur procureront la consécration extérieure nécessaire à leur conservation dans un public disposé à les laisser faire plutôt qu'à entrer en lutte avec eux, encore que bien des gens eussent à en souffrir. Toute société qui, comme telle, sait se maintenir sans ou même contre la volonté de l'État tend donc à être un État dans l'État, à usurper la puissance publique, à s'arroger non seulement une législation mais encore une juridiction propre et un droit de se venir en aide à elle-même par des moyens plus ou moins contestables. Une *vis publica*, fût-elle même *minutissima*, est certainement au fond de l'aventure, au fond de l'entreprise.

Mais la sanction pénale en question ne doit pas non plus choquer pour cet autre motif que si le fait d'être le fondateur ou le membre d'une société non permise est rangé parmi les crimes contre l'État, il ne résulte pas de là qu'il fût punissable de la peine la plus forte, et d'une peine uniforme sans distinction. En effet, d'une part, comme il a été dit, la loi *Julia Majestatis* embrasse les hypothèses les plus variées; et, d'autre part, l'interprétation que nous combattons est victorieusement repoussée par ce principe déjà régnant au temps d'Ulpien : *Hodie licet ei, qui extra ordinem de crimine cognoscit, quam vult sententiam ferre, vel graviorem, vel leviorem, ita tamen ut in utroque rationem non excedat* (L. 13 *D. de Pœnis*); alors surtout qu'il s'agit d'un *crimen extraordinarium*, expressément attribué pour sa connaissance au préfet de la ville où au *præses* dans la province.

Ce sont les motifs de la loi qui détermineront naturellement l'existence et le degré de la culpabilité, et pour quiconque aurait présentes à l'esprit les données ci-dessus exposées du droit romain, il ne saurait y avoir à appréhender des pénalités trop fréquentes ou trop en disproportion avec les faits. Ne se présente-t-il pas en effet déjà d'emblée ici la grande difficulté de discerner les sociétés privées des sociétés publiques ? Ce qui n'empêchera pas sans doute, dans bien des cas, la police d'avoir qualité pour dissoudre certaines combinaisons, ou pour les amoindrir en leur interdisant de faire de la propagande, d'accueillir de nouveaux membres, etc.; mais ce qui empêchera le plus souvent les circonstances auxquelles les associations non autorisées doivent de constituer des crimes contre l'État, de s'affirmer d'une manière assez indubitable, pour que la justice pût traiter leurs membres comme des criminels. Grâce à l'incertitude qui plane sur ce qui pourrait être incriminé objectivement ou subjectivement, ces membres n'échapperont que trop facilement à la répression. A supposer que la saisie des papiers d'un collège fît complètement le jour sur ses statuts, ses ressources, ses préposés, ses comités et les délibérations prises au nom de la communauté, les participants ne demeureraient pas encore pour cela nécessairement sans défense. Il faudrait bien en effet les entendre, s'excusant sur ce qu'ils n'ont vu dans leur société qu'une liaison purement personnelle mue par le but essentiellement privé de l'acquisition de biens, de plaisirs pris en commun, de la simple conversation, d'un enseignement à donner ou à recevoir. Et ne faudrait-il pas les entendre aussi, venant déclarer que, loin d'avoir voulu jeter un défi au gouvernement, l'équité de leur but et la publicité de leurs débats entretenaient chez eux l'espoir d'être *tolérés* par l'État, à qui ils ne demandaient aucun privilège. Encore que les apparences témoigneraient contre eux, les circonstances peuvent si bien venir en aide à leurs justifications, qu'il ne subsiste pas de dol, en l'absence duquel cependant il n'y a pas de crime. Qui oserait requérir des peines criminelles, rien que par ce qu'elle n'aurait pas reçu l'estampille gouvernementale, contre une

société d'érudits ou d'artistes, travaillant en corps à
une publication savante ou à une découverte, ou
contre cette *humany society* qui s'était autrefois assigné pour mission de rappeler à la vie des trépassés
apparents, ou une compagnie par actions, etc., alors
même que se fussent insensiblement développés
en elles tous les attributs d'une formation collégiale.
Vis-à-vis de telles sociétés qui peuvent bien continuer
leur existence comme sociétés privées, l'État, guidé
par le principe *Utile per inutile non vitiatur*, ne
pourra, sous la supposition qu'elles ne tiennent pas
les promesses faites au public trompé par elles, user
que de la *dissolution;* et la police devra seulement
préserver le public ainsi que ces sociétés elles-
mêmes de l'illusion qu'elles représentent plus qu'elles
ne sont réellement sans autorisation, en signalant
en elles, en droit, des combinaisons personnelles et
dissolubles, ayant à fournir ou à contrôler pour leurs
contrats les garanties commandées par la prudence.
Le gouvernement lui-même est-il obligé d'admettre
leur entreprise, la peine méritée peut seulement con-
sister dans la divulgation de leur mépris pour l'entité
sociale, capable de donner une perfection juridique et
prolongée à une œuvre de bien et d'utilité commune.

Pour qu'une action répressive puisse être dirigée
contre les membres d'une association non autorisée,
il ne suffit donc pas de la manifestation évidente de
tous les attributs inhérents à une organisation collé-

giale; il faut encore que ces membres n'aient pas pu
compter du tout sur la tolérance de l'État, consentant
au moins à laisser vivre l'association en tant que société privée. Or, cet espoir n'est fermé que si non
seulement, bien entendu, l'association professe et
répand des principes contraires à l'État, à l'Église,
à la morale publique, mais si encore elle s'est attribué une tâche que l'État a prise exclusivement en
charge, si l'État a déjà légalement interdit des associations de même nature, si elle soutient par ses
agissements des dispositions qu'on a biffées dans
ses statuts ou si, après que l'autorité a fait usage de
son droit de dissolution, elle persiste à vouloir garder
une existence autonome. Dans tous les cas où des
suppositions aussi rigoureuses pourraient devenir
blessantes, on s'en tiendra donc à l'initiative et à
la surveillance de la police, qui, sans crainte de responsabilité ou de fin de non-recevoir avec effet sus-
pensif, sera incontestablement fondée à dissoudre de
ces sociétés non munies d'autorisation et, si les sociétaires ne veulent pas se soumettre à l'autorisation,
à les ramener, en présence même d'un but légitime,
aux conditions d'un simple contrat de société. C'est
ainsi que se concilient naturellement, suivant nous, le
texte précédemment reproduit d'Ulpien, aux termes
duquel il est permis aujourd'hui, à la suite d'une
instruction criminelle *extra ordinem*, de prononcer à
son gré une peine plus forte ou plus légère, pourvu

seulement que dans aucun des deux cas la raison ne soit offensée (L. 13 *de Pœnis*), et cet autre passage de Marcien emprunté à la L. 3 pr. *de collegiis et corporibus : Collegia, si qua fuerint illicita : mandatis et constitutionibus et senatusconsultis dissolvuntur. Sed permittitur eis, cum dissolvuntur, pecunias communes si quas habent, dividere et pecuniam inter se partiri.* « S'il existe des collèges illicites, ils seront dissous par des mandats, des constitutions ou des sénatus-consultes. Mais il sera permis aux membres, lors de la dissolution, de répartir entre eux les fonds communs qu'ils pourraient avoir. » Nous ne nous séparons du commentateur Wassenaer (voir dans la *Jurisprudentia antiqua* de Fellenberg, t. Ier, p. 444) qu'en un seul point. Wassenaer admet d'une manière trop générale, croyons-nous, qu'une poursuite criminelle ne surviendrait qu'à la suite d'une dissolution par mesure de police, la société persévérant dans sa désobéissance. C'est aller trop loin, puisque, du moment que les collèges non autorisés sont interdits sans réserve, la seule incertitude sur l'approbation que donnerait l'État à ceux en cause, ou comme le disent les criminalistes, le dol éventuel, suffit pour servir de fondement à la répression. La preuve que Marcien ne tient pas pour défendue et partant pour criminelle une association, à partir du moment seulement où l'Etat a fait usage vis-à-vis d'elle de ses droits de haute surveillance et à procédé à son interdiction et à sa dissolution personnelle, cette preuve se trouve dans les paroles qui suivent immédiatement les paroles mentionnées tout à l'heure :

In summa autem : nisi ex senatusconsulti auctoritate vel Cæsaris collegium, vel quodcumque tale corpus coierit, contra senatusconsultum et mandata et constitutiones collegium celebrat. Ce qui revient à dire que se passer de l'autorisation d'un sénatus-consulte ou de l'empereur, c'est instituer un collège contre le sénatus-consulte, les mandats et les constitutions. La lettre de Cicéron à son frère, rappelée par nous au commencement de ce chapitre et invoquée par Wassenaer, ne saurait lui être d'aucune utilité. Car il s'y agit de ces conventicules plébéiens, que la puissance publique avait *tolérés* jusque-là comme un droit coutumier : aussi devaient-ils être interdits *préalablement* à toute poursuite au criminel. Mais, même alors que le thermomètre de la criminalité s'élève au-dessus de zéro, les degrés de celle-ci varient beaucoup. Car tout dépend des buts poursuivis par les sociétés contrevenantes, des moyens à l'aide desquels elles ont prorogé leur existence anormale, enfin du nombre des membres qu'elles ont réunis dans une action commune, ce qui amène encore une fois à distinguer entre les meneurs, les boute-feu et la masse, le *servum pecus* des simples participants, dont la législation a justement en vue de sauvegarder les intérêts.

CHAPITRE IV

LES ASSOCIATIONS AU MOYEN AGE JUSQU'A
LA RÉVOLUTION

Si l'on voulait embrasser l'humanité depuis ses origines dans un coup d'œil d'ensemble, on trouverait peut-être que l'antiquité, dont nous prenons congé, n'a pas connu, en fait de liberté, de bien grands élans, cette liberté ayant été arrêtée dans son essor et dans ses manifestations paisibles, parmi lesquelles figure l'association, par des gouvernements oppressifs aussi bien que par des États qui, pour être républicains, n'en revendiquaient pas moins pour eux ou détournaient vers eux le plus clair de la sève et de l'énergie des individus, plus tourmentés de grandeur et de prospérité nationales que de la leur propre. Au contraire, le moyen âge, à ses débuts, déchaînant sur le monde un bouleversement général, l'usage de la liberté individuelle, comme il arrive nécessairement dans les moments d'inextricable désordre et d'anarchie, s'est affirmé comme une nécessité de premier

ordre, comme la loi même du salut, et cet usage s'y est
converti en une sorte de droit, droit bâtard, le Faustrecht ou droit du poing, droit de la force, tenant
lieu de la protection sociale absente, mais guère
capable dans ses créations d'aller plus loin qu'il ne
fallait, pour repousser, pour tenir en respect la force
perturbatrice et asservissante du dehors.

Que si dans cette période troublée où hommes et
gouvernements semblent, en dedans d'eux et au regard
des autres, à la recherche d'un équilibre stable, la
liberté n'a été encore qu'un fait plus ou moins
violent, et si cette liberté n'a inspiré que des mesures défensives, n'a su faire surgir que des remparts contre des attaques extérieures, derrière
lesquels continuait à s'abriter, sans entendre abdiquer aucunement, l'esprit d'isolement, l'esprit particu-
lariste, il appartenait aux temps modernes, en cheminant vers l'âge d'or, qui est, quoi qu'on en dise,
au point d'arrivée et non de départ de l'humanité, de
faire reconnaître dans la liberté humaine plus qu'un
fait, un droit véritable, un droit imprescriptible, de
trouver des serviteurs respectueux non moins que
des défenseurs convaincus et dévoués de ce droit
dans tous les États ainsi que dans toutes les conscien-
ces, de voir enfin la liberté, rassurée et encouragée
de toute part, sortir de ses abris et de sa réserve et
attester son incomparable fécondité, en liant en fais-
ceaux plus ou moins considérables, dans les direc-

tions les plus diverses, des volontés, unies peut-être
jadis pour la résistance, mais non pour l'action commune.

Socialement aussi bien que politiquement, nous
traversons une période d'enfantement laborieux,
nous accomplissons une lente et importante évolution, au bout de laquelle les droits et les responsabilités des individus comme des nations acquerront
leur maximum de précision et d'ampleur ; mais par
cela que nous nous trouvons encore dans la tour-
mente, et que le mouvement imprimé aux peuples
dans le sens de l'association ne remonte pas à bien
haut, par cela que ce mouvement s'inaugure à peine et
trahit sa nouveauté par des tâtonnements infinis, le
tableau de l'association dans les temps modernes ne
saurait être ni achevé ni même particulièrement
mouvementé, ni non plus accuser cette fermeté de
lignes, qu'il aurait si l'on pouvait dès maintenant entrevoir quelle place les efforts particuliers, maîtres
d'eux-mêmes et coalisés, finiront par tenir dans la
vie publique et privée.

De toute manière, pour que le mouvement d'association commençât, il a fallu que le morcellement des
nations en classes sociales disparût. A ce prix seulement, la carrière pouvait s'ouvrir devant les formes
modernes de l'association, c'est-à-dire devant des
unions, librement formées et dissolubles à volonté,
d'individus à la poursuite d'intérêts communs. Quel-

que rigoureux qu'ait pu se montrer directement
l'état policier du xviii⁰ siècle envers toute manifestation corporative quelconque, indirectement il a favo-
risé l'état de choses actuel, dont il a été même le précurseur indispensable.

Que si la condition bourgeoise, égalitaire, civique
des habitants est le sol sur lequel poussent les unions
modernes, l'atmosphère d'une constitution libérale
peut seule fournir à celle-ci l'air respirable qui doit les
faire prospérer. L'état policier renverse, il est vrai,
les barrières fondées sur la sélection sociale, en
reliant immédiatement les individus à la puissance
publique et en revendiquant leurs forces pour lui-
même ; et sans doute aussi, avec l'égalité des droits
et la rupture de tous les liens sociaux historiques,
s'éveille l'aptitude et l'aspiration à un groupement
nouveau ; mais jamais ce groupement n'attestera une
réelle animation, à moins que la participation des
citoyens aux tâches de l'État ne soit devenue un principe du droit public. L'abandon des traditions du
régime absolu est donc aussi obligatoire que la destruction des distinctions sociales.

L'isolement forcé, auquel les habitants sont condamnés par le despotisme que menacent seulement
les conspirations ourdies dans l'ombre et les menées
souterraines, ne ressemble pas d'ailleurs à l'isolement
volontaire, qui caractérise le tempérament du moyen
âge comme réaction plus ou moins consciente contre

la compression des âges antérieurs et comme résultat d'autorités plus nominales qu'effectives et tyranniques.

Les institutions corporatives, si répandues au moyen âge, où elles préparent à certains égards l'État et les institutions publiques modernes, ne sont en réalité que des forteresses, au dedans desquelles l'individualisme peut poursuivre tranquillement son œuvre à l'abri des entreprises de l'arbitraire et de la violence, et personne ne voudra commettre la lourde méprise de les confondre avec les associations, qui sont l'objet de ce travail. Nous devons donc nous refuser le facile plaisir de rapprocher dans un parallèle, pour en signaler les dissemblances, ces camps retranchés, que sont les corporations, et les associations qui confondent les intérêts, les moyens d'action et les espérances.

Sans doute, les corporations établissent déjà un lien entre les personnes incorporées, et ce lien relie même aussi en général des individus qui suivent une direction, une carrière identique ; si bien que les corporations nous représentent certainement déjà, au moins au sens large du mot, une sorte d'association, comme l'État en représente également une autre. Mais si la corporation donne de la cohésion à ses membres, crée entre eux des points de contact, on n'y trouve pas cette fusion des intérêts, que nous montre l'association proprement dite et qui va jusqu'à la fusion des êtres même dans la plus étroite

des associations, celle du mariage et de la famille.
Et puisque nous parlions tout à l'heure de l'État, on
peut dire que la corporation est faite à l'image de
l'État, en vue d'une sécurité, que celui-ci ne dis--
pense pas sans doute, au moins momentanément,
d'une manière suffisante : ce qui explique, d'une
part, que l'autonomie des incorporés n'est pas plus
entamée par la corporation, institution éminemment
défensive, que ne l'est celle des citoyens par suite du
fonctionnement de l'État ; et, d'autre part, que, suivant une indication déjà donnée, c'est du sein de ces
corporations, établies sur des bases plus ou moins
larges et plus ou moins savamment organisées, qu'a
pu se dégager la construction de l'État moderne.

Que l'instrument, qui servait à la défense moyennant le groupement des intéressés sous une même
bannière, ait servi ensuite d'arme de combat, que les
anciens opprimés se soient faits à leur tour oppres-
seurs, soient devenus jaloux, exclusifs, intolérants,
et aient fini par se considérer et par se comporter
en tout comme de véritables privilégiés, c'est là un
phénomène de dégénérescence et de décrépitude trop
inhérent aux choses humaines, pour qu'il y ait
lieu d'en être autrement surpris ! Si nous le signa-
lons, c'est parce qu'à mesure que les barrières élevées par les corporations devenaient plus hautes, à
mesure que leurs membres se fortifiaient davantage
dans leurs positions et y recueillaient plus de profits,

le goût de l'association était plus' énergiquement refoulé, encore que la propension à l'isolement eût pu'vouloir lui céder la place.

Une proposition, que nous avançons timidement parce qu'elle n'a pas été aventurée encore, mais qui pourra peut-être un jour prendre rang parmi les vérités expérimentées, parmi les aphorismes des sciences morales et politiques, c'est que l'esprit corporatif tue l'esprit d'association. L'organisation corporative arrache les individus aux périls qu'ils redoutent ; après la sécurité, c'est la fortune qu'on lui demande ; or, cette sécurité et ce bien-être facile qu'elle procure engendrent l'inertie absolument comme la protection douanière est mortelle à l'initiative et à tous les progrès. Supposez que les tendances corporatives prévalent et s'enflent jusqu'au socialisme, avec lequel chacun se trouve protégé même contre ses vices, et demandez-vous ce que deviendra l'envie chez quelques individus ou un plus grand nombre de faire cause commune entre eux et de greffer, sur les résultats déjà concédés, des résultats peut-être plus satisfaisants encore. Cette envie n'existerait pas, même à l'état latent. Aussi bien, le moyen-âge, malgré ses corporations innombrables, n'a-t-il jamais passé pour une ère particulièrement favorisée au point de vue mercantile, industriel, intellectuel et politique. Mais laissons un instant la théorie pour les faits eux-mêmes.

Si, au temps du Bas-Empire, les humbles se relèvent dans les collèges, corporations, sodalités, la bourgeoisie va, au moyen âge, être redevable de son âge héroïque à ces groupements libres, dans lesquels les campagnes des premiers siècles assureront de leur côté aux compagnons de la Marke et du village des conditions de bonheur inespérées pour l'époque. Pendant que, dans les hautes régions, les classes dirigeantes, armées du glaive, constituent l'autorité, les couches sociales inférieures, désireuses d'échapper aux bienfaits douteux de cette autorité, trop souvent assoupie ou spoliatrice, enfantent des institutions rurales et urbaines, qui serviront de berceau aux franchises publiques et, en face de l'autorité, feront la part de la liberté. Car nous sommes dans la période historique, à laquelle s'appliquent, depuis le commencement jusqu'à la fin, les lamentations éloquentes du Minnesänger Walter de Vogelweide, qui regrettait de voir « la félonie derrière les murs des forteresses, la violence sur les grandes routes et la guerre partout », et qui s'exclamait encore, comme pour préluder par des constatations douloureuses de fait aux doctrines de certains naturalistes comtemporains : « Tout est en guerre, les bêtes fauves dans la forêt, les oiseaux dans l'air, les hommes sur terre. Malheur à toi, Allemagne ! Quel désordre est le tien ! »

O weh dir deutscher Zunge,
wie steht die Ordenunge.

Réagissant dans la sphère agricole contre le heurt des intérêts et la violence des passions destructives, des communautés de villages, où revit la Marke primitive et dont on rencontre aussi des traces chez nous, s'établissent dans la Belgique du Nord, dans la principauté de Liège et en Allemagne. Ces groupes prospères de libres paysans, qui ont été la force et l'espoir des temps d'épreuve, auraient pu certainement, en se multipliant, en se généralisant, créer un tiers état rural, à la manière de l'ancienne *yeomanry* anglaise; mais il aurait fallu pour cela que les hautes classes, nobles, légistes, philosophes, fussent pénétrées de leur importance pour la vitalité des campagnes, au lieu de s'appliquer, comme elles le firent, à les étouffer. Si étouffés qu'ils aient été, il est cependant encore possible, même de nos jours, de s'en faire une idée, et il suffit pour cela de se rendre en Suisse, dans les cantons où se trouvent les Allmenden, décrits par M. de Laveley, l'auteur de *la Propriété et ses formes primitives*. On y retrouvera, à la faveur d'un territoire peu étendu, d'une population restreinte, d'une grande égalité de conditions et de besoins très modestes, les collectivités agricoles et démocratiques des premiers siècles, avec leurs propriétés communes, le partage du sol, la jouissance des forêts et des prairies, une justice locale, une administration propre et des assemblées publiques. Ces assemblées en plein air nous montrent tous les ans, au printemps, les villageois d'Appenzell, munis de vieilles rapières, arrivés en famille, pour élire leurs chefs, arrêter leurs règlements, disserter de leurs intérêts agricoles, vaquer à la distribution des revenus, s'occuper de l'usage des forêts et des prés, examiner la situation des terres, des travaux à exécuter.

Il n'y a pas jusqu'à la Russie, qui ne nous offre un spectacle analogue.

« Les paysans affranchis de l'autorité seigneuriale, écrit M. Rambaud dans son *Histoire*, couronnée, *de la Russie*, à propos des conséquences de la grande œuvre d'émancipation entreprise par Alexandre II, furent organisés en communes ; ou plutôt la commune, le *mir*, qui est l'élément primordial et antique de la société slave-russe, acquit une force nouvelle ; elle hérita de l'ancien droit de police et de surveillance attribué au seigneur sur ses sujets ; elle administra, elle jugea, avec plus de liberté, les procès des paysans ; conformément à l'ancien droit slave, le sol racheté au seigneur resta la propriété commune de tous les membres du *mir;* chaque paysan ne possède en toute propriété que son enclos et la terre qui y attient ; les terres arables, soumises à des partages périodiques plus ou moins fréquents, entre les chefs de famille du village, ne sont possédées par eux qu'à titre d'usufruit. La loi qui ne permet de procéder à un partage définitif de la terre communale que si les deux

tiers des intéressés y consentent, maintiendra longtemps encore, contre l'action destructive des mesures
et des besoins nouveaux, cette vieille institution eu-
ropéenne. »

D'ailleurs, sans aller aussi loin qu'en Russie, ni
surtout dans l'Inde à la suite du savant Sumner Maine,
nous n'avons qu'à jeter les yeux sur ce qui se passe,
à l'heure actuelle, sur tel point particulier de notre
propre territoire, pour pouvoir remonter aisément le
cours des siècles.

Transportons-nous en effet, par exemple, avec
M. Baudrillart, dans l'arrondissement de Saint-Nazaire, au milieu de la population qui habite la Grande-
Brière-Mottière. « La population briéronne, dit cet
économiste dans son étude récente sur les populations agricoles de la Bretagne, offre un mélange assez
particulier de propriété individuelle et de propriété
collective. Bornons-nous à dire que dix-sept communes, parmi lesquelles figurent Saint-Nazaire, Gué-
rande, Pont-Château, Herbignac, Montoir, Donges,
sont indivisément propriétaires de ce grand domaine.
On doit y ajouter les six communes qui forment plus
spécialement le pays briéron, c'est-à-dire Saint-Joa-
chim, Crossac, Sainte-Reine, La Chapelle-des-Marais,
Saint-Léphard et Saint-André-des-Eaux. Cette constitution de la propriété remonte à une époque fort
ancienne, et elle a ses titres authentiques dans des
actes du xvᵉ siècle, qui fixent ou confirment les con-

ditions de l'association. La gestion collective est aux mains d'un syndicat dont les conseils municipaux des communes intéressées désignent chacun un membre pris dans leur sein. »

Néanmoins, même dans le passé, les communautés dont il s'agit n'ont jamais représenté le droit commun. Placées en face de l'autorité publique, elles n'ont jamais été qu'un accident, qu'une exception heureuse. Tantôt la marke s'est continuée sans subir l'atteinte de la féodalité ; tantôt la gilde agricole, avec ses magistrats, sa propriété, ses règlements, a su se faire reconnaître et a ravivé le régime de la marke ; tantôt des chartes rurales d'affranchissement sont octroyées par le seigneur, et tantôt encore les serfs eux-mêmes s'organisent en collectivités agricoles. Si ces collectivités ont, pour quelques-unes au moins, traversé les siècles, c'est qu'aux prises dès leur naissance avec les plus grandes difficultés extérieures, vouées à tous les assauts, elles ont dû se donner des organisations vigoureuses, résistantes, comme celles que peuvent inspirer la raison, l'équité et des besoins indiscutables, sagement appréciés.

- Des chercheurs tels que Dareste de la Chavanne. (*Des classes agricoles en France*), Babeau (*Le Village sous l'ancien régime*), Brants (*Histoire des classes rurales jusqu'à la fin du* xviiie *siècle*), Von Maurer (*Geschichte der Markenverfassung* et *Geschichte der Dorfverfassung in Deutschland*), Otto Gierke

(*Das deutsche Genossenschaftsrecht*), et plusieurs autres ont entrepris de nous initier au détail, qui n'importe pas ici, de ces organisations originales. Celles-ci
nous donnent l'impression de véritables démocraties,
mais de démocraties rurales, où les ayants-droit cou-
doient en petit nombre, il est vrai, des gouvernés,
des dépendants, les serviteurs, journaliers, ouvriers,
et où l'unité est fournie non par l'individu, mais par
le foyer, ce qui amenait des parts de jouissance différentes sur la propriété commune existant en dehors
de l'enclos de chaque famille. On a pu comparer
leur administration au régime de nos sociétés anonymes actuelles, qui fonctionnent avec des administrateurs, un conseil de surveillance et l'assemblée des
actionnaires, source de tous les pouvoirs. A la tête
des démocraties rustiques était en effet placé le
maire (*villicus, schulteiss*); autour de lui était rangé
le conseil d'échevins, qui était le corps représentatif;
et à la base du système figurait le corps électoral,
composé des compagnons, *genossen*, parsonniers. Tandis que les chefs, échevins, conseillers pourvoyaient
d'une façon continue, en vertu de leur mandat,
aux affaires courantes, telles qu'entretien des routes,
curage des fossés, des sources, des ruisseaux, répara-
tion et construction des ponts, digues, etc., des assemblées générales se tenaient dans les circonstances
majeures, comme lorsqu'il s'agissait d'élection de
dignitaires, d'aliénation du territoire, partage de

lots, surveillance des cultures, admission d'un étranger, questions d'impôt, de service militaire, etc. Et en même temps que la collectivité intervenait dans l'administration, elle intervenait aussi comme justicière, soit en rendant la justice elle-même, soit en déléguant le pouvoir judiciaire à des jurés, à des *vinders,* à des jugeurs, qui remplissaient leur mission en présence de tous. Si ces petites sociétés, désireuses de préserver leur établissement de toute perturbation, ont pu céder à des préoccupations étroites, se montrer rétives à l'admission de nouveaux venus, à l'accroissement de leurs membres, à la sortie et à la consommation des produits hors du village, elles ne méconnaissaient pas cependant les lois de l'hospitalité au regard du voyageur, et la solidarité, la fraternité, la charité, loin d'être de vains mots entre compagnons, trouvaient des formules pratiques dans les règlements ruraux.

Aussi peut-on approuver sans réserve ces lignes émues arrachées à la contemplation d'un passé qui ne manque pas de charme, quand on le considère dans son cadre historique, sans chercher à s'en servir comme d'un enseignement pour le présent et l'avenir. « Les petits gouvernements populaires, électifs, chargés de résumer et de sauvegarder les intérêts agricoles, se maintenaient modestes, isolés, discrets, à l'abri de la féodalité. En Belgique et en Allemagne surtout, ils ont su conserver longtemps leur autonomie et leurs mœurs. Ils étaient l'antithèse vivante du gouvernement féodal. Pendant que la civilisation, l'autorité, la force, l'art, le raffinement, l'élégance du temps de Charlemagne venaient se concentrer dans la salle dè marbre des chevaliers au palais d'Ingel-heim ; pendant que la cour seigneuriale, avec son administration régulière et disciplinée, ses bénéfices, sa hiérarchie de services, de fonctions et de dignités, sa condensation de puissances aristocratiques, ses pouvoirs émanant du prince, son organisation déve-loppée en vue de la souveraineté, ses ateliers de serfs aux mœurs légères, son luxe, ses fêtes coû-teuses, résumait les ambitions, les passions, les gran-deurs et les vices d'un monde plein de contrastes, tel village de la Flandre ou de la Saxe, par exemple, était l'expression de l'existence tranquille et indépen-dante des campagnes ; et son conseil paisible, son assemblée, sa vie de famille patriarcale, ses ker-messes simples, ses banquets judiciaires fraternels, son travail productif et fécond, son régime fondé sûr l'intérêt du plus grand nombre, symbolisaient tout ce qu'il y avait en ce moment sur le continent de sincé-rité et de liberté. Ce monde est peu connu, il a vécu en dehors du drame de l'histoire ; il faut aller à sa recherche et, pour le découvrir, traverser la grande mêlée des hommes et des choses ; mais quand on l'a trouvé et qu'il apparait dans sa tranquillité sereine, il inspire les graves émotions attachées à toutes les

œuvres sorties des entrailles mêmes de l'humanité. »
(Adolphe Prins, *La Démocratie et le Régime parlementaire*, 1884.).

N'est-ce pas aller trop loin cependant que de se
demander, comme le fait M. Babeau, dans son livre
sur l'ancien village, si, quand en 1789 des droits
politiques furent conférés aux habitants des campagnes, ces droits remplacèrent pour eux les droits
plus pratiques et plus à leur portée que directement
ils avaient exercés. Sans doute, une réponse négative
s'impose à cette question, si on se place au moment
même de l'affranchissement, parce qu'alors il fallait
échanger certains avantages positifs contre le néant
ou une simple virtualité. Mais la mise à profit des
droits nouveaux devait singulièrement agrandir
l'horizon du paysan affranchi, en faire un véritable
propriétaire, un homme, un citoyen, pouvant aspirer
à tout. On veut bien reconnaître que le paysan du
xix⁰ siècle jouit d'un plus grand bien-être, qu'il
est mieux logé, mieux nourri, mieux vêtu ; mais on
fait remarquer que ce bien-être ne doit pas avoir à
ses yeux un grand prix, puisque son rêve est de le
quitter, l'homme des champs n'ayant qu'un désir :
chercher fortune à la ville, et la femme qu'une ambition : épouser un citadin. Cependant, si les campa-
gnards qui pérégrinent vers les grands centres s'y
établissent sans esprit de retour, n'est-ce pas qu'ils
y trouvent leur compte, qu'ils y trouvent des satisfac-

tions supérieures, dont ils sont redevables au régime
nouveau et dont les avocats de leur cause seraient
donc mal venus de vouloir les priver. Et si au contraire, après une fugue peut-être inconsidérée et
accompagnée de profondes désillusions, ils retour-
nent avec empressement aux champs, ne faudra-t-il
pas attribuer aux libertés nouvelles ce contentement
tardif mais définitif qu'ils n'auraient jamais connu
sans les comparaisons faites, sans la liberté d'option
et de déplacement? Ce qui nous sépare en dernière
analyse de nos contradicteurs plus ou moins avérés,
c'est leur idéal, qu'ils placent non seulement dans la
diversité des fonctions mais encore dans une sorte
d'immutabilité de cette diversité. Or, sans doute, la variété inévitable des occupations tient, en présence de
la multiplicité des besoins, à la variété des vocations,
des aptitudes, comme à la division nécessaire du travail. Mais nous ne voyons aucune raison, tirée soit de
l'intérêt public soit du bonheur particulier, pour que
les industriels, momentanément voués à la même
œuvre, creusent éternellement le même sillon, en formant, eux et leurs descendants, une caste qui se cantonne et s'isole dans un même domaine pour ainsi dire
infranchissable. L'activité volontaire et sinon incons-
tante, au moins au besoin changeante de citoyens
qui, s'inspirant de leurs goûts et des occasions pour
modifier, le cas échéant, leur itinéraire, se lient, se
pénètrent, se remplacent, se confondent, ne vaut pas

seulement à ceux-ci les joies intenses, découlant des aspirations assouvies ; elle assure aussi à la production son rendement maximum par l'emploi le plus judicieux des forces disponibles ; elle communique à un pays, sans préjudice des avantages de la décentralisation, singulièrement facilitée même, une cohésion extraordinaire, une seule pensée, une seule âme, une seule volonté ; et ce n'est pas sans confusion que nous nous voyons réduit, malgré des expériences concluantes, à défendre encore et sans cesse dans la liberté, hostile à toutes les barrières, la base la plus solide de la grandeur des États et du bonheur des individus.

Certes, même aujourd'hui, après toutes les déclarations libératrices de notre droit public, les campagnes, pas plus d'ailleurs que les villes, ne sont devenues un paradis, parce que la lutte est de l'essence de la liberté, et nos enceintes parlementaires n'ont été que trop remplies dans ces derniers temps des doléances des classes agricoles. Peut-être cependant que les remèdes que ces classes vont demander au législateur, elles pourraient à présent, dans une certaine mesure, les trouver en elles-mêmes. Dans un remarquable discours prononcé au Sénat les 23 et 24 mars 1885, à propos des droits sur les blés, M. Léon Say, après avoir énuméré les nouvelles armes grâce auxquelles notre industrie se défend et poursuit sa route, s'est appliqué à montrer jusqu'à

quel point les procédés employés par l'industriel avec
tant de succès dans un grand nombre de cas,
pourraient être employés par l'agriculteur en souf-
france, pour améliorer sa situation. Ce qu'il faut, a-t-
il dit, « c'est que l'agriculteur s'engage avec le
même esprit scientifique que l'industrie, dans les voies
qui lui sont montrées par l'esprit de progrès ». Nous
sommes d'accord avec lui ; mais où sont les obstacles
aux progrès qu'appellent ses vœux patriotiques ?
Dans l'ignorance et la routine qui sont le fait de classes qu'une législature mal avisée ou leurs propres
dispositions malencontreuses tiennent indéfiniment,
et contrairement à leurs plus chers intérêts, à l'écart
des grands courants extérieurs, et condamnent, à
trayers de nombreuses générations, à un stérile et
desséchant piétinement sur place. Les traditions, qui
peuvent avoir leurs côtés recommandables dans la
sphère morale et même politique, sont funestes au
développement économique des sociétés qu'il faut
abandonner aux suggestions progressives de l'intérêt
personnel éclairé et indépendant. Sachons donc nous
garder d'un engouement excessif pour un passé dont
les manifestations les plus attrayantes n'ont jamais
été qu'un pis-aller, que des fruits maladifs de serre
chaude, que des produits d'une organisation précaire
et plus ou moins factice; inspirée et entravée par des
menaces redoutables, et impropre à servir de modèle
à une société émancipée ? Sachons aussi nous mon-

trer justes et indulgents pour ces mouvements de va-et-vient entre les villes et les campagnes, usant au moins de leurs prérogatives, mouvements qui, tout en fortifiant le principe de la nationalité, déposent en tous lieux, grâce au déplacement opportun des intérêts, au contact incessant et à l'association finale des idées et notions en apparence les plus dissemblables, des germes de prospérité, comme on n'en verrait jamais lever dans les eaux stagnantes et croupissantes des classes immobilisées et atrophiées ! Sachons enfin, notre pensée pouvant se résumer en ce mot, rendre justice à la liberté qui, en plaçant l'homme dans sa condition normale, est particulièrement apte aussi, quand elle est bien employée, à améliorer sa condition matérielle et morale ! Il doit être permis, dans un esprit de justice et en face d'un présent qui n'est pas lui-même exempt de toute infirmité, de rappeler avec honneur les combinaisons et les expériences sociales par lesquelles ont passé nos aïeux ; mais il peut être dangereux de les rappeler avec trop de regret, de réserver pour elles toute la magie des couleurs du style, d'essayer de les ressusciter au service d'une sorte d'apothéose, comme le font les lignes suivantes, dont les indications historiques, irréprochables, trahissent les inclinations moins irréprochables, à notre sens, de leur auteur, M. Prins :

« La propriété collective succomba devant l'accroissement incessant de la population et la création

du prolétariat agricole ; les éléments d'indépendance
et d'originalité des familles rustiques s'évanouirent,
dispersés par le souffle niveleur de l'État et de ses
règlements despotiques. Les libertés rurales trouvèrent leur tombeau dans les gloires de la féodalité et
de la centralisation.

« Les guerres des paysans du xv° siècle, les
ligues du Soulier et du pauvre Conrad furent, en
Allemagne, les derniers efforts de l'esprit collectif
aux prises avec l'autorité publique.

« Si quelques souvenirs de l'âge d'or subsistaient
encore, si quelques vestiges apparaissaient çà et là,
la Révolution française eut soin de les balayer. La
loi du 4 août 1789 rendit à jamais impossible toute
résurrection des forces agricoles, en les recou-
vrant du linceul de l'uniformité administrative. Le
moindre village est désormais une personne civile ;
il peut facilement plaider, acquérir, aliéner ; il est
à cet égard l'égal d'une capitale ; il est, comme elle,
une création artificielle du droit ; mais il n'est plus
une réalité, il n'est plus un organisme, il ne vit
plus, et tandis que jadis, sous l'œil inquiet du seigneur, il était parvenu à s'épanouir dans sa robuste
floraison, aujourd'hui, affranchi de toute contrainte,
il végète, insoucieux de la liberté et il ne songe
même plus à en user. »

Si brillant que soit ce langage, il ne saurait mas-
quer suffisamment l'injustice des reproches ni la

méconnaissance d'une des plus grandes et des plus
fécondes évolutions qu'il ait été donné à l'humanité
d'accomplir. Parler à propos de la suppression des
privilèges seigneuriaux et de la dispensation de la liberté et de l'égalité à tous les citoyens, du souffle niveleur de l'État et de ses règlements despotiques,
est-ce bien comprendre tout ce que cette apparente
uniformité répandue par la législation au milieu
d'hommes, qu'elle rendait entièrement à eux-mêmes,
devait nécessairement engendrer de hardi et de
varié en tous lieux et dans toutes les directions?
Si l'État est entré vigoureusement en scène aux
époques qu'on évoque beaucoup trop dédaigneuse-
ment, ce n'était pas pour s'imposer, pour procéder,
comme auparavant, par écrasement ou subordination de toutes les autres forces, mais au contraire pour
s'effacer devant elles, pour abdiquer dans une certaine mesure à leur profit, pourvoir aux destructions
nécessaires et pousser au premier plan les hommes
délivrés de toutes entraves non justifiées. Cette collectivité agricole, sur laquelle on verse des larmes si
amères, pense-t-on assez qu'elle absorbait toutes
les individualités comprises dans son sein, qu'elle
se substituait pour ainsi dire à ces individualités
qui, incapables d'une vie propre, ne valaient et ne
vivaient que par elle; tandis qu'actuellement, si
l'entité villageoise n'a plus peut-être, ce qui serait
encore sujet à discussion, le vitalité de celles d'au-

trefois, les unités humaines qu'elle groupe peuvent, comme autant de foyers distincts, développer ou développent toutes, en raison de l'indépendance et de la sécurité dont elles jouissent, une activité sans bornes, en fournissant un excédent de compensations et en démontrant par les résultats la supériorité des temps nouveaux.

Ce sont ces unités devenues libres et maîtresses d'elles-mêmes qui peuvent songer désormais à contracter entre elles des alliances étroites sous forme d'associations proprement dites, alors que les individualités humaines, au moyen âge, étaient prédestinées, par leur faiblesse même et leur pénurie, au régime des corporations. Encore que nous distinguions soigneusement les corporations et les associations, il faut reconnaître, d'ailleurs, que les corporations témoignent à leur manière de cette tendance invétérée des hommes, qui les précipite les uns vers les autres et qu'elles rentrent même dans la famille des associations, quand celles-ci sont envisagées à un point de vue très général. Seulement il est certain que les mobiles qui déterminent ces manières de se rapprocher ne sont pas les mêmes, les associations se formant pour agir et les corporations simplement pour réagir. Et comme les corporations sont des refuges offerts à des personnalités chétives, sans aucune force de résistance propre, celles-ci y entrent corps et biens, avec l'intégralité de leur situation,

sans arrière-pensée, sans restriction, pour la durée
de leur vie, dans l'intérêt de leur activité économique aussi bien que de leurs vicissitudes politiques
et font penser — si l'on veut nous permettre cette
image — à la culture extensive par rapport à la culture intensive, que rappellent plutôt les associations
avec les limites qui y sont assignées aux biens mis
en commun et à la durée d'une collaboration, ar-
dente en raison inverse de l'ampleur de ces limites.
Mais il suffit du lien de parenté signalé entre les
associations et les corporations pour que nous
ne puissions complètement nous désintéresser de
celles-ci, et pour que nous dussions les examiner
encore, quoique toujours sommairement, en dehors
de la sphère purement champêtre, où nous les
avons vues se mouvoir jusqu'ici comme collectivités
agricoles.

CHAPITRE V

Les petites collectivités agricoles ont pu convenir aux intérêts identiques qui se manifestaient dans des populations restreintes. Mais quand de modestes agglomérations d'hommes sont devenues des centres importants, où s'agitent des intérêts variés, où se révèlent des besoins nouveaux et nombreux, où bien des ambitions se font jour, la propriété collective est délaissée ; et comme néanmoins de graves dangers menacent les solitaires en dedans aussi bien qu'en dehors des enceintes des villes, ce sont des corporations en plus ou moins grandes quantités qui font la fusion entre ces solitaires, heureux de se rattacher à un groupe, afin de n'être pas des parias, des *wildfang* du droit allemand, des *outcast*, des *lawless* du droit anglais. Car en dehors d'un groupe, pas de salut, l'individu isolé devant fatalement succomber

dans la mêlée. On aurait pu croire que cette circonstance au moins tournerait, dans un parallèle du
moyen âge avec le temps présent, à l'avantage de
celui-ci. Mais il est des contempteurs un peu cha
grins de notre époque, pour lesquels notre régime de
liberté « favorable aux fats, aux entreprenants, aux
génies et aux aventuriers, c'est-à-dire aux exceptions, est d'une stérilité absolue pour les majorités,
pour le monde des faibles ».

Il n'en reste pas moins acquis, qu'aujourd'hui, il
n'est pas précisément nécessaire d'être un fort, un
génie ou un aventurier pour réussir, pour faire son
chemin dans le monde. Aujourd'hui que le droit
prévaut, que le droit et la liberté des individus sont
garantis par la loi et le pouvoir, qui se faisaient jadis
les instruments de leur exploitation, les plus faibles
peuvent s'aventurer dans les luttes de la vie, avec
les chances les plus sérieuses de succès. Quand
nous disons les plus faibles, nous ne disons pas
bien entendu les impuissants, ceux qui sont dé-
pourvus de tout ressort ; et nous visons seulement,
mais nous visons tous ceux qui, décidés au moins à
ne pas s'abandonner eux-mêmes, mettent résolument
à contribution toutes leurs facultés corporelles et
intellectuelles, y compris, le cas échéant, celles de
leurs semblables, à la faveur d'une liberté largement
dispensée aussi, qui est la liberté d'association.

Quoi qu'il en soit, au moyen âge, ce sont les corporations plutôt que de bonnes mœurs et de sages dispositions législatives qui protègent, abritent et rassurent les travailleurs épars. Ce sont elles auxquelles correspondent, par le mode de satisfaction qui pouvait y être attaché, tous les besoins, toutes les aspirations de cette époque dans la direction des arts, des sciences, du commerce, du travail, des métiers les plus infimes ; ce sont elles qui, en servant de creuset, de moule, de forme à toutes les nécessités et tendances de la vie sociale, sans détruire la vie individuelle, ont fourni à la société ses assises, sa charpente, sa membrure, et qui, en se concentrant en une puissante unité, ont pu donner au xive siècle le spectacle de démocraties aussi florissantes que certaines cités de l'antiquité grecque ou certaines villes modernes du nouveau monde. Car, à leur point culminant, les corporations se confondent parfois avec la commune à laquelle elles fournissent son personnel administratif. N'est-ce pas ainsi que la municipalité de Paris a été longtemps formée des syndics de la corporation des marchands d'eau (*mercatores aquæ*), comme l'attestent encore les armoiries de cette capitale ? La ville de Rouen a été administrée par les syndics des drapiers, et ce sont les conseils des corps de métiers qui gouvernaient Marseille, Arles, Montpellier. Il n'y a pas d'ailleurs qu'en France où le gouvernement de la corporation s'impose à la cité. La Gilda Mercatoria faisait loi à Londres, la Richerzecheit à Cologne, les Geschlechten en Flandre.

Malgré cette confusion d'intérêts, il reste cependant toujours à distinguer l'histoire des corporations de celle des communes. Les communes sont issues de la lutte ; leurs chartes ont été conquises par force ou par ruse sur les seigneurs et les rois, et elles ont succombé devant l'œuvre centralisatrice d'un pouvoir royal grandissant. Au contraire, les corporations ont eu les organes les plus pacifiques, et, loin de porter ombrage à la royauté, elles parvinrent plutôt à gagner ses faveurs comme autant de précieux instruments de fiscalité et de police qu'elles étaient sous la main de la monarchie administrative. Les besoins qui se sont révélés peu à peu leur ont donné spontanément naissance ; elles ont pris de l'essor, à mesure que les familles ont cessé d'être leurs propres pourvoyeurs, que l'industrie est donc sortie de la phase familiale et que les ouvriers, quittant les manoirs, se sont établis en nombre dans les villes. La gilde, qui marque le point de départ du long développement des corporations, est le premier groupement ne reposant plus simplement sur la famille. Le mobile déterminant de ces formations n'a d'ailleurs jamais varié. Soit que l'on étudie les gildes les plus anciennes et les plus simples, comme celles d'Abbotsbury, d'Exeter ou de Cambridge, fondées en Angleterre au xie siècle, celles du Mans ou de Cambrai, qui datent de 1070 et 1076, ou celle d'Amicitia, dans la ville d'Aire en Flandre, qui vit ses statuts confirmés en 1188 par le comte Philippe; soit que, se plaçant au xive siècle, on considère avec les épiciers de Londres, par exemple, les foulons de Gand, les pelletiers d'Augsbourg, les corporations les plus puissantes, arrivées à leur apogée, c'est toujours l'incertitude de l'avenir, la menace des intérêts qui, avivant le sentiment de solidarité, ont provoqué un mouvement de concentration entre situations similaires, se promettant en toutes circonstances appui et assistance réciproques.

De même, d'ailleurs, que les corporations avaient surgi spontanément par application de la devise « Aide-toi toi-même, Dieu t'aidera, » si naturelle en un temps d'anarchie universelle, où on laisse chacun se tirer d'affaire comme il peut, de même ce sont elles qui, sans intrusion étrangère, légiféraient pour leur propre compte. L'autorité, sans se mettre en frais d'imagination, n'intervient que pour reconnaître leurs règlements volontaires, et Étienne Boyleau qui, au xiiie siècle, publie, par ordre de saint Louis, son livre des métiers, se contente de reproduire les statuts appliqués, dont la compilation a été préalablement soumise par lui aux prud'hommes de chaque métier pour en obtenir une sorte de déclaration de conformité.

Voilà les abris derrière lesquels les hommes libres

défient l'arbitraire féodal et assurent les franchises populaires. La solidité de ces abris, à l'ombre desquels les propriétaires libres et coalisés avaient acquis le monopole du pouvoir communal, avait rendu ceux-ci arrogants à ce point qu'ils s'érigeaient en aristocratie fermée. Mais déjà, à côté de ce patriciat, bourgeois avaient grandi, s'étaient enrichies d'autres individualités qui, prenant exemple sur les gildes bourgeoises, s'étaient constituées en gildes nouvelles, rivalisant avec celles-ci de prospérité et revendiquant leur part d'autorité et d'honneurs. Ces rivalités, qui éclatent un peu partout, aboutissent généralement à une transaction, au partage des dignités municipales entre les gildes contendantes, à la constitution dans sa forme définitive du patriciat bourgeois, que l'on peut représenter comme la fusion de la propriété et du capital dégagés des liens féodaux.

Mais bientôt, en l'absence de la notion du droit et de l'égalité, les traditions mauvaises, que cette notion était seule capable de détruire, reprennent le dessus ; la classe dirigeante, jalouse des avantages qu'elle détient, veut se les réserver en propre, et Brentano, dans sa belle introduction au livre de Toulmine Smith sur les corps de métiers anglais, nous la montre faisant des règlements pour exclure de la vie corporative ceux « qui ont les mains sales et les ongles noirs ou qui crient leurs marchandises dans la rue ».

Ces hommes peu soignés, ce sont les travailleurs, qui représentent le troisième élément, à côté de la propriété et du capital. Partout ils entrent en scène au xiiie siècle, se dressant contre les gildes patriciennes qui, de toutes les façons, par l'exigence des conditions de naissance et de fortune, par des droits d'entrée excessifs, des épreuves difficiles et coûteuses, cherchent à les empêcher de s'élever à leur tour au patronat. La victoire devait arriver aux travailleurs par le moyen qui avait si bien réussi jusque-là ; ils se groupèrent, comptant notamment parmi leurs corps de métiers ceux des tisserands et des foulons, ces représentants autorisés et redoutés de la démocratie française, allemande, anglaise, brabançonne et flamande, si osés, si prospères, si nombreux, qui prirent généralement la tête du mouvement révolutionnaire, et auxquels on fut principalement redevable du succès, acquis dès le xive siècle. Le succès, c'est le corps de métier, devenu rouage politique, valant l'exercice des droits politiques à quiconque en obtenait l'accès. Dans telle ville, Londres ou Gand par exemple, pour pouvoir jouer un rôle actif dans la commune, le patricien avait à se faire admettre dans une corporation d'artisans. Si donc les gildes ont émancipé la bourgeoisie, le peuple a dû son affranchissement aux corps de métiers, donnant à ses revendications un caractère de force et de légalité.

Il se peut que la lutte rappelée à l'instant ressemble plus à la lutte des patriciens et de la plèbe à Rome qu'à notre lutte économique entre le capital et le travail, parce que les plébéiens du moyen âge étaient encore de petits patrons travaillant en famille avec des capitaux modestes, parce qu'ils ne demandaient pas le partage des biens, parce qu'ils ne s'insurgeaient pas contre l'odieux capital dont ils se servaient eux-mêmes, leurs revendications visant surtout la participation aux affaires publiques, destinée à garantir leur gagne-pain et à les soustraire à l'oppression des hautes classes.

Mais combien, sous la plume des écrivains qui se livrent à ces dissertations délicates et parcourent consciencieusement toutes les étapes d'une lutte sans cesse renaissante, nous préférerions trouver, au lieu du panégyrique des conquêtes successives, le signalement et la recommandation du remède le plus propre à les rendre superflues. Car cette lutte n'est pas terminée, et à peine ceux que nous avons vus tout à l'heure s'allier dans l'intérêt de leur droit et de leur liberté sont-ils parvenus à leurs fins, qu'ils se transforment eux-mêmes, par ce temps de privilège et de hiérarchie, en une oligarchie de capitalistes soucieux d'accroître leur fortune et de s'en assurer le monopole au moyen de lois restrictives contre leurs inférieurs. L'esprit de solidarité s'étant ainsi évanoui, nous voyons apparaître vers le

xiv⁰ siècle une nuée d'ouvriers, identiques cette fois
aux nôtres pour la condition, frappés en quelque
sorte d'ostracisme, mais ne tardant pas à recourir
au droit de l'époque, à l'arme favorite de combat,
en s'organisant en fraternités de compagnons pour la
défense de leurs intérêts. Encore une fois, nous ne
sommes pas enclin à admirer outre mesure cet
esprit corporatif qui, « descendant ainsi jusqu'aux
couches les plus profondes de la société, donnait aux
plus infimes la sécurité, la dignité, la force et la foi
dans l'avenir » (1). Car nous estimons que la force
sans le droit peut bien guérir certains maux, mais
qu'elle en engendre toujours d'autres. Toutes ces
constructions avaient été édifiées contre l'abus de la
force et, en l'absence d'un principe supérieur de
droit et de justice, elles devaient fatalement devenir
des asiles pour les mêmes écarts, qui avaient été
leur raison d'être. Pourquoi faut-il que parmi ceux
qui louent les corporations pour les services réels
qu'elles ont pu rendre et non pour les inégalités
qu'elles ont maintenues et la tyrannie qu'elles ont
exercée, il y ait des détracteurs d'institutions dictées
par le plus sincère amour de l'humanité sans aucune
acception de classes, et rendant impossible le retour
d'abus condamnés, qui en entraînaient d'autres
semblables à leur suite ? Nous voulons que, malgré la

(1) Adolphe Prins.

violence du choc des partis, les prétentions populaires soient restées modérées ; que la victoire n'ait été souillée par aucun excès ; que les revendicants n'aient jamais pensé à déposséder les vaincus du pouvoir, seul enjeu de la bataille, mais seulement à s'y faire une place à côté d'eux ; qu'on ne puisse pas reprocher aux couches nouvelles du moyen âge d'avoir songé à ébranler l'édifice social, quand elles entreprenaient uniquement de le renforcer ; d'avoir cherché à détruire, quand elles ne poursuivaient qu'un but d'acquisition ; et nous consentons aussi qu'on rappelle l'ordonnance cabochienne rédigée par des délégués du peuple et de l'Université à la suite du grand mouvement démagogique de 1412, comme un exemple mémorable de l'esprit avisé et politique qui animait les foules. Mais est-il absolument nécessaire de faire honneur et surtout exclusivement honneur aux corporations de cette grande sagesse dans la conduite du peuple ? N'est-ce pas sous un rapport aller au delà et sous un autre rapport rester en deçà de la vérité que d'écrire, comme l'a fait M. Prins :
« La masse laissée à elle-même est un torrent lâché qui ne se possède plus. Les corporations sont les digues qui retiennent et régularisent le courant populaire. Elles donnent aux hommes le sentiment de la propriété, l'amour du chez soi, l'instinct de la légalité, un ensemble de qualités solides qui les empêchent d'aller aux extrêmes. »

Pour se méfier ainsi des masses, il faut que notre
auteur n'ait jamais assisté aux démonstrations spon-
·tanées de grandes agglomérations démocratiques sur
lesquelles a passé le souffle de la liberté, et que
pénètre le sentiment de la responsabilité. Si les corporations ont pu en leur temps être des digues, les
biens innombrables découlant pour chaque citoyen
d'un régime libre, ainsi que l'éducation et l'instruction qui éclairent l'intérêt personnel, sont d'autres
digues plus solides encore, sans être aussi artificielles. Puis, à supposer même que des déborde-
ments· et des convoitises malsaines ne soient pas
suffisamment enrayées par la conscience, les
réflexions et l'intérêt individuels, à supposer que les
tendances subversives et socialistes ne soient pas à
peu près un mythe dans les contrées affranchies et
que la ·collectivité dût aussi intervenir pour exercer
une action ou plutôt une résistance heureuse, est-ce
que l'ère moderne empêche les travailleurs deshérités de former entre eux des sociétés de consommation, de crédit, de production plus en rapport
avec· les progrès réalisés par les combinaisons
sociales et qui pourront sans doute rattacher davantage encore ces travailleurs à l'ordre de choses établi? Sans compter les syndicats professionnels
avec leur fédération possible, syndicats qui, quoique
légalisés depuis fort peu de temps .seulement, au
moins chez nous, semblent plus particulièrement

relever des anciennes corporations, mais qui s'en différencieront toujours essentiellement par leur caractère de droit commun, c'est-à-dire par leur accessibilité à tous indistinctement.

Ce qu'on ne peut contester au régime corporatif, c'est d'avoir débrouillé pour ainsi dire le chaos ou, si l'on veut, l'écheveau inextricable du moyen âge, de nous représenter par ses nombreux établissements autant d'arches saintes, recueillant tout ce qui était digne de survivre à cette sorte de déluge et de fonder la société nouvelle, d'avoir préparé, par l'affirmation de la vitalité des catégories sociales, la reconnaissance et la proclamation du droit individuel, absolument comme dans le domaine pur des intérêts matériels la pratique de la protection et même d'une protection à outrance a servi d'acheminement en beaucoup de pays au règne du *free trade.*

Pour ce qui est du monde industriel proprement dit, le régime corporatif est parvenu, comme nous l'avons vu, à ranger et faire prévaloir, sous ses bannières, les forces analogues et si nécessaires agissant séparément aux divers étages sociaux, et și l'on voulait pénétrer jusque dans les bas-fonds du même monde, ce régime en fournirait encore les moyens à propos par exemple des crieurs de vin de Paris ; des humbles pêcheurs de Mendicoli, formant à l'extrémité de Venise la Superbe une république avec un doge, douze présidents et un chancelier ; des fos-

soyeurs, écorcheurs, vidangeurs et mendiants de
Bâle, dont la Fraternité s'assemblait sur la petite
montagne du Kohlenberg, sur laquelle la justice
était aussi rendue par sept compagnons ayant la jambe
droite découverte et le pied dans un seau d'eau ; des
garçons brasseurs de Hambourg, agglomérés, à côté
des corporations les plus imposantes, en une Fraternité dont les règlements gouvernaient leurs travaux,
leur conduite, la procédure en usage parmi eux de
la façon la plus minutieuse et parfois la plus ori-
ginale.

Si l'on se place ensuite dans la sphère contingente
de l'activité commerciale, la pensée est aussitôt atti-
rée et fascinée par les résultats étonnants qu'obtint
au moyen âge la Hanse teutonique pour les villes
qui en faisaient partie et qu'elle reliait comme
autant d'unités marquantes, aux négociants respectifs desquelles elle laissait d'ailleurs le souci et le
fruit de leurs entreprises individuelles. « C'est au
XIIIe siècle, avons-nous dit dans notre *Exposé élémentaire d'économie politique*, que remontent les origines de la Ligue hanséatique, cette association
fameuse et souvent renouvelée des principales cités
du nord de l'Europe, qui n'eut d'abord d'autre but
que de protéger les efforts particuliers dans la direction industrielle et commerciale contre les vexations,
les spoliations et les brigandages d'une époque
livrée à tous les désordres ; mais, née au milieu de

circonstances difficiles pour la sauvegarde des intérêts de la liberté, de la sécurité et du commerce, elle
fit de rapides progrès et poussée, par des vents heureux, habile à faire tourner à son avantage les événements contemporains, elle arriva graduellement à
cette prospérité incomparable que ses fondateurs
n'auraient osé concevoir et qui lui permit de présider en maîtresse au commerce des mers du Nord et
de la Baltique, de donner et de renverser des cou-
ronnes, de river à son monopole, de courber sous
son joug mercantile des nations entières. »

Notre *Histoire de la Hanse* fournit d'ailleurs tous
les détails désirables sur l'organisation de la Ligue,
sur les conditions d'entrée de ses membres, sur les
lieux variables où se tenaient ses assemblées délibé-
rantes, sur ses résolutions ou recez, qui sont inter-
venus si efficacement dans le développement du
droit maritime, sur ses comptoirs ou factoreries,
dans lesquels ses marchands défendaient avec une
âpreté sans pareille des droits exclusifs d'achat et
de vente vis-à-vis de nations étrangères, encore
impuissantes à résister à une action commune
admirablement combinée, sur les causes enfin de sa
décadence, qui nous dictaient dans notre Épilogue les
réflexions suivantes :

« Nous consentons à ce qu'on reproche à la Ligue
hanséatique non pas d'avoir fondé des monopoles,
mais de les avoir maintenus trop longtemps, de ne

pas s'être prêtée de bonne grâce à la modification de son système mercantile, alors cependant que l'heure de la transformation fût venue, de ne pas être entrée résolument dans la nouvelle voie, de n'avoir pas cherché à combattre ses rivaux avec des armes loyales, de n'avoir voulu jamais leur opposer que des privilèges, au lieu qu'elle eût dû s'efforcer de les vaincre sur le terrain de la concurrence libre, à force d'habileté, d'honnêteté, en puisant aux sources les plus avantageuses, en tirant parti de ses capitaux, en perfectionnant les moyens de transport, en s'attachant, en résumé, à gagner les producteurs et les consommateurs.

« Oui, voilà des reproches auxquels nous nous associons volontiers, ou plutôt dont nous prenons nous-même l'initiative; mais il ne faut pas perdre de vue en même temps que, dès que le monopole des Hanséates fut devenu vexatoire et inutile à la prospérité des nations, celles-ci y mirent bon ordre d'elles-mêmes et que la Ligue fut la première et la seule à porter la peine de son obstination. »

Nous conclurions encore dans le même sens, estimant qu'il faut peu compter sur la durée indéfinie de créations ne reposant pas sur des bases assez larges pour que l'humanité entière puisse y tenir, alors que là où ont cours le droit et l'égalité, qui ont leur fondement éternel dans la nature humaine, les associations peuvent avoir un lendemain assuré et ne causent jamais de blessures qu'elles ne puissent elles-mêmes guérir.

Le xiii° siècle, qui avait présidé aux débuts de la Ligue hanséatique, devait sur la même terre d'Allemagne attester aussi, dans la direction politique, l'esprit fédératif de l'époque avec la grande confédération des villes du Rhin, établie pour relever l'empire allemand et y procurer au droit public une plus grande stabilité. Ces villes, qui, de Bâle à Cologne, de Zurich à Brême, s'associent « pour le bien commun des riches et des pauvres », tous intéressés en effet au maintien de l'ordre légal, réalisent un organisme complet, par suite de l'obligation incombant à chacune d'elles de fournir un contingent en argent, en soldats, en vaisseaux, des assemblées qu'elles tiennent quatre fois l'an, et où leurs délégués investis du droit de paix et de guerre exerçaient le pouvoir législatif et judiciaire, du caractère enfin des décisions arrêtées dans ces assemblées et sanctionnées par l'exclusion des cités contrevenantes. Et encore que l'hostilité des seigneurs et du clergé ait eu bien vite raison d'une expérience si intéressante, nous aurions eu garde de la passer sous silence ici, comme correspondant tout particulièrement à l'objet de nos recherches.

Au surplus ni les arts ni les sciences ne devaient rester en dehors de ce mouvement corporatif qui s'étendait, pour lui prêter main-forte, à tout ce qui ne

voulait ni ne pouvait périr. Si l'art s'est quelque temps
accommodé de l'hospitalité et réjoui des faveurs des
castels et manoirs, ses instincts lui ont bien vite fait
rechercher un air plus vivifiant que celui des salles
de chevalerie, chargées des langueurs des cours
d'amour. Pendant que les chevaliers gardent une
primauté incontestée dans les armes, ils se font battre
au concours fantastique du chant de la Wartbourg et
doivent céder la palme à un bourgeois d'Eisenach.
Le sceptre de la poésie passe des troubadours du
midi de la France, des bardes de l'Angleterre, des
Minnesaengers allemands, tels que le bon chevalier
de Thuringe Wolfram d'Eschenbach avec son Titurel
et son Parcival, et le joyeux Gottfried de Strasbourg
avec Tristan et Yseult, aux mains moins expérimentées d'abord mais plus viriles des maîtres chan-
teurs. Des peintres et des sculpteurs resserrent
entre eux des liens dont l'indépendance, inhérente
au culte des arts, les eût peut-être éloignés, et Wau-
ters, dans son *Histoire de la peinture flamande*, nous
montre une première corporation de ces artistes se
constituant en 1337 à Gand sous le patronage de
saint Luc. L'art n'est d'ailleurs en général qu'un
prolongement et un épanouissement du métier, de la
profession. Rappelons donc en cet endroit les nombreuses gildes de maçons et de tailleurs de pierres,
répandues déjà alors à travers l'Europe, et que Dot-
zinger, l'architecte de la cathédrale de Strasbourg,

réunit plus tard, en 1452, en une vaste et célèbre fédération, avec ses quatre loges principales à Strasbourg, Cologne, Zurich et Vienne, sa caisse centrale, ses assemblées et sa justice fonctionnant à Strasbourg. La vie des châteaux a enfanté l'art féodal, mais les âmes ingénues de tous ces artisans, qui se disciplinent par leur contact même, ne resteront pas étrangères au sentiment artistique, aux plus hardis envolements de l'imagination. On acquiert vite la preuve de la puissance technique de ces groupes populaires et du courant qui les entrainait même vers l'idéal, en contemplant les splendeurs de l'architecture gothique, prodiguées dans les constructions militaires et civiles aussi bien que dans les constructions religieuses. Mais sans parler même des donjons, tours, remparts, portes, hôtels de ville, beffrois, palais, maisons, ponts, nous ayant transmis ce style architectural, qui pourrait refuser son admiration, son enthousiasme à des monuments de piété fervente et inspirée, tels que la prodigieuse cathédrale de Cologne, au chœur consacré en 1322, aux tours terminées avec leurs flèches de nos jours seulement, et tant d'autres cathédrales françaises, réalisant l'effet ascensionnel par l'élévation des clochers, des flèches, des voûtes et des colonnes, qui semblent vouloir, suivant le langage de Bossuet, porter jusqu'au ciel le magnifique témoignage de notre néant?

Nous voilà parvenus avec les arts sur les hauteurs de la civilisation. Avant d'en descendre saluons-y les universités qui, pour élaborer et répandre la science, n'ont pas connu non plus d'autre procédé que la vie collective volontaire, appliquée à l'étude, appliquée à l'enseignement donné par les uns, reçu par les autres. Car toutes ces universités fameuses de Vienne, de Prague, de Heidelberg et la plus fameuse d'entre elles, l'Université de Paris qui, fondée en 1200, leur a servi de modèle, ne nous représentent autre chose que des groupes de maîtres et de disciples, nous allions dire d'apprentis, que l'amour ou l'utilité de la science réunissait en dehors de toute action du pouvoir. Le nom d'Université donné à Paris à ce corps de maîtres et d'écoliers, dont l'histoire a été écrite au xvii° siècle par Égasse du Boulay, vient de ce qu'il embrassait l'universalité des maîtres et des étudiants (*universitas magistrorum et auditorum*) à quelques nations qu'ils appartinssent, reflétant bien de la sorte par sa composition même le caractère libre et universel de la science, et expliquant non moins bien son éloignement pour tout lien national, pour toute servitude vis-à-vis de l'autorité locale. A l'Université de Paris on distinguait quatre nations : la France, la Picardie, la Normandie et l'Angleterre remplacée depuis par l'Allemagne. On n'y admit d'abord que deux facultés, celle de théologie et celle des arts (lettres et sciences), auxquelles vinrent se joindre plus tard encore celle de droit et celle de médecine. Ces quatre facultés conféraient les grades de bachelier, maître ès arts, licencié, docteur, et avaient chacune à leur tête un doyen; mais à la tête de l'Université tout entière se trouvait le recteur, issu de l'élection. Il va sans dire que cette corporation, à laquelle son dévouement habituel à la royauté valut de la part de Charles V le titre de fille aînée des rois, s'attribua ou obtint comme toutes les autres corporations, c'est-à-dire comme toutes les autres petites sociétés implantées d'une manière plus ou moins indépendante dans la grande, divers droits ou privilèges. Ainsi ses membres n'étaient pas soumis aux juges ordinaires et l'Université avait sa juridiction propre. C'est dans ses assemblées générales, où les docteurs prenaient place à côté des divers dignitaires élus, que se décidaient les affaires importantes. Elle prit, surtout aux xive et xve siècles, une grande part aux affaires publiques et elle eût ses représentants aux états généraux. Quant à son droit d'enseigner seule, elle n'aurait pas été une corporation, si elle ne s'en était montrée jalouse; aussi le xiiie siècle est-il plein des luttes qu'elle y soutient contre les dominicains et les franciscains et tout le monde connaît-il le conflit qui, au xvie siècle, éclata entre elle et l'ordre des jésuites, avec lequel elle finit par être contrainte de partager cette précieuse prérogative.

Toujours est-il que le souvenir des services réels rendus par ces antiques foyers du savoir et que rendent encore les établissements ayant, dans d'autres pays que le nôtre, conservé plus ou moins quant à l'organisation de l'instruction publique supérieure les traditions du moyen âge, a fait naître dans un monde plus soucieux des intérêts de la science que d'une politique de clocher le désir de voir substituer chez nous de grands centres universitaires à cette foule de facultés éparpillées sans grand dicernement ni enchaînement sur nombre de points du territoire.

« On demande avec raison, est-il dit dans le petit livre de M. Hippeau sur *l'éducation et l'instruction*, qui vient de paraitre après la mort de ce laborieux et modeste autant qu'aimable savant, que dans chacune des principales régions de la France s'allume un foyer de lumières, réunissant un système complet d'enseignement supérieur; que chacun des chefs-lieux académiques (nous nous contenterions de beaucoup moins avec l'espoir d'obtenir d'autant plus comme résultat) serve de centre à un vaste ensemble où le droit, la médecine, les lettres, les sciences, les beaux-arts seront pourvus de toutes les ressources qui leur sont nécessaires. On a raison : c'est le plus sûr moyen d'assurer les progrès de la civilisation, fondée sur l'exercice de la pensée libre. Aucun sacrifice ne doit coûter pour atteindre ce but : bibliothèques, musées, laboratoires de chimie, amphithéâtres, instruments de physique et de mécanique, que rien n'y manque. Que tout concoure à répandre le goût d'une instruction variée et solide, non seulement pour la jeunesse studieuse, mais pour toute cette partie de la population qui conserve dans l'âge mûr le culte de la science et qui a le loisir de s'y consacrer. La nécessité d'établir entre les facultés un lien a été souvent signalée sans succès. Les plaintes émises à ce sujet ne peuvent rien contre la loi organique qui a fait de chaque faculté un corps séparé, ayant sa mission distincte ! »

Et le regretté M. Hippeau d'ajouter, quelques pages plus loin :

« Si l'on parvient à fonder à Bordeaux, à Lille, à Montpellier, à Toulouse, à Lyon, à Poitiers, des universités analogues à celles de Bonn, de Gœttingue, de Berlin, de Heidelberg, où douze mille étudiants accourent pour étudier la théologie, le droit, la médecine, les hautes parties de la science, il se trouvera probablement des auditeurs pour les cours d'histoire, des littératures ancienne et moderne, de la philosophie. Rien n'empêche d'ailleurs qu'on ne fasse observer plus strictement la disposition qui impose aux étudiants des facultés de droit l'obligation de suivre quelques-uns des cours de la faculté des lettres ou des sciences. Pourquoi n'exigerait-on pas des aspirants à l'agrégation un stage de quelques années dans une faculté, si à côté des cours faits par les professeurs titulaires il s'en ouvre d'autres pour les agrégés et les privat-docenten ; si surtout il règne, au milieu de ces deux grandes institutions pour lesquelles les villes sont toujours prêtes à voter les subsides nécessaires, cet esprit de liberté qui leur donnera le mouvement et la vie ? »

Ce sont là des vœux et des tendances que nous nous garderons bien de combattre. En y faisant droit, on ne ressuscitera pas pour cela les vieilles corporations universitaires. On pourra parvenir sans doute, avec les créations proposées par notre auteur et même courageusement poursuivies aujourd'hui en haut lieu malgré des résistances locales inévitables, à rendre l'enseignement des maîtres plus libre, plus investigateur, plus fécond, parce qu'il n'aura plus à subir l'éteignoir des milieux étroits et qu'il sera doté aussi d'installations et de moyens d'information perfectionnés ; à répandre une noble émulation dans les rangs de plus en plus pressés de la jeunesse ; à accroître l'étendue et la justesse de l'esprit, à en rectifier l'exclusivisme grâce à la pénétration réciproque des diverses matières enseignées, mises toutes à la portée des auditeurs et se disputant leur attention. Mais si ces résultats si désirables doivent rappeler les résultats obtenus autrefois ou ailleurs pour la plus grande gloire du temps passé ou de certaines contrées étrangères, au moins ils pourront ne rien coûter aux progrès acquis et qui sont la marque glorieuse de notre époque. Car la restauration des fortes et libérales études à l'aide de puissants groupes universitaires semble, Dieu merci, pouvoir s'accomplir parmi nous, sans qu'il soit besoin de porter atteinte aux plus précieuses conquêtes modernes, et sans qu'il soit nécessaire, par exemple, de ressusciter une juridiction propre au profit des universités à créer ou de renoncer dans leur intérêt au principe respectable de la liberté d'enseignement !

Nous parlons de la liberté d'enseignement, mais la plupart du temps la liberté engagée dans le système corporatif était naturellement celle du travail et de l'industrie. Or, si dans l'ordonnance de 1351 on peut lire encore que « toutes manières de gens quelconque qui savent le métier le puissent faire », ce libéralisme, qu'explique l'âge peu avancé jusque-là d'institutions conçues d'abord pour n'être que des sociétés de protection mutuelle, ne tardera pas à s'évanouir devant des préoccupations non plus défensives mais oppressives. L'évolution est fortement accusée dans les ordonnances de 1582 et 1597, qui, obéissant à des considérations fiscales, s'appliquent, la première surtout, à répandre en tous lieux les corporations, à emprisonner le travail dans des corps de métiers plus ou moins fermés. Que si les édits en question autorisaient, il est vrai, le membre reçu déjà dans une ville, à s'établir dans toute autre ville du royaume de France, Paris et Lyon exceptés, cette prescription relativement libérale devait cependant avoir difficilement raison du mauvais vouloir de corps, portés de plus en plus vers l'accaparement.

Voilà donc que les corporations, encore disséminées et assez rares jusque-là, deviennent la loi commune du pays et envahissent toutes les localités, même celles où le nombre infime des artisans de chaque spécialité ne permettant pas d'établir autant de corporations distinctes qu'il y a de professions, la compagnie réunit ces travailleurs divers sous le vocable de corporation « d'arts et métiers ». On assiste aussi à la fusion en une seule corporation d'artisans déjà organisés, appartenant à deux ou plus de deux métiers, comme lorsqu'à Ambert les blanchisseuses sont réunies aux pelletiers, et à Saint-Flour les pelletiers aux maçons. Si ce nouveau courant se heurte à quelques résistances, surtout dans le Midi, où l'on voit le parlement d'Aix entrer en lutte avec l'édit de 1581, et le conseil de Nîmes s'opposer à l'érection de maîtrises nouvelles, il ne tarde pas à devenir irrésistible, grâce à l'esprit de monopole de plus en plus accusé chez les membres des corporations, et grâce à l'intention bien arrêtée de l'administration supérieure de faire produire de l'argent au système. Dans ce système, le travail n'est plus, ce que de naïfs penseurs pourraient croire, un libre et imprescriptible emploi de nos facultés natives ou cultivées, c'est comme une fonction, une charge, comportant une investiture publique; c'est un office,

qui pourra se vendre, et aux concessions comme aux
transmissions duquel l'État trouvera bien entendu
son compte. Quelque étrange que puisse paraître ce
point de vue, il a encore des partisans non honteux
parmi les contemporains, puisqu'à propos d'un projet
de loi en cours d'étude devant le Parlement autri-
chien, le prince de Lichtenstein a pu dire :

« On nous accuse de revenir au moyen âge, de
rétablir les maitrises. Les maîtrises reposaient sur
un principe d'une vérité indestructible; ce principe,
c'est que le travail n'est pas une affaire privée, mais
une fonction déléguée par la société à l'un de ses
membres. » N'essayons pas d'ébranler chez ce grand
seigneur des convictions sans doute aussi indestructibles que les vérités qu'il croit rappeler, laissons-
le adresser avec candeur ses hommages aux vieilles
inspirations de l'égoïsme et à de purs calculs finan-
ciers dont le temps ne saurait cependant modifier le
caractère, et constatons seulement avec chagrin les
coups terribles qui furent portés à la liberté du travail
par la pratique de ces doctrines tant vantées. Au
xviiie siècle cette liberté n'existe plus, puisqu'il ne faut
rien moins que l'intervention personnelle du con-
trôleur général des finances Turgot, pour permettre
à une malheureuse femme de Rouen de travailler
comme couturière avec ses enfants et pour la soustraire, à la condition qu'elle n'employât pas de personnes étrangères à sa famille, aux amendes et aux

saisies des garde-couturières et des garde-tailleurs.
C'est le même Turgot qui, accélérant tout au plus un
peu chez nous la disparition d'abus devenus intoléra-
bles, fit rendre, en février 1776, les édits mémorables
proclamant là suppression des corporations et la
liberté si outrageusement méconnue du travail, de ce
travail qui, pour l'homme, n'est pas seulement le plus
sacré des droits, mais encore le plus impérieux des
devoirs. Les résistances opiniâtres ne.manquèrent
pas naturellement à des réformes comprenant aussi
la suppression des corvées et celle des entraves
apportées au commerce des grains à l'intérieur.
L'énergie royale, galvanisée par un homme de bien,
sut tenir tête un instant aux protestations et imposer
au Parlement, dans un lit de justice, l'enregistrement
d'ordonnances décriées à l'envi par tous les bénéficiaires des privilèges atteints. Mais les menées hostiles
reprirent bientôt leur cours, avec les chances de
succès que leur promettait le caractère faible du roi
et un régime moins propre aux initiatives hardies
que complice de tous les abus, et elles aboutirent à la
retraite du ministre, dont les édits furent rapportés
six mois seulement après leur promulgation.

Il est vrai que quinze ans plus tard l'Assemblée
constituante consacrait à nouveau et pour toujours,
nous voulons l'espérer, l'œuvre du grand Turgot,
en décrétant la liberté des professions, en consom-
mant la destruction des corporations, destruction que

l'on jugera avoir été nécessaire et inévitable, si l'on réfléchit que là même où le souffle révolutionnaire n'a pas passé, comme par exemple en Autriche ou dans les pays scandinaves, il n'est rien resté de ces institutions vermoulues, véritables anachronismes économiques et sociaux.

Malheureusement, si mauvaise que soit une cause, elle trouve toujours des avocats pour la plaider. Ces avocats peuvent même paraître sincères en considération de ce que dans les affaires humaines il n'y a pas d'organisation, quelque irréprochable soit-elle, au point de vue des principes, qui ne laisse voir certaines plaies, ne fût-ce qu'à cause de la mise en oubli ou d'une mauvaise application des mêmes principes si bien que pour guérir les plaies dont ils sont offusqués, ils s'avisent parfois d'un remède pire que le mal, parce qu'on a eu le temps d'en oublier les dangers.

En présentant ses édits de réforme au roi Louis XVI, Turgot était assurément autorisé, par la pureté de ses intentions et la sûreté de ses vues, à lui dire : « Je m'attends à être critiqué et je crains peu les critiques, mais il me paraît très important de donner aux lois que Votre Majesté porte pour le bien de ses peuples le caractère de raison et de justice qui seul peut les rendre durables. » Il n'en a pas moins eu la douleur de survivre à l'abandon, à la réprobation de ses conceptions rénovatrices, et si

celles-ci ont refleuri, si elles ont définitivement prévalu depuis sa mort et l'effondrement d'un régime
qu'elles pouvaient rajeunir et sauver, est-ce qu'elles
ne sont pas de nos jours même en butte à des attaques, se formulant parfois par des hymnes véritables
à l'adresse d'un passé cependant médiocrement
recommandable ?

On a observé avec raison que cette tendresse inattendue pour les antiques corporations se fait jour
dans les programmes et les camps les plus opposés.
Elle obsède le socialisme chrétien, dont on connaît
les œuvres, les cercles ouvriers, les apôtres parlementaires et extra-parlementaires, comme elle hante
le parti qui, malgré sa haine farouche des congrégations religieuses, place lui-même ses espérances
dans ces sortes de congrégations laïques.

Elle se rencontre même sous des plumes, n'ayant
rien d'absolument sectaire, et que tiennent des publicistes de mérite, impressionnés par l'isolement et
l'impuissance de l'ouvrier moderne, au milieu de
forces qui l'asservissent et l'écrasent. Au nombre
de ces derniers, tout le monde citera M. de la Farelle, dont le mémoire sur les corporations a été
couronné en 1840 par la Société des sciences et des
arts du département de l'Ain, et, en remontant plus
haut, l'historien et économiste Sismondi aussi bien
que le philanthrope Villeneuve Bargemont, se prononçant l'un et l'autre en faveur d'unions ouvrières entre

gens de même métier, unions libres, il est vrai, à l'entrée comme à la sortie, mais où les membres doivent faire profession de la foi catholique, et se conformer pour leur travail comme pour leur vie privée aux préceptes de cette religion.

L'auteur d'un mémoire, versé récemment dans un concours de l'Académie des sciences morales et politiques, a entrepris de justifier cette dernière exigence, en disant : « Toute association doit, pour être solide, reposer sur certaines idées communes qui retiendront ces hommes ensemble, qui les disposeront à poursuivre un même but et les rendront capables de l'atteindre. Or quel est le lien le plus fort qui puisse retenir les hommes, quel est le sentiment le plus fort qui les puisse animer, sinon une religion commune? » Mais en cherchant à établir entre les sentiments religieux et des préoccupations terrestres une solidarité trop étroite, il s'est attiré de la part du rapporteur du concours, M. Léon Say, une réponse qui pour être mesurée n'en paraîtra pas moins péremptoire. La voici :

« L'erreur de ce raisonnement, c'est que c'est un principe d'un ordre trop élevé, trop universel pour pouvoir recevoir impunément une application si particulière. Si l'union des hommes d'une croyance commune était une solution sociale, elle serait aussi une solution politique. Si la religion pouvait être la base d'une association ouvrière, elle devrait à plus forte raison être la base de toute association politique, telle que la commune, le département, le parlement, le gouvernement. C'est une théorie qui ne peut pas être traduite à moitié dans les faits et qui, si elle reçoit une application générale, est la négation de la séparation du domaine civil et du domaine religieux. La confusion de ces deux domaines est tout simplement une impossibilité moderne. »

La communauté de sentiments religieux paraît si peu nécessaire en des matières d'ordre temporel, qu'on voit des hommes aux antipodes de ceux précédemment cités combattre pour les mêmes solutions. N'est-il pas piquant à cet égard de voir Marat prendre en mains la cause des corps et métiers et marquer sa défiance à la liberté, comme ne pouvant être que celle de mal faire et de tromper les acheteurs, auxquels la Révolution consentit d'ailleurs à apporter le secours fallacieux du maximum?

Un autre grand ami de la liberté et qui ne témoigna pas toujours à l'Église et à son plus haut représentant une déférence des plus filiales, le premier Consul Bonaparte, ne se fit pas faute non plus de saisir le conseil d'État de la question du rétablissement des corporations. Des orateurs et conseillers avisés, comme Regnault de Saint-Jean-d'Angély défendirent et sauvèrent les progrès accomplis. A une certaine époque cependant, les marchands de vins voulurent se constituer en corporation et sinon limiter leur nombre, du moins régler la concurrence qu'ils se faisaient, en s'attribuant des périmètres. Ils demandaient des règlements sévères avec renouvellement de la défense d'avoir un puits dans sa cave. On voit, observe malicieusement M. Say à ce propos, que nous nous reportons à une époque éloignée. Mais cette tentative ainsi que d'autres tentatives semblables, qui se renouvelèrent en 1817 et 1821, se heurtèrent à l'accueil défavorable de la chambre de commerce de Paris, demeurée fidèle en tout temps à la liberté des professions.

On n'en est pas d'ailleurs resté partout à des regrets et à des tentatives, et l'Autriche, sous l'inspiration du parti ultra-conservateur, qui lui avait autrefois aliéné déjà les sympathies de la France libérale, et a compromis définitivement sa prépondérance économique et politique en Allemagne, vient par une première loi de rétablir les corporations. Désormais les professions mécaniques n'y pourront être exercées que par les artisans munis d'un certificat d'apprentissage et ayant travaillé comme compagnons pendant un certain nombre d'années. La dispense d'apprentissage peut sans doute être accordée, mais par la corporation qui, bien que comprenant des maîtres, des ouvriers et des apprentis, abandonne les délibérations et décisions aux maîtres, en permettant seulement aux délégués des ouvriers de porter leurs doléances à l'assemblée des patrons, et en réduisant les apprentis au rôle d'auditeurs purs et simples. Une autre loi, récemment encore à l'état de projet et qui complétera le système en entrant dans des détails plus précis, dira comment la corporation peut régler l'apprentissage et les rapports entre les maîtres et les ouvriers ; comment elle peut établir des sociétés de secours mutuels et même des auberges pour les compagnons voyageurs, des écoles pour l'enseignement professionnel, des bureaux d'arbitrage, etc. ; et, afin toutefois de rassurer quelque peu les esprits alarmés par un retour si surprenant vers l'âge d'enfance du travail, elle conférera à l'autorité seule le droit de sanctionner, de rendre obligatoires les prescriptions de la corporation.

La pratique de ces corporations sans privilèges, relatives à la petite industrie seulement, n'est pas assez longue encore pour autoriser des conclusions décisives.

Néanmoins il n'est peut-être pas trop téméraire d'avancer par anticipation que ces asiles où va se réfugier la petite industrie lui seront fatals et mortels, à moins qu'on ne veuille aussi protéger les produits de cette petite industrie contre les produits similaires de toute autre origine, ce à quoi il paraît impossible de parvenir. Abstraction même faite de la concurrence étrangère, on peut croire que la petite industrie, distribuée dans des corporations à l'image de celles de l'Autriche, sombrerait déjà contre la concurrence que lui feraient au dedans même du pays les ouvriers libres ou la grande industrie. Ne connaît-on pas assez les conditions si mauvaises déjà dans lesquelles la petite industrie lutte aujourd'hui partout contre la grande industrie, qui tend à établir les produits à un prix de plus en plus modique? Que si maintenant, sous prétexte de discipliner l'industrie, on impose à la petite industrie des règlements d'apprentissage et on intervient entre les patrons et les ouvriers, sans les laisser se débrouiller entre eux, estime-t-on que le prix de revient plus onéreux qui sera la conséquence de cette contrainte et de cette immixtion rendra plus tenable la position des travailleurs incorporés et de l'industrie qu'ils représentent?

Aussi ceux que ne domine pas un parti pris finissent-ils à la réflexion par incliner souvent vers des solutions différentes de ce problème si attachant et si grave à la fois de la sauvegarde des intérêts des classes laborieuses. Telles sont en Angleterre les Trade's Unions ou unions de métiers, dont le but est d'avoir une caisse commune et une action collective pour soutenir les coalitions, et qui ont trouvé des imitateurs en Allemagne. Telles sont encore en France les syndicats professionnels et leurs fédérations possibles, appelés par la loi de 1884 à vivre au grand jour, et outillés grâce à la personnalité pour une résistance et une action communes dans les limites du droit, de la loi et des inspirations de leur sagesse.

Nous ne parlons pas évidemment de la fameuse International, fondée il y a plus de dix ans, en se proposant l'union universelle de toutes les sociétés de secours mutuels en vue d'une coalition ouvrière universelle, et qui, si elle n'a jamais eu la moindre importance sous ce rapport, n'a pas tardé à devenir un instrument d'agitation politique, d'aucuns disent un épouvantail sans aucune réalité. Et nous ne rappellerons pas non plus la boutade d'Adam Smith, suivant laquelle « il est rare que les gens de métier se trouvent réunis, même pour quelque partie de plaisir ou pour se distraire, sans que la conversation ne finisse par quelque conspiration contre le public ou par quelque machination pour faire hausser les prix » ; d'autant que le même Adam Smith, sans pousser à l'encouragement des associations ouvrières, n'entendait pas non plus que la loi leur opposât des barrières. Toujours est-il qu'avec les solutions ou combinaisons mentionnées nous nous éloignons insensiblement de ces enceintes, grillées comme des couvents, où circulent, au milieu d'une atmosphère insuffisamment renouvelée, les corporations gourmées et raidies par le monopole et la somnolence, telles qu'elles nous apparaissent dans leur dernier état, et nous mettons peu à peu le pied sur la terre bénie et féconde, parce qu'elle est libre, des associations, des associations plus ou moins intermittentes, plus ou moins vastes, quant aux intérêts ou aux intéressés en cause, plus ou moins différem-

ment charpentées, mais de ces associations véritables
et volontaires, qui, selon les paroles si souvent repro-
duites de Rossi, multiplient les forces par l'union, sans
ôter à la puissance individuelle ni son énergie, ni sa
moralité, ni sa respectabilité. Ces associations rendant
impossible, en principe, l'abus justement redouté de
la force, mais par le jeu naturel de la liberté, c'est à
leur poursuite que nous entraîneraient immédiatement
nos sympathies, s'il ne convenait pas encore [au-
tant que possible au préalable de renouer par-dessus
notamment le moyen âge germanique, où il est peut-
être encore le plus visible, le fil très ténu qui peut re-
lier l'association proprement dite dans l'antiquité avec
celle des temps modernes.

CHAPITRE VI

(Deuxième suite.)

Si l'on tourne ses regards vers les vastes contrées
où le Saint-Empire devait prétendre un jour à la succession de l'empire des Césars et si l'on y aborde
l'examen du droit indigène en tant que celui-ci découle de sources propres, on n'hésite pas longtemps
à prendre pour base historique que les aïeux ger-
mains ne se sont pas fait faute de revendiquer et le
droit d'autonomie et le droit d'association comme des
droits naturels de l'homme libre. Cette revendication,
poussée jusqu'à ignorer toute surveillance publique,
jusqu'à se raidir contre toute restriction de la part
de l'État, et forte d'une anarchie qui ne prenait
souci de personne, comportait assurément des résultats auxquels ne devaient manquer ni l'excellence ni la
grandeur. Mais par la faveur qu'elle valut à l'esprit
de caste et de boutique, sur lequel poussent comme
autant d'excroissances le népotisme et l'abdéritisme,

comme aussi en réduisant le Saint-Empire à la forme
d'un manteau de pauvre aux innombrables morceaux
rapportés, figurant toute la poussière des principautés
allemandes, elle s'est montrée préjudiciable à la consolidation du pouvoir public et au développement de
l'esprit national. Non certes, il ne faut pas marchan-
der la reconnaissance au souffle libre et par là même
puissant de l'association. C'est lui qui de l'autre côté
du Rhin a engendré presque tous les éléments du
droit privé et public ; qui, sans le concours d'un État
souvent plutôt contraire, a travaillé par des congrégations religieuses à la propagation du christianisme ;
qui a ouvert à la science les temples universitaires ;
qui a entretenu l'ardeur guerrière de la chevalerie et
qui a communiqué à l'industrie urbaine la vie intense
des corporations originaires. C'est à lui encore qu'on
doit ces constitutions impériales et territoriales, assises
sur des associations, en ce que d'une part la naissance et l'accroissement de l'autorité territoriale se
rattachent à ces associations, et que de l'autre, simultanément audit accroissement, des particuliers considérables, des propriétaires fonciers, des familles et
des corporations n'ayant qu'une situation de fait sont
devenus, en se réunissant dans un corps, représentant
l'ensemble, des personnes publiques ou de véritables
états territoriaux. Le savant Eichhorn a excellemment développé l'avis que nous exprimons, en tranchant du même coup de la façon la plus heureuse la

controverse relative à l'âge des états territoriaux (*Landstände*, états généraux). N'envisage-t-on *que* *les éléments constitutifs*, on peut trouver les états territoriaux aussi anciens que l'autorité territoriale. Mais, pour leur formation, ils datent d'une époque plus récente, et il était dans la nature des choses que le pouvoir seigneurial acquît une certaine consistance, avant que de déterminer la réaction de la force rivale. Les efforts communs dirigés contre la puissance de l'Empire devaient trop étroitement resserrer les liens entre le seigneur et le pays, pour qu'au cours de cette solidarité ceux-ci pussent songer encore à leurs intérêts propres.

Quoi qu'il en soit, et si les titres de l'association ne peuvent être méconnus sous peine d'ingratitude, nous ne saurions par contre être non plus surpris de voir la législation de l'Empire opposer de bonne heure à ce libre esprit d'association une résistance assez résolue. Et cette résistance s'inspirait d'un besoin si évident de défense, que ce serait manquer d'équité que de vouloir l'expliquer exclusivement par une tendance despotique vers une domination arbitraire et la compression de l'esprit public.

Nous ne rechercherons pas les traces les plus anciennes du conflit. Il ne devient d'ailleurs réellement bien sérieux que sous les empereurs de la maison de Souabe et de Hohenstauffen. Et, même au milieu des dispositions prises par ces souverains, nous ne voulons envisager que la paix publique, décrétée par Frédéric Barberousse. On y lit : « *Conventicula* quoque in civitatibus, omnesque *conjurationes* et extra, etiam occasione parentelæ et inter civitatem et civitatem, et inter personam **et** personam, sive inter civitatem et personam, modis omnibus · fieri prohibemus et inter præteritum factas cassamus, singulis conjuratorum pœna unius libræ auri puniendis. » Mais par ces assemblées (*conventicula*) et ces unions (*conjurationes*) si généralement interdites en dedans et en dehors des villes, et qui n'auraient même pu valablement se prévaloir du prétexte de la parenté, il ne faut entendre que les confédérations formées sans la permission des seigneurs respectifs (*sine assensu domini sui*), ainsi que le prouvent des passages analogues d'ordonnances ultérieures, et notamment la résolution de la diète de l'Empire de 1231. Ce qui rend d'ailleurs notre paix publique particulièrement remarquable, c'est que, malgré les œuvres ininterrompues de l'association, elle est en 1365 reproduite presque mot pour mot dans un titre distinct de la fameuse bulle d'or, rédigée en latin par le célèbre jurisconsulte italien Barthole, à l'unique exception ajoutée près des fédérations établies en vue de la conservation de cette paix publique.

Caput XV. *De Conspiratoribus :* « Detestandas præterea et sacris legibus reprobatas *conspirationes* et *conventicula* seu *colligationes* illicitas, in civitatibus et extra et inter civitatem et civitatem, inter personam et personam, sive inter personam et civitatem, prætextu parentelæ, seu receptionis in cives, vel alterius cujuscumque coloris, conjurationes insuper et confœderationes et pacta, necnon et consuetudinem circa hujus modi introductam, quam censemus potius corruptelam (?) reprobamus, damnamus et ex certa scientia irritamus, quas civitates seu personæ cujuscumque dignitatis, conditionis aut status, sive inter se, sive cum aliis, *absque autoritate dominorum, quorum subditi vel ministeriales, seu in quorum districtu consistunt,* eisdem dominis nominatim non exceptis, fecerunt hactenus et facere præsumpserint in futuro, sicut eas per sacras divorum Augustorum prædecessorum nostrorum leges prohibitas non ambigitur et cassatas. » Le paragraphe 2 fait exception pour les confédérations destinées au maintien de la paix publique et les déclare valables jusqu'à nouvel ordre ; quant au paragraphe 3, il fulmine contre les *personæ singulares* qui contreviendront à la loi, la peine de l'infamie et l'amende de dix marcs d'or ; alors que, conformément au paragraphe 4, les villes et communautés encourront de leur côté, en cas de contravention, sans préjudice de la perte de leurs libertés et privilèges, une amende de cent marcs d'or, dont une moitié écherra à leurs seigneurs et dont l'autre sera dévolue au fisc impérial.

Nous sommes, il est vrai, à cette époque, dite du

Faustrecht, où tout homme libre s'arrogeant le droit de port d'armes, et où chacun pouvant envoyer à son seigneur une lettre de défi, la faculté d'association, comme concurrente du droit pour le pouvoir public de faire la guerre et de contracter des alliances, devait être surveillée avec un redoublement de jalousie, si l'on voulait garder à l'État une ombre de cohésion. Ainsi s'explique l'exception consentie au moins par la bulle d'or en faveur des confédérations intéressant le maintien de la paix publique. Ainsi s'explique aussi l'addition des mots « eisdem dominis nominatim non exceptis », dictés par la volonté de ne souffrir de ces confédérations dans aucune direction où elles pourraient être incompatibles avec la sauvegarde de la considération des autorités territoriales. Ce qui, malgré les défenses formulées, n'empêchait pas sans doute les combinaisons concertées de pouvoir bien à la rigueur survivre entre les intéressés avec une efficacité de droit privatif; comme aussi il était évident, du moment que ces combinaisons se trouvaient autorisées sous la condition du consentement des seigneurs territoriaux, que la validité des accommodements conclus du libre gré desdits seigneurs avec les états du pays n'était en aucune façon touchée par la loi qui vient d'être remise en mémoire.

Mais d'ailleurs, pour avoir eu dès le début les yeux fixés sur la consolidation du pouvoir de l'État, le législateur ne s'en est pas cependant tellement tenu au

Faustrecht qu'avec lui il eût perdu son objectif. Car
il avait essentiellement en vue la constitution intérieure des villes, l'élévation de la bourgeoisie et surtout des corporations, dont l'empereur Frédéric II
avait pu, en 1231, prononcer la suppression dans une
ordonnance pour la portée de laquelle il faut cependant certainement n'envisager que l'influence politique qu'elles s'étaient attribuée, et c'étaient là autant
de machines de guerre utilisables contre le pouvoir
des évêques. Or, ici assurément le danger d'une guerre
ouverte était moins à craindre, car il s'agissait plutôt
de controverses juridiques sur des rapports plus ou
moins obscurcis, et en tout cas les habitudes contrac-
tées de longue main avaient rendu très tolérant pour
des chocs de cette espèce. Aussi, même après le rétablissement de la paix publique, les lois impériales
n'ont-elles cessé de marquer leur jalousie et leur
défaveur aux associations des sujets de l'Empire, en
protestant de la sorte contre une habitude invétérée
des Allemands, qui leur fournit le moyen de repro-
tester à leur tour.

Lorsque, en 1519, la couronne impériale, vacante
par la mort de Maximilien, fut confiée par les princes
électeurs à Charles-Quint, la puissance redoutée de
ce prince, qui était déjà maître des Pays-Bas et de
l'Espagne, détermina comme on sait le collège électoral à subordonner son choix à des conditions
jurées, constituant une véritable nouveauté dans le

droit public allemand. Déjà ces premières capitulations impériales contractaient dans leur article 6 l'engagement « alle unziemliche hässige Bündniss, Vers-
trickung und Zusammenthun der Unterthanen des
Adels und gemeinen Volks, auch die Empörung,
Aufruhr und ungebührliche Gewalt gegen den Chur-
fürsten, Fürsten und andere fürgenommen und die
hinführo geschehen möchte, aufzuheben, » c'est-à-dire
« de réprimer dans le présent et pour l'avenir tous
inconvenants et haïssables concerts, complots et
alliances des sujets, de la noblesse et de la plèbe,
comme aussi la révolte, la sédition et l'emploi illicite
de force vis-à-vis du prince électeur, du prince et de
tous autres. »

Ce passage se trouve reproduit dans les capitulations très augmentées qui suivent et figure au paragraphe 6 de l'article 15 des capitulations les plus
nouvelles, sans qu'il ait été modifié autrement que par
quelques additions et de très minces changements
d'expressions. C'est ainsi notamment que le mot Bünd-
nisse ou alliances a été remplacé par celui de Ver-
bindnisse ou liaisons.

Le règlement joint à la paix religieuse de 1555,
pour en assurer l'exécution, s'occupe, à la vérité, principalement d'attroupements de la soldatesque « qui
pourrait bien, dans un intérêt à elle propre, se réunir
tumultueusement, sans que l'autorité ordinaire en fût
avisée, et eût donné son consentement ». Mais la loi

n'est pas cependant muette sur « toutes autres pratiques, industries et soulèvements, voire agissements effectifs, dont l'égalité et le droit ne sauraient s'accommoder dans le Saint-Empire et dont il n'y aurait à attendre que désordre, insurrection, mutinerie, dépérissement et dévastation des gens et du pays » ; « sonst andere Practiken, Gewerb und Aufwickelungen, auch thätlichen Handlungen deren so im heiligen Reiche Gleich und Recht nicht leiden möchten, daraus dann nichts denn Unruhe, Empörungen, Aufruhr, Verderben und Verheerungen der Land und Leute zu gewarten sei ».

A envisager maintenant les lois d'Empire de plus près, leurs tendances paraissent au principal se rencontrer avec le droit romain de telle manière que la part y revenant aux conceptions de ce droit se laisse difficilement isoler de ce qu'il peut y avoir en elles d'original. Car les lois dont il s'agit heurtent, elles aussi, absolument de front les préceptes de ce libéralisme qui n'admet à l'encontre du droit d'association d'autres mesures que des mesures répressives.

Suivant les capitulations, il n'y a pas en effet à n'être punis et à ne devoir être comprimés que les mouvements insurrectionnels qui ont éclaté ; et elles pourvoient encore, avant même qu'aucun mal en soit sorti, à la dispersion de toutes alliances et ententes haïssables et illicites, voire de ces malintentionnés rassemblements, ou *Zusammenthun*, qui rappellent assez exactement les *coitiones hominum* des Romains. Ne voit-on pas d'ailleurs dans les plus récentes capitulations l'empereur s'engager à éviter de donner lieu lui-même à de pareilles manifestations par la distribution précipitée de procès, commissions et rescrits, ce qui montre le souci extrême qu'on prenait à se prémunir contre les causes d'agitation même les plus éloignées, contre toute disposition d'esprit contraire à la paix entre le seigneur et la région, à l'obéissance volontaire, à la confiance dans le gouvernement territorial, dût même cette disposition, susceptible de mettre en mouvement et en contact quantité d'hommes, ne les avoir pas poussés encore à un véritable éclat.

Les associations ne doivent donc pas sans doute, comme correspondant à une de ces impulsions naturelles de l'homme sans lesquelles il n'y aurait pas de droit propre, être considérées comme écartées et interdites sans condition, ainsi qu'on pourrait être entraîné à le faire en s'en tenant au mot à mot de la capitulation, qui doit être complétée avec de plus anciennes constitutions impériales. Mais elles ne doivent pas non plus valoir et être permises sans la préalable information et autorisation du seigneur territorial (*absque assensu domini, absque autoritate domini*) qui ne saurait d'ailleurs restreindre le droit des citoyens que pour des considérations tirées du bien général et de la garde du prestige souverain.

Au demeurant, pour toute et unique différence, nous voyons que ce qui, en droit romain, présente le caractère de loi a été, dans le droit germanique, recueilli et développé plutôt comme un droit de suzeraineté. Que si de la sorte on aboutit des deux côtés au même résultat, on laisse cependant en dernier lieu au bon plaisir un jeu bien plus grand. Ainsi, un point qui n'est pas douteux en droit germanique, sans être d'ailleurs écarté par la législation romaine, qui le laisse seulement dans l'ombre, c'est que le droit de surveillance s'étend à toutes les réunions publiques et à toutes les affiliations se comportant *comme un seul homme*, sans égard pour leur tendance vers la personnalité morale, attendu que ce sont justement ces affiliations, sur lesquelles se porte avant tout l'attention du droit germanique, attiré uniquement par ce qui est essentiel. Néanmoins la liberté et l'autonomie ont de préférence fleuri, dans une certaine mesure au moins, en Allemagne, par cette double raison, d'une part, que le souverain territorial n'était que plus strictement tenu de prêter main-forte à ce qui n'endommageait pas ses droits seigneuriaux en le laissant prévaloir comme droit parmi les intéressés; d'autre part, que ce souverain pouvait se limiter lui-même par de libres accords passés avec des corps *reconnus*, si complètement autorisé qu'il fût d'ailleurs à faire front à toute provocation, à toute violence, voire à toute désaffection sourdement nourrie, qui se produiraient sous cette forme.

Comme, au surplus, sur le point mentionné, le droit romain a été seulement complété ou précisé davantage, il n'y avait pas à lui contester la qualité de droit auxiliaire qui lui est tout naturellement échue et qui, à cause de l'enchaînement rigoureusement scientifique de ce droit, s'est imposée comme s'impose un littérature classique.

Impossible de se passer des richesses du droit romain pour la détermination exacte de la *notion* et des éléments de fait d'unions et d'assemblées illicites en général. Non pas que ce sujet soit épuisé directement dans le *corpus juris*, qui l'épuise au moins indirectement par sa théorie incomparablement déduite du contrat social, en tant que ce contrat est *obligatoire* entre particuliers et doit dès lors être *permis* à chacun. Ce n'est qu'en suivant ce fil conducteur, qu'on pouvait parvenir à garantir dans son intégrité le droit des citoyens contre des entreprises vexatoires et à préserver la police elle-même d'empiétements, la faisant aller contre son propre but

Par contre, le droit romain cessait d'avoir la même valeur pratique ou du moins la même force coercitive, quand il s'agissait du *châtiment* réservé aux sociétés défendues, car les sources du droit national allemand ont relevé nos voisins de la nécessité de ranger cette violation de la loi sous les crimes de lèse-majesté. Il suffit, en effet, du regard le plus superficiel jeté sur

les lois impériales citées, pour se convaincre que les
rassemblements et associations non autorisés sont
traités comme des délits propres, opposés notamment
par la bulle d'or aux crimes de lèse-majesté, dont
elle ne traite que beaucoup plus loin en son chapitre XXIV et par la capitulation électorale à la sédition. Or, comme, de notre temps, il ne serait venu à
l'idée d'aucun praticien allemand de considérer encore,
comme applicables, même la peine de l'infamie et de
lourdes amendes, il n'en pouvait résulter qu'une
latitude plus grande encore pour le magistrat qui
là, où aucune législation territoriale ne lui trace la
voie, avait à s'attacher à l'analogie offerte par des
méfaits voisins, pour compléter ainsi et arrondir le
système. Mais il est grand temps pour nous d'arrêter
ces observations qui, par leur portée, dépassent pour
l'Allemagne au moins les limites de temps assignées
à notre chapitre et nous font faire irruption en plein
XIXe siècle.

En tout cas, si, sans quitter absolument l'Allemagne, on considérait spécialement le territoire autri-
chien, on verrait que là comme partout, à vrai dire,
sur le continent européen, l'association, objet de
préventions graves ou plutôt de vives alarmes de la
part de gouvernements plus ou moins légitimement
inquiets, s'est longtemps réfugiée, pour déployer son
activité, dans l'ombre et le mystère. Les plus vieilles
ordonnances que nous ayons pu découvrir pour

l'Autriche appartiennent à la seconde moitié du
xviiie siècle ; elles ne concernent toutes que les
sociétés secrètes. Une instruction aux sous-commis-
saires de police de Vienne, du 26 juin 1754, leur
enjoint d'avoir l'œil sur tous les conciliabules secrets
et suspects et de faire aussitôt part de toutes manifestations en ce genre au commissaire supérieur ; et vers
la fin du précédent siècle, sous l'influence d'événements contemporains, qui devaient encore longtemps
rester dans ce pays sans grand retentissement pour
le bien, l'interdiction de sociétés secrètes est for-
mulée avec une grande insistance. « Les autorités
doivent veiller, est-il dit dans la nouvelle constitution policière de 1791 pour la ville de Vienne, à
l'encontre de tous conciliabules équivoques et dangereux, clubs et autres rencontres de mauvais aloi et
mystérieuses, de quelque qualification qu'on les
décore. » — « Les autorités de cercles ne perdront pas
de vue les sociétés secrètes » ; — « les conciliabules
occultes ne doivent être autorisés sous aucun prétexte et les contrevenants seront punis », disent
à leur tour deux décrets de la cour de 1792 et de
1793. Un décret de cour du 27 avril 1801 vient
exiger des fonctionnaires, ecclésiastiques, institu-
teurs et avocats, l'attestation écrite et jurée qu'ils ne
font pas partie de ces sortes d'associations. Finale-
ment, les prescriptions contre les sociétés secrètes
pénètrent avec un caractère des plus rigoureux dans

le Code pénal de 1803, qu'on peut encore, quoique postérieur à 1789, mentionner, sans trop d'inconvé-nients, dans ce chapitre, du moment que la grande Révolution française semble être si longtemps passée inaperçue pour l'Autriche.

En même temps, d'ailleurs, qu'on faisait la guerre aux sociétés secrètes d'une manière générale, on avisait aussi, dans les États héréditaires, à l'écrase-ment de certaines associations déterminées. L'ordre de Jonathan (une espèce d'ordre maçonnique) était supprimé le 25 août 1764 ; un édit du 8 novembre 1766 interdisait l'entrée dans la société des francs-maçons et dans l'ordre des rose-croix, et si, du temps de l'empereur Joseph II, on s'est relâché de cette rigueur vis-à-vis de la franc-maçonnerie, l'interdiction y a par contre atteint toutes les confréries religieuses, à l'exception de celle de « l'amour actif du prochain », réunie à l'Institut des pauvres.

Quant à la France, sa marche rapide vers la con-centration et l'unité au profit des institutions monar-chiques devait aussi empêcher, indépendamment de toute réminiscence de droit romain, et par pur instinct de conservation de ces institutions ou de l'ordre, qu'on s'y montrât tendre pour des agisse-ments constituant des menaces ou des dissolvants. L'ancienne législation française n'a pas manqué de réprimer les réunions qui pouvaient troubler la tran-quillité de l'État, celles qui se formaient publiquement et avec armes, sans que les tendances politiques proprement dites, c'est-à-dire antidynastiques, ou séparatistes ou anarchiques.aient fourni d'ailleurs.de nombreux motifs de sévir ou de légiférer. Mais si les passions politiques n'ont pas accusé une vivacité particulière, celles plus violentes qu'alluma la religion ont eu leur contre-coup dans la politique, et les réunions, sous prétexte de religion, inspirant des craintes sérieuses non moins que de saintes colères, devinrent l'objet d'une prohibition absolue. Est-il besoin de rappeler à cet égard les ordonnances de juin 1559, du 10 septembre 1567, 27 mai 1610, 14 mai et 18 juillet 1724 ?

« La jalousie entre les deux religions, est-il dit pour les années 1566-67 dans l'*Histoire de France d'Anquetil*, si souvent citée dans le *Recueil des Ordonnances d'Isambert*, ne se borna pas à l'émulation d'une plus grande régularité ; elles cherchèrent à s'appuyer l'une contre l'autre de la force des confédérations et des serments. L'exemple donné par les protestants ne fut pas perdu pour les catholiques qui trouvèrent les premiers germes d'une ligue à opposer à celle de leurs adversaires dans ces associations depuis longtemps usitées parmi eux sous le nom de *confréries*. Elles avaient des lieux et des jours d'assemblée fixés, une police, des repas, des exercices et des deniers communs. Il ne fut question que d'ajouter à cela un serment d'employer ses biens et sa vie pour la défense de la foi attaquée. Avec cette formule, les confréries devinrent comme d'elles-mêmes, dans chaque ville, des corps de troupes prêts à agir au gré des chefs, et leurs bannières, des étendards militaires. La multitude réunie se trouva plus hardie. Contradictions, railleries, dédains entre personnes de différentes religions, on ne souffrit plus rien : de là des émeutes et des massacres par toute la France.

« La manie des associations saisit aussi la noblesse et les grands seigneurs. Il y eut de ces ligues parti-culières qui enveloppèrent des provinces entières : pendant le voyage du roi, on en découvrit une dont Louis de Bourbon, duc de Montpensier, les Guise et les plus grands du royaume étaient chefs. La reine, à la vue de cette nouveauté, assembla un conseil extra-ordinaire. La plupart des confédérés y furent mandés et tous néanmoins jurèrent et signèrent qu'ils n'avaient point trempé dans ces complots, qu'ils les abhorraient, et que jamais ils ne prendraient les armes que par le commandement de Sa Majesté.

« Ces protestations ne rompirent point des liaisons qu'on croyait fondées sur de si bons motifs : elles prévalurent même bientôt sur toutes les autres. Les frères se séparèrent des frères, les pères des enfants, et on vit les familles déchirées par le même schisme qui divisait l'État.

« A l'égard des calvinistes, comme s'ils eussent

été en pays ennemi, ils avaient des signaux d'intelligence, des mots de ralliement, des rôles de recrues et de recette, des routes tracées, des entrepôts marqués, des magasins d'armes et tout ce qui est nécessaire pour faire éclater au premier ordre un soulèvement général. C'est avec ces précautions que les chefs attendaient l'effet des projets qu'ils croyaient concertés contre eux (et dont, ajouterons-nous, la Saint-Barthélemy ne devait que trop tôt établir la barbare réalité).

« Ils entretenaient, outre cela, dans les États protestants et catholiques, des envoyés publics ou secrets, chargés d'éclairer les ministres du roi, de traverser leurs négociations s'il était nécessaire ou d'en entamer à leur avantage. Enfin, de temps en temps ils faisaient à la cour tantôt des propositions raisonnables, tantôt des demandes outrées, afin de juger, par la réponse, des dispositions cachées : ensuite, sous prétexte de divertissements ou de simples visites, ils se rassemblaient dans des châteaux et y prenaient en commun des résolutions toujours couvertes du voile du mystère. »

Peut-être semblera-t-il qu'Anquetil, sans approuver évidemment les violences gouvernementales de cette époque, se donne trop de mal pour les expliquer. Au surplus, malgré des moments d'accalmie, ces violences furent loin de s'éteindre ou même de s'atténuer, et quand on arrive à la déclaration du

14 mai 1724, concernant la religion, dans le préambule de laquelle on lit entre autres passages : « Nous avons reconnu que les principaux abus qui se sont glissés, et qui demandent un plus prompt remède, regardent principalement les *assemblées illicites*, l'éducation des enfants, etc. », on s'arrête avec stupeur à son article 1er, ainsi conçu : « Que la religion catholique, apostolique et romaine soit seule exercée dans notre royaume, pays et terres de notre obéissance ; défendons à tous nos sujets, de quelque état, qualité et condition qu'ils soient, de faire aucun exercice de religion autre que ladite religion catholique et de s'assembler pour cet effet en aucun lieu et sous quelque prétexte que ce puisse être, à peine contre les hommes de *galères perpétuelles*, et contre les femmes d'être rasées et enfermées pour toujours dans les lieux que nos juges estimeront à propos, avec confiscation des biens des uns et des autres, même *à peine de mort* contre ceux qui se seront assemblés en armes. »

C'était là un acte enchérissant sur les anciennes rigueurs de Louis XIV contre les protestants. Il est vrai que, devant la médiation des Hollandais en faveur de leurs coreligionnaires et surtout devant les dispositions que prenaient déjà les étrangers pour profiter une seconde fois des mesures impolitiques du gouvernement, celui-ci fut pris de certaines hésitations et de certains scrupules. Des édits explicatifs vinrent donc affaiblir la déclaration, et peu à peu l'opinion publique lui fit partager l'oubli où commençaient à tomber à cet égard les lois intolérantes de Louis XIV.

Plus heureuse que le continent, l'Angleterre n'a pas, jusqu'au milieu du dernier siècle, connu un droit de réunion, régi policièrement. Personne n'y eût songé à combattre, à contester ce droit naturel des hommes de s'assembler. Ce n'est que lorsque, avec l'avènement de George III, la puissance de la royauté fit courir des périls aux libertés du peuple, qu'on vit surgir les *clubs* and discussing societies, dont le nom et l'essence passèrent ensuite de la Grande-Bretagne en France. Mais leur signification se tirait surtout de l'absence d'une presse développée, dont ces clubs remplissaient la fonction, suivant ce qui a été fort bien exposé par Buckle dans son histoire de la civilisation. Le club est un vocable imaginé pour désigner des associations et assemblées fondues d'une manière si étroite qu'il est assez difficile de les traiter distinctement, soit en théorie, soit en législation. Par le mot club, il faut entendre un groupement dont la visée ne consiste que dans la *réitération* prolongée et régulière d'*assemblées* s'adonnant à des dissertations politiques. Une présidence durable ne tarde pas naturellement à en résulter ; cette présidence stable engendre à son tour une activité survivant à chaque réunion particulière et qui doit encore une fois concorder avec les intentions des membres du club ; et ainsi se dégage, appuyée sur les membres et leur bureau, une puissance réelle, une immixtion normale dans les questions publiques, et ainsi le club se trouve être lui-même déjà une *association* politique dont le centre de gravité, plus qu'en apparence seulement placé dans les assemblées, doit, pour le fond des choses, être aperçu dans l'activité déployée au dehors. Il devient clair par là que toute disposition concernant l'association doit du même coup atteindre le droit de réunion, et que toute disposition relative au droit de réunion doit simultanément réagir sur le droit d'association. Et c'est ce faisceau de deux formations juridiques qui constitue en propre le droit de club, tel qu'il s'est développé au cours de la Révolution française. On n'en a pas moins, dès le début de cette révolution, comme nous le verrons plus tard, la perception très nette de la distinction entre association et réunion et de la possibilité de disposer différemment selon qu'il s'agirait de l'une ou de l'autre.

Mais c'est justement pendant que la Révolution se déroulait chez nous, qu'en 1795 les assemblées publiques furent catégoriquement interdites en Angleterre par 36, *Georg.* III, 8. Il est vrai que dès l'année suivante elles recouvrèrent leur liberté, moyennant indication du but qu'elles se proposaient (37, *Georg.* III, 79), et donnèrent lieu de la sorte à l'application de principes, dont l'origine se rencontre sans conteste possible dans la législation française. A l'heure présente, il n'est question, de l'autre côté de la Manche, ni d'un droit à l'autorisation, ni même d'un droit de défense. Cette question s'est montrée d'un puissant intérêt, notamment en 1867, quand se produisirent dans le Hyde Park ces grands rassemblements qui donnèrent lieu aux mouvements populaires connus. Encore que le danger fût évident, le gouvernement, pour s'opposer à ces assemblées, ne trouva d'autre base juridique que celle tirée de ce que le Hyde Parck étant la propriété de la couronne, il n'existait à la charge d'aucun propriétaire l'obligation de tolérer sur son fonds des réunions d'étrangers. Le point de vue était aussi simple que pratique. Il n'a cependant même pas été évoqué, que nous sachions, contre la démonstration monstre qui a eu lieu le 22 août 1885 dans le même Hyde Parck, et qui avait été préparée depuis quelque temps par le comité exécutif pour la protection des jeunes filles à la suite de révélations scandaleuses de la *Pall Mall Gazette*. On estime à plus de quatre-vingt mille le nombre des personnes qui ont accompagné les multiples associations. La Fédération britannique continentale et générale pour le relèvement de la moralité publique avait envoyé son étendard blanc aux inscriptions rouges. La procession, partie du Thames Embankment, près de Charing Cross, est arrivée sans encombre à Hyde Park. Les orateurs inscrits, tous présents, occupent onze tribunes, dont une composée exclusivement de femmes. Après nombre de discours dont la série est close à huit heures, les manifestants se sont dispersés lentement, convaincus d'avoir ému dans leur retraite les membres débauchés du Parlement. De même il n'existe aucune responsabilité personnelle pour les dirigeants : à l'autorité de voir quels sont ceux qui dans l'assemblée contreviennent aux lois, et de leur demander compte de leurs infractions. Aussi n'y-a-t-il pas de législation spéciale sur le droit de réunion en Angleterre et la littérature, qui y aurait trait, fait-elle entièrement défaut, attendu que les quelques indications fournies par May, l'auteur d'une histoire constitutionnelle de l'Angleterre à partir du règne de George III, sont sans aucune valeur pour notre sujet.

CHAPITRE VII

L'ASSOCIATION EN THÉORIE

L'accord n'est pas sur le point de se faire sur le droit d'association des hommes vivant dans des États, sur un droit qui, en tant que se référant à la fréquentation de ces hommes, à des rencontres et à des liaisons entre eux, porte sur des choses si distinctes par elles-mêmes et par leurs sous-divisions. Comment l'accord se ferait-il, du moment que la philosophie du droit, avec une logique inflexible, court à des solutions extrêmes, diamétralement opposées, quand, s'efforçant d'édifier le droit public général sur des idées étrangères à l'observation, sur des principes *a priori*, elle se dogmatise et ressemble, par l'inadmissibilité de ses suppositions, à ceux qui se mettraient à la recherche d'un costume convenant à tous les climats et à toutes les saisons, ou d'un médicament également efficace contre la diarrhée et la constipation, la consomption et l'apoplexie. En face d'elle se présentent, d'une part, l'*habitude de l'obéissance*, sans laquelle un État ne peut exister d'une façon effective, et l'*esprit de liberté*, de l'autre, qui élève tout État véritable à la hauteur d'une institution de droit et le réconcilie avec l'humanité. Or, selon que la philosophie s'attache exclusivement à l'une ou l'autre de ces deux abstractions, elle proscrira de l'État tout droit d'association au profit des citoyens, ou bien elle le revendiquera pour ceux-ci comme un droit inattaquable et imprescriptible, ne comportant même aucune limitation de la part de la législation positive, et s'accommodant bien moins encore, à plus forte raison, d'une surveillance de la police de sûreté, susceptible d'en prévenir l'exercice. Ce sont ces contrastes qu'avec sa manière piquante de sceptique hostile à tout dogmatisme le célèbre publiciste allemand Zacharie, l'auteur des quarante livres sur l'État, a réunis en s'écriant « que le droit à des réunions publiques ne pouvait être assez étendu dans l'intérêt de la liberté publique, ni être assez limité dans celui de l'ordre public ».

Cependant, même au point de vue de la liberté publique, il ne paraît pas plus impossible de se prononcer contre le droit d'association qu'en considération de l'ordre public et de la subordination nécessaire à une puissance publique quelconque. La preuve en a été fournie par deux écrivains chez lesquels le caractère et l'amour sincère de la vérité sont au-dessus de toute suspicion et qui, par cela même qu'ils sont placés aux antipodes l'un de l'autre, se joignent en plus d'une circonstance.

L'un d'eux est Thomas Hobbes (1588-1679), ce précurseur de certains politiques modernes, ce défenseur systématique de l'absolutisme que Leibnitz n'a pas moins pour ses mérites traité de *profundum ingenium*, et que notre Encyclopédie a de son côté traité avec égard. Aux yeux de Hobbes, comme on sait, il n'y a d'autre droit que la force ; tous les hommes, *dans l'état de nature*, ont un droit égal à toutes choses et sont nécessairement dans un état de guerre perpétuel ; il faut, pour faire régner la paix, établir au-dessus d'eux une autorité une et despotique ; et rien n'étant juste ou injuste en soi, ce sont les princes qui font la justice ou l'injustice par leurs commandements ou leurs prohibitions. Or, voici, à peu près littéralement reproduite, la doctrine professée dans son livre *De Cive* (ch. XIII, § 13), sur le point qui nous intéresse :

« Tout gouvernement a pour devoir essentiel non seulement de refréner l'ambition des citoyens remuants, ou du moins de ne rien lui concéder, mais encore de dissoudre les factions de toute espèce qui se seraient formées ou tenteraient de se former sans son assentiment par un concert établi entre des citoyens ou par l'attachement à des chefs puissants. Une telle faction serait un État dans l'État et le procès à la suite duquel des hommes à l'état de nature se sont trouvés transformés en sociétés politiques ne saurait se poursuivre dans l'État, sans rompre l'unité de celui-ci et sans agir sur le tout d'une façon perturbatrice.

« Un nombre de citoyens s'engageant à une obéissance aveugle envers un particulier ou envers un prince étranger (Hobbes était fils d'un ministre anglican et visait sans doute ici le chef de la catholicité) ou ayant conclu entre eux, comme s'ils ne faisaient qu'un seul homme, un pacte de défense réciproque à l'encontre de tous, sans en excepter le gouvernement, réaliseraient la faction dont s'agit, qu'on ne saurait tolérer, et contre laquelle il faudrait procéder sans attendre qu'elle eût commis un véritable forfait ou levé l'étendard de la révolte. On devrait même surveiller un haut degré de faveur populaire, susceptible de provoquer de l'agitation, ou une fortune immodérée, pouvant par son influence tenir tête à la puissance suprême, et on serait fondé tout au moins à demander la sécurité à des otages ou à réclamer quelque gage de fidélité. A supposer que les divers pays vivent entre eux dans un état d'hostilité naturelle, les gouvernants qui tolèrent des factions agissent d'une façon aussi impolitique que ceux qui abandonneraient l'occupation de leurs forteresses à des troupes étrangères. »

Nous voyons là Thomas Hobbes pécher de la manière qui lui est la plus habituelle, c'est-à-dire dans ses conclusions, en transportant immédiatement dans le domaine de l'État réel sa construction métaphysique irréprochable, encore que l'idée principale se fût excellemment et logiquement déroulée sous sa plume. Il faut remonter aux premières origines de la société bourgeoise, à ces petites républiques, pour y trouver l'État formant une famille, un ordre, un collège. Mais dès que ces noyaux disparurent, dès que les États s'agrandirent et que beaucoup d'entre eux se fondirent en un seul, l'esprit de corporation, de confrérie, de collégialité dut nouer des liens plus étroits, des rapports particuliers dans tous les lieux habités par des hommes, à moins que ceux-ci n'eussent dépouillé leur qualité. C'est une vaine entreprise que de vouloir supprimer ce qui est le fond de la nature humaine. Au mouvement impétueux et irrésistible d'association qui fonde les États, il est impossible de dire, à un moment donné : Tu n'iras pas plus loin. Il n'est pas non plus d'un homme clairvoyant de se méfier en principe de ce mouvement, et de ne pas comprendre que ce qu'il a fondé, il doit, en continuant, tendre à le consolider. Au pis-aller, il appartient à la politique de concilier ce pur esprit humain d'association avec la subordination à une puissance publique. Ici, comme partout, la vie et le monde moral abondent en phénomènes en apparence contradictoires, qui n'en ont pas moins de la réalité. Quiconque ne sait s'élever à la conception de choses formant antithèse, qui soient réelles et par conséquent possibles, devra tenir pour mensonge et illusion le rapprochement du principe autocratique et démocratique dans les gouvernements constitutionnels, l'alliance de principe d'autorité et de liberté, même dans les gouvernements républicains. Qui n'a observé déjà certains animaux, se livrant dans l'état de sauvagerie une guerre d'extermination et qui, une fois domestiqués, mangent dans le même plat, en se témoignant même la plus grande tendresse ? Un tel spectacle ne saurait-il donc être fourni par des hommes raisonnables et par les institutions qu'ils se donnent ?

Pour être tout à fait juste envers Hobbes, nous devons cependant faire remarquer que si son traité *Du Citoyen*, paru en 1642, semble accuser une véritable intolérance et conseiller une répression inexorable à l'encontre de tout effort pour mettre sur pied des associations ou de petites communautés à l'image de l'État, son *Leviathan* ou *Du Pouvoir ecclésiastique et civil*, publié en 1651, et par conséquent quelques années plus tard, nous le montre, pour autant qu'on le consulte au chapitre XXII notamment de cet ouvrage (*De systematibus civium*), beaucoup moins emporté contre ces groupements, dont il paraît parfaitement admettre l'existence, mais subordonnée, bien entendu.

· Mais voici que Jean-Jacques Rousseau lui-même,

trop souvent invoqué, suivant la juste réflexion de Fichte, par ceux qui ne l'ont pas suffisamment étudié, vient à son tour se prononcer contre les associations. Ce qui le détermine, c'est que celles-ci ne peuvent qu'opprimer, que fausser la volonté générale, appelée, dans sa pensée, à prévaloir seule, pour le triomphe de ce qui est rationnel ou sage et juste. Écoutons-le au surplus s'expliquer lui-même avec cette clarté qui rend tout commentaire fade et prétentieux, et pour cela rappelons les termes dont se sert l'auteur du *Contrat social*, au livre II, sous le paragraphe intitulé : *Si la volonté générale peut errer*. « Il s'ensuit, y dit-il, de ce qui précède, que la volonté générale est toujours droite et tend toujours à l'utilité publique ; mais il ne s'ensuit pas que les délibérations du peuple aient toujours la même rectitude. On veut toujours son bien, mais on ne le voit pas toujours ; jamais on ne corrompt le peuple, mais souvent on le trompe, et c'est alors seulement qu'il paraît vouloir ce qui est mal.

« Il y a souvent bien de la différence entre la volonté de tous et la volonté générale : celle-ci ne regarde qu'à l'intérêt commun, l'autre regarde à l'intérêt privé et n'est qu'une somme de volontés particulières ; mais ôtez de ces mêmes volontés les plus et les moins qui s'entre-détruisent (1), reste

(1) « Chaque intérêt, dit le M. d'A. a des principes différents. L'accord de deux intérêts particuliers se forme par opposition à celui d'un tiers. » Il eût pu ajouter que l'accord de tous les intérêts

11

pour somme des différences la volonté générale.

« Si quand le peuple, suffisamment informé, délibère, les citoyens n'avaient aucune communication entre eux, du grand nombre de petites différences résulterait toujours la volonté générale et la délibération serait toujours bonne. Mais quand il se fait des brigues, des associations partielles aux dépens de la grande, la volonté de chacune de ces associations devient générale par rapport à ses membres et particulière par rapport à l'État ; on peut dire alors qu'il n'y a plus autant de votants que d'hommes, mais seulement autant que d'associations : les différences deviennent moins nombreuses et donnent un résultat moins général. Enfin quand une de ces associations est si grande qu'elle l'emporte sur toutes les autres, vous n'avez plus pour résultat une somme de petites différences, mais une différence unique ; alors il n'y a plus de volonté générale et l'avis qui l'emporte n'est qu'un avis particulier.

« Il importe donc — c'est la conclusion de Rousseau — pour avoir bien l'énoncé de la volonté générale, qu'il n'y ait pas de société partielle dans l'État et que chaque citoyen n'opère que d'après lui. Telle fut l'unique et sublime institution du grand Lycurgue. Que s'il y a des sociétés partielles, il en faut mul-

se forme par opposition à celui de chacun. S'il n'y avait point d'intérêts différents, à peine sentirait-on l'intérêt commun qui ne trouverait jamais d'obstacle : tout irait de soi-même et la politique cesserait d'être un art.

tiplier le nombre et en prévenir l'inégalité, comme firent Solon, Numa, Servius. Ces précautions sont les seules bonnes pour que la volonté générale soit toujours éclairée et que le peuple ne se trompe point. »

La proscription ne nous paraît pas dirigée seulement, si nous ne nous abusons, contre les associations politiques, mais même contre les associations de toute espèce, attendu que la volonté générale, qu'il s'agit de préserver de toute altération, se manifeste dans les directions les plus diverses et que la loi, à laquelle elle doit aboutir, embrasse toutes les branches de l'activité humaine. Comme d'ailleurs les groupements sont le résultat des tendances et des impulsions, auxquelles obéissent un certain nombre d'hommes, est-ce que le décompte des volontés particulières ne jetterait pas dans la balance ce poids, qu'on semble vouloir faire passer pour un faux poids ? Ou bien, si le vote émis dans les conditions rêvées par Rousseau devait garantir l'intégrité de la volonté générale, entendue à sa manière, c'est-à-dire à la manière d'un penseur pour qui sans doute les hommes ne se sont mis en société qu'afin d'être plus étrangers que jamais les uns aux autres, n'est-ce pas plutôt, au lieu de la volonté générale, l'impuissance universelle qu'attesteraient les bulletins confondus dans les urnes ? Ce serait donc le cas, ici encore comme dans beaucoup de dissertations trop subtiles et où le caractère des sciences morales est sacrifié aux mathématiques, d'observer que le raisonnement en bannit la raison, si tant est que la raison pût avoir jamais complètement perdu ses droits sur des esprits comme Hobbes et Rousseau. L'égarement chez ces deux auteurs pouvait même d'autant moins se prolonger que, plus portés que d'autres à examiner l'état de nature, à écouter la voix de la nature, ils devaient être comme malgré eux amenés à faire la part des courants naturels, qui portent les hommes les uns vers les autres. Aussi le Hobbes de 1651 corrige-t-il ou tempère-t-il le Hobbes de 1642, et le Rousseau de la fin de l'article précité concède-t-il toutes les associations, après n'en avoir concédé aucune. Tout ou rien, semble dire Jean-Jacques, qui, en se prêtant à l'existence d'associations, les veut au moins innombrables. Mais s'il les veut innombrables, parce que tout en sentant peut-être l'absurdité de son exclusivisme, il se cramponne avant tout à son point de vue, parce qu'il veut affranchir l'expression de la volonté générale de tout élément impur, il nous sera permis peut-être à nous d'abonder dans son sens et de faire des vœux sincères pour la multiplicité infinie des associations, moins pour abriter la volonté générale contre des périls hypothétiques, que pour rendre cette volonté générale de plus en plus intelligente et féconde.

La doctrine émise par Rousseau ne trouve-t-elle pas, pour ainsi dire, son châtiment dans les réflexions plutôt élogieuses qu'elle a provoquées de certains côtés où les théories constitutionnelles depuis si longtemps pratiquées par l'Angleterre et si fortement exposées par Montesquieu n'ont jamais joui d'une faveur excessive ?

« Qu'eût pensé, dit par exemple, après avoir rappelé comme nous-même cette doctrine, un excellent magistrat wurtembergeois du nom de Zirkler, qui écrivait vers 1834 et à qui ne manquaient pas cependant des velléités de libéralisme, comme peut toutefois en éprouver un fonctionnaire allemand, qu'eût pensé l'illustre mort d'une de ces *oppositions* compactes si souvent vantées de nos jours ? d'une de ces oppositions qui, formant une chambre dans la chambre, entend faire aboutir quand même une opinion donnée, arrête sa ligne de conduite avant même les débats, et ne craint pas, quand elle a le dessous, d'en appeler, comme en France, au peuple dans des comptes rendus, sinon avec la pensée de l'inviter à une résistance ouverte à l'encontre du droit formel, au moins avec l'espoir, grâce aux courants qu'elle détermine dans l'opinion publique, de paralyser l'exécution d'une loi, dont l'autorité a été minée, et que les masses, dans leur âme et conscience ne se croient pas obligées d'observer ? Car il est manifeste qu'aucune loi ne peut véritablement acquérir force législative, si la foi du peuple ne la fait entrer dans ses mœurs et ne la transforme en

droit coutumier. Et cette tentative d'individualités,
qui devraient constitutionnellement, dans l'attente
modeste du succès qu'apporteront les événements,
se soumettre d'eux-mêmes aux décisions de la majorité en vertu du principe collégial les constituant
en personnes publiques, cette tentative impliquant
une prétention illégitime, une présomption difficilement excusable n'offenserait pas la morale publique,
ne troublerait pas la paix de la société! Certes, là où
un doute existe sur le mérite de pareils procédés, là
l'État expirant doit s'être scindé en deux partis hostiles, substituant à tout autre droit un droit de
guerre illimité, qui ne connait que des vainqueurs
et des vaincus. Pour° peu qu'il s'y joigne maintenant
encore le principe du partage concédé des pouvoirs,
le gouvernement va se trouver directement engagé
dans la partie, et la haute main, la suprématie vont
devenir l'enjeu d'une lutte qui, consacrant le droit
du plus fort, se montrera indifférente sur les moyens,
et exercera une influence également pernicieuse sur
le gouvernement, la représentation et le peuple. Si
la constitution anglaise a pu, nonobstant cette lutte,
se maintenir, c'est là un de ces miracles qui ne s'explique que par le respect religieux et enraciné du
peuple pour les traditions, sans qu'il faille se le promettre en tous lieux, et peut-être ne sommes-nous pas
loin du moment où cette constitution aura vécu.
N'est-ce pas un des préjugés les plus déplorables de

notre époque, que la vie constitutionnelle tire sa vraie importance d'un système qui rend ses contradictions non seulement *apparentes* mais insolubles? La démonstration en a été rigoureusement faite par M. Murhard, si on lui passe cette prémisse *fausse*, que la monarchie constitutionnelle s'*identifie* absolument avec ce système, alors que celui-ci n'est qu'une dégénérescence suivant l'indication exacte du métaphysicien Rousseau lui-même, qui ne va trop loin qu'en ce que pour ce motif il rejette toute espèce de représentation. En dehors de toute contradiction *choquante*, la monarchie constitutionnelle peut, sans le partage mais par la simple limitation du pouvoir, poursuivre pleinement sa carrière, au moyen de fonctionnaires publics responsables, d'une opinion publique inviolable, d'une subordination, enfin, qui rend possible à un *bon* gouvernement de se conserver non seulement comme pouvoir mais aussi comme *autorité*, et qui, à l'encontre du droit formel, admet des doutes de l'ordre spéculatif mais non pratique. »

En même temps Zirkler n'est pas fâché, dans une note, de se prévaloir de l'avis conforme d'autres écrivains allemands, tels que Moser, Schnaubert, Haberlin, et de citer notamment, parmi les publicistes les plus anciens, l'auteur des *Institutes* de droit public, Schiller, décédé en 1705, pour la réflexion suivante : *In principatibus Germaniæ et si summa provincialis potestas sine dubio penes unum est, dominum quippe territorii, restricta vero est ad consultationem et consensum statuum. Neque tamen status sunt subjectum superioritatis territorialis*, ne quidem ex parte.

Il ne nous convient pas d'engager à cet endroit une dissertation sur un idéal constitutionnel paraissant être aujourd'hui encore celui des compatriotes de M. Zirkler qui, troublé outre mesure par les agissements possibles d'une *opposition* parlementaire, ne paraît pas avoir pesé les bienfaits d'une *majorité* gouvernementale et qui, à la différence de Rousseau, ne relève pas les altérations de la volonté populaire pour l'en affranchir, mais avec le dessein assez peu dissimulé de la supplanter au profit de quelque volonté individuelle.

Cette dissertation ne mettrait pas d'ailleurs assez directement en cause le droit d'association malmené d'une façon quelque peu inattendue par le précurseur de la Révolution française, par le défenseur présumé de toutes les libertés.

Or donc, on peut certainement, abstraction même faite du point de vue de Jean-Jacques, se montrer ému des dangers qu'un droit d'association illimité et non subordonné serait susceptible de faire courir à la considération du pouvoir, à l'autorité des lois et à l'ordre public, à la paix intérieure de la société, qui ne doit pas régner seulement dans le monde corporel,

mais encore dans les esprits; voire à l'opinion publique et à la liberté civique, menacées au nom même
de la liberté. Seulement nous nous refusons à voir
un ennemi quand même de l'ordre et de la tranquillité publics dans celui qui défendrait le droit d'association comme une prérogative native et imprescriptible de l'humanité, comme une prérogative aussi
impérieusement réclamée par notre nature morale,
que l'est la respiration et la circulation du sang par
notre nature physique.

L'homme ne se reconnaît en effet et ne se retrouve
que dans son semblable; et il ne devient en général
un homme que par le contact, faute duquel il serait
condamné à dépérir, absolument comme le membre
arraché du corps dont il a fait partie. Les réflexions
personnelles ne sont éveillées que par l'instruction et
le commerce avec d'autres personnes; et le penseur
le plus profond qui voudrait s'en tenir aux premiers résultats déterminés par ses méditations
propres deviendrait un être bizarre et original, s'il
ne frottait pas son intelligence à d'autres intelligences, s'il n'entrait pas en relation avec d'autres
personnes, lui communiquant leurs idées et recevant
la communication des siennes. Il n'y a pas d'ailleurs
que l'esprit humain à exiger un rapprochement, car
c'est dans ce rapprochement que nous puisons l'énergie, que nous puisons la passion qui pousse il est
vrai au mal, mais sans laquelle aussi nul bien ne se

ferait en ce monde. Et que deviendrait aussi notre existence matérielle, si chacun ne voulait ou ne pouvait soigner que pour lui-même? L'ignorant aussi bien que le savant, et ce dernier plus encore que le premier, ont besoin à cet égard d'un appui étranger. Or en dehors de l'union la plus ancienne créée par la descendance et la parenté, cet appui ne peut se rencontrer pour lui que dans le cercle fermé d'individus reconnaissables à un signe qui les marque par la bienvenue réciproque d'individus qui, liés à lui par le lien commun d'intérêts ou d'une vocation identique, le considéreront comme un des leurs.

C'est ainsi que les hommes se sont groupés, dès avant même que l'État fût parvenu à sa consistance actuelle, et ce groupement ne peut aller qu'en se continuant dans l'État du moment où celui-ci ne saurait faire face à tout et pourvoir aux besoins de chacun. C'est ainsi qu'à côté des rapports créés par la famille, le voisinage, la nationalité, se forment les classes et les alliances les plus diverses. On n'y entre pas sans y acquérir ce qui est si nécessaire à un sujet de droit, le sentiment de sa propre dignité, la claire notion de ce que l'on est, sentiment et notion qui, comme il arrive chez l'enfant abandonné seul dans l'obscurité, seraient infailliblement étouffés dans l'individu placé en face de la cohue et du pouvoir public. La variété des classes, trop attaquée des niveleurs, si du moins ces classes ne sont pas privilégiées, est même là précisément pour aviver cette flamme individuelle qui pourra rendre le paysan aussi orgueilleux sous sa blouse, que l'est le gentilhomme dans son habit galonné. D'un autre côté, ces produits purement humains de l'esprit d'association n'entravent aucunement l'action de l'État. La fonction gouvernementale se trouve même facilitée par la concentration et la simplification des intérêts qu'il s'agit de prendre en considération et de satisfaire. Il serait en effet bien plus difficile d'agir sur une masse d'hommes hachée menue, divisée atomiquement, que sur des individus reliés, grâce à des associations, par des points de contact apparents. Aussi la sagesse politique doit-elle plutôt persuader à l'État de favoriser, autant qu'il est en lui, ce penchant inné des hommes à fraterniser.

Quelque plongé qu'on puisse être dans l'abstraction et dans les théories unitaires, on ne saurait contester que les communes sont le fondement de la collectivité de l'État, que des communautés ou cercles restreints sont les véritables écoles dans lesquelles les hommes apprennent de façon humaine à devenir des citoyens, qu'une centralisation, supprimant toute concentration volontaire parmi les hommes, fait de l'esprit commun ce qu'est la notion ou l'idée sans l'observation, à savoir un mensonge, et que cette tendance centralisatrice, si elle n'était resserrée dans des limites par la nature des choses, nous ferait voir le monde comme un ramassis de gens parmi lesquels le soldat et le fonctionnaire tiennent seuls une place, et où l'honneur du citoyen court les plus grands risques. Malheur à l'État où la force créatrice de son unité ne demeure pas son principe vital; malheur à l'État où l'être humain sombre dans le bourgeoisisme, dans l'organisation politique!

Un tel État manque son but qu'il étend au delà de ses limites; il promet plus qu'il n'est capable de tenir, il entreprend plus que ne peuvent exécuter les puissances terrestres, dont aucune n'est à même de remplacer à aucun moment cet esprit humain, partout présent et si inventif, qui engendre aussi ces associations!

La préoccupation du citoyen de Genève au sujet de l'atteinte portée aux manifestations de l'opinion publique par des clans d'hommes ne paraît admissible que relativement aux menées de partis politiques. Que si on la rapporte à la sélection des hommes en classes et associations, on ne voit pas trop comment de fortes et vaillantes pensées pourraient germer encore dans une foule composée d'individualités qu'aucun lien n'unirait entre elles. Peut-être faudrait-il plutôt appréhender que ce travail de sélection vînt à se ralentir. Quoi de plus propre, en effet, que l'idée de convertir le peuple en un troupeau, à attirer promptement le berger unique et partant le despotisme? Et quoi de plus propre, d'autre part, que cette même idée à rendre plus irrésistibles et plus contagieux encore ces accès de vertige et de mysticisme, ces courants d'opinions non contrôlées et non établies qui s'emparent d'un cerveau après l'autre, et qui ne sont redevables qu'à leur réédition incessante de leur crédit et de leur autorité jusqu'au moment où les passions qu'elles ont fomentées ont jeté le trouble dans tout un pays ?

On a aussi souvent fait entrer en ligne de compte cette considération, cependant contestable, que beaucoup de gens pris en bloc devraient être autorisés à faire ce qui ne peut être interdit à aucun d'eux en particulier. Ainsi nul individu ne saurait être empêché de servir et adorer Dieu à sa manière. Mais peut-il être permis pour cela à plusieurs de former une petite Église dans l'Église ? L'Église catholique ne manquera pas de résoudre négativement la question, en restant absolument sincère. Et l'Église évangélique, avec plus de formes et de ménagements, aboutira aux mêmes conclusions. Sans doute, si on se place, comme il convient d'ailleurs, au point de vue de l'état laïque et neutre relativement aux questions confessionnelles, on ne souscrira pas à ces conclusions. Seulement, si avec la proposition précédemment énoncée on prétend affirmer l'égale innocuité des faits accomplis par plusieurs ou par un seul, on s'expose peut-être à méconnaître la grande influence de l'association sur l'excitation et l'exaltation des esprits, capables, une fois montés, des plus grands écarts malgré les causes les plus futiles.

Quoi qu'il en soit, telles sont en substance les raisons dont a été déduite plus d'une fois la nécessité absolue de la liberté d'association. Le droit d'association ne devrait, en conséquence, être amoindri par aucune surveillance ; son exercice ne devrait pouvoir être jamais paralysé par des mesures *préventives* et des mesures *répressives*, comme celles pratiquées aujourd'hui vis-à-vis de la presse, devraient seules être autorisées dans le cas, bien entendu, où la preuve juridique de crimes ou attentats véritablement consommés serait faite à la charge de ces sortes d'unions. Nous voyons ainsi, sous l'empire d'un enthousiasme plus ou moins réfléchi, pousser des observations inattaquables en elles-mêmes jusqu'à des conséquences suspectes de paradoxe et de paralogisme, et se reliant à cette erreur fondamentale, que certains droits généraux de l'humanité emporteraient, pour chaque exercice possible de ces droits, leur sanction positive avec eux dans l'État, et devraient être considérés comme existant d'une façon indépendante. Ce serait donc peut-être le cas de rappeler ici les paroles quelque peu réfrigérantes d'Edmond Burke, le célèbre orateur et écrivain anglais :

« Quand ces droits métaphysiques des hommes pénètrent dans la vie sociale, ils sont à la façon des rayons lumineux, pénétrant dans un milieu plus dense, détournés de leur route en vertu de lois naturelles invariables. En vérité, cette épaisse et tortueuse couche d'affaires et de passions humaines doit faire subir à ces attributs originaires des atteintes si diverses, qu'il serait absurde de les traiter comme pouvant persévérer dans leurs forme et intégrité initiales. Les droits imaginés par ces théoriciens sont des extrèmes, et plus ils sont indéniables métaphysiquement parlant, plus ils sont contestables au point de vue moral et politique. Les droits des hommes se trouvent dans un certain milieu qu'on peut discerner, mais qu'il est difficile de déterminer. » Burke considère ces droits comme la résultante de calculs et estimations politiques, dans lesquels on balance des antithèses et des probabilités et pour lesquels l'option s'offre entre plusieurs maux à des degrés différents, ou entre le mieux apparent et le bien qui n'est pas hors d'atteinte. Aussi nul droit naturel ne doit-il, en dehors de sa reconnaissance extérieure, être envisagé comme un droit positif, et si l'on ne peut refuser au droit naturel, qui constitue l'élément et est l'âme du droit positif, une haute valeur scientifique ou doctrinale pour le jugement à porter sur les dispositions législatives, il ne peut cependant prétendre à aucune utilité pratique immédiate. Les droits naturels ressemblent en quelque sorte aux métaux précieux qui ne se trouvent façonnés et propres à circuler comme monnaie marquée d'une empreinte durable qu'à l'aide d'une opération *additionnelle*. Bref, on retrouve ici l'affirmation de toute la distance qui sépare le droit pur, quelle que soit sa direction, du droit positif ou appliqué.

S'il appartient à un bon gouvernement de patronner ou protéger un esprit d'association *purement humain* orienté vers des buts privés, on ne saurait néanmoins décorer de ce nom, pour le faire bénéficier du même traitement, un esprit factieux déjà condamnable en lui-même. Or, c'est cependant où l'on en viendrait, en élevant toute association, comme découlant du droit naturel qui vaudrait un droit *acquis*, à la hauteur d'une puissance souveraine, que l'État devrait respecter comme une puissance de condition égale à la sienne, et contre laquelle l'État pourrait sans doute plaider devant les tribunaux du pays, mais sans qu'il lui fût permis de se rendre justice à lui-même, sauf si un tumulte ou une insurrection le plaçait dans le cas de légitime défense. Car si les associations ne peuvent être soumises à un autre pouvoir que le pouvoir judiciaire, il en résulte, comme seule déduction logique, que la dissolution des associations deviendrait une pure *affaire de justice* inséparable de la punition de leurs membres, ce qu'on ne saurait accorder aux amis exagérés du droit d'association. Assurément ceux-ci méritent d'être entendus, en ne voulant pas abandonner au bon plaisir des fonctionnaires et laisser considérer comme relevant uniquement de la faveur l'existence et la dissolution des sociétés. D'ailleurs telle n'est pas non plus la pensée de ceux qui voient dans ces émanations du droit de surveillance une affaire *de police* et *de gouvernement*, et il ne saurait être impossible de se mettre d'accord sur certains principes et points de repère, assignant des limites à l'immixtion de la police dans le droit d'association. Seulement, qu'on n'exige pas les normes bien arrêtées de prescriptions obligatoires excluant tout pouvoir discrétionnaire! Les griefs possibles ne peuvent être traités comme s'ils se produisaient entre parties. A l'occasion d'un droit, que l'État exerce dans son intérêt, il n'a pas, relativement aux suppositions de fait, à apporter la preuve objective de la vérité, n'étant tenu que de justifier de sa conviction subjective et de sa bonne foi.

A la vérité, il faut s'attendre à ce que l'exercice efficace du droit de surveillance n'aille pas sans quelques méprises affligeantes, et à ce qu'on abuse diversement de ce droit, surtout s'il est aux mains d'un mauvais et faible gouvernement. Mais la question est de savoir si les abus d'un droit d'association illimité et inassujetti ne présenteraient pas un caractère plus regrettable encore! Au surplus, les dangers du système contraire ne sont-ils pas singulièrement atténués dans des pays constitutionels, où aucun des actes du gouvernement n'échappe au grand jour de la publicité, où le ministre doit compte aux États de ce genre de mesures approuvées par lui et courrait au-devant d'un échec en se retranchant derrière des préoccupations imaginaires, où enfin, plus qu'en aucune autre matière, la politique et la morale gouvernementale s'unissent en celle-ci pour recommander un juste milieu. Comme l'a dit Filangieri dans sa *Science de la législation :* « Il n'y a de mise ici, ni une indulgence, ni une méfiance exagérée. Si la première livre l'État aux horreurs de l'anarchie, la seconde y fait sentir tout le poids du despotisme et de la servitude. »

Oui, certes, par sa lourdeur ce poids détruit l'effet; il porte dans ses flancs maudits le germe de ces excitations et agitations auxquelles on voudrait obvier, alors que l'entrée en scène du gouvernement, quand elle est ostensible, énergique et bien fondée, gagne immanquablement les cœurs de tous les gens bien intentionnés, qui font en dernière analyse l'opinion publique. Que le gouvernement use donc du pouvoir qui lui serait imparti à cet égard, sans les hésitations d'un malfaiteur, entrevoyant le jugement dernier, mais aussi sans la sauvagerie d'une soldatesque, que les abominations de la guerre auraient endurcie, avec la fermeté mitigée, enfin, qu'il est capable de puiser dans la conscience de la légitimité de ses origines, comme s'il est issu par exemple du suffrage librement exprimé de tous les citoyens !

Sans vouloir entreprendre et pousser jusqu'à l'épuisement une réfutation systématique de la doctrine, contre laquelle nous nous élevons, nous nous contenterons de faire reposer cette réfutation sur quelques considérations d'un caractère presque aphoristique, heureux que nous serions d'obtenir pour elles l'assentiment de ceux qui ne construisent pas mathématiquement l'État avec des abstractions vides et aux yeux desquels les raisons tirées de la politique et de la probabilité (*rationes civiles et probabiles*) sont déterminantes dans notre sujet. Pour plus de clarté et de méthode, nous allons donner à ces considérations des numéros d'ordre.

1. Il est clair que, contre les excès possibles du droit d'association, la justice n'offre un remède ni suffisant, ni sûr. Sa tâche consiste uniquement, une société ne péchant pas elle-même, en personne morale qu'elle est, à sévir contre les membres individuels de cette société, pour autant qu'ils se seraient rendus coupables de l'accomplissement ou de la tentative d'un crime. Rien ne se concilierait en effet moins avec la théorie en discussion, rien ne s'élèverait plus haut sur l'échelle du despotisme, que la prétention d'ériger en crimes les associations comme telles et prises en elles-mêmes. Ne nous demandons pas si l'on peut compter sur l'État pour attendre partout la consommation d'un préjudice peut-être irréparable que la peine ne sau-

rait en tout cas pas effacer, du moment que l'Etat peut prévenir ce préjudice sans violation du droit. Ne nous demandons pas davantage s'il n'existe pas certains *maux politiques*, ne constituant toutefois pas pour cela des crimes et que l'État a le droit et le devoir de conjurer, à peu près comme il importe d'abattre des bêtes venimeuses, auxquelles cependant on ne peut adresser aucun reproche. Le seul résultat à atteindre par la justice consistera donc en ce que les divers membres ayant pris part à l'action repréhensible soient découverts et convaincus de leurs forfaits, et en ce que les membres punis, que le degré de leur culpabilité n'aurait pas fait condamner à mort ou à la détention perpétuelle, aperçoivent dans la peine encourue un avertissement durable. Il faudra de la sorte laisser subsister l'association entre ceux dont la participation directe au crime n'aura point été démontrée, il faudra même y laisser rentrer ceux qui auraient subi leur condamnation, dût-il y avoir les plus fortes présomptions que c'est au sein de cette société qu'ont, sinon vu le jour, au moins été alimentés et réchauffés les principes et les tendances propres à l'éclosion du projet criminel. Et puis que peuvent en général des peines sur des individus exaltés, quand ceux-ci se considèrent eux-mêmes comme des martyrs, et quand leurs compagnons les célèbrent comme tels?

Comme les pensées et les inclinations, tant qu'elles ne s'affirment pas par un fait particulier, passent indemnes sans relever d'aucun tribunal, l'État pourrait même, selon les cas, être appelé à constater sa dislocation interne, à assister, avec une résignation stoïque, à sa propre ruine contre laquelle il lui serait impossible de se garer, s'il n'avait d'autre secours vis-à-vis des associations que celui de la justice. Car, pour ce qui est d'attribuer par exemple la *dissolution* de sociétés nuisibles ou dangereuses à la juridiction civile, personne n'y songera, attendu que l'existence et le bien-être de l'État sont beaucoup trop directement en cause, pour que celui-ci pût condescendre à un procès, et vouloir soumettre sa persuasion intime à un jugement différent de celui de l'opinion publique.

2. Heureusement qu'à côté de la justice se tient la police et qu'au-dessus des deux plane comme au-dessus des autres branches de la puissance publique le droit de haute surveillance comme un droit essentiel de souveraineté, à la faveur duquel le gouvernement est fondé à prendre connaissance et à demander compte de tout ce qui se passe dans le pays et a trait au bien général. En principe, le pouvoir armé de ce droit se contente de rassembler les indications destinées à guider dans leur exercice les autres branches de la puissance

publique, à éclairer par exemple l'œuvre législative ou fiscale et, par conséquent, le droit dont s'agit ne s'affirme, ne devient pratique et concret qu'en passant par ces branches. Entre temps, il n'est pas si indifférent qu'aucune fonction spéciale et indépendante ne puisse lui être assignée, et cette fonction indépendante et spéciale consiste à consacrer ou *à réduire à néant tout ce qui, encore compris dans la période de la genèse, élève dans l'État la prétention à une existence juridique ou morale, suivant que celle-ci peut ou ne peut pas se concilier avec le droit de tiers ou avec la fin de l'État.* Nous n'avons pas à nous étendre ici sur ce droit de contrôle suprême. Toujours est-il que la conséquence qui vient d'en être déduite subsiste, et d'une manière générale on peut dire que, si cette prérogative doit ménager les secrets privés et les droits acquis ou déjà reconnus comme indépendants, son domaine englobe en particulier toute espèce *d'autonomie,* donnant naissance à de nouvelles règles de droit ; qu'il lui incombe d'écarter à cette occasion tout *droit apparent,* servant aux intéressés à se tromper ainsi que le public, et qu'elle est autorisée à étouffer dans son germe tout ce qui débutant par l'aberration et finissant dans le crime pourrait inquiéter l'État au moyen d'une existence juridique concédée. Aussi les publicistes ont-ils de tout temps incliné *la formation de sociétés*

devant ladite prérogative, échue à l'État d'une
manière d'autant moins dubitative que celui-ci est
non une substance inerte, se prêtant à des arrangements et des insertions fantaisistes quelconques,
mais bien une force vivante en face d'autres forces vivantes, et que ces forces, parce qu'elles sont
des forces morales, ne peuvent ni ne doivent, une
fois admises, être de part et d'autre arbitrairement
anéanties. Mais, pour savoir si cette subordination
est conforme aux principes du droit public général, il faut examiner, en premier lieu, si la formation de sociétés ne rentre pas déjà en elle-même
dans les droits à considérer comme indépendants ;
en second lieu, s'il est vrai que, par la création
de sociétés, un être moral indépendant soit déjà
appelé à l'existence, et en dernier lieu, si à cette
existence adhère une sorte d'autonomie, qui dût
être nécessairement subordonnée aux fins et à la
législation de l'État.

3. Or, sans doute, c'est pour l'homme un droit
incontestable de s'unir à d'autres hommes et
d'agir conjointement avec eux, en vue *de ses fins
et de ses besoins privés*. Libre à lui dès lors,
pour l'acquisition de biens, de passer des contrats
de société dans le sens du droit civil. Mais libre
à lui aussi de choisir ses amis et ses relations,
de se mettre en contact avec qui il juge convena-
ble dans l'intérêt de son instruction, de sa distrac-

tion, de sa consolation et du relèvement de son courage, sans qu'il puisse être permis à aucune police de troubler par une importunité des plus inconvenantes les récréations ou les simples entretiens auxquels se livrent de pacifiques sociétés particulières. On peut même dire qu'en ce qui concerne uniquement sa personne et celle des siens, l'homme a droit au secret, dont le langage populaire a fait le mur de la vie privée, mur infranchissable pour les autorités constituées et rendant particulièrement odieux de leur part un espionnage qu'on excuserait à peine vis-à-vis de criminels avérés, vis-à-vis d'ennemis déclarés de l'État.

Mais, sur le point de savoir si ce droit primordial, qu'on ne saurait nous enlever même dans l'État, confère aussi une participation à *de la puissance publique*, on peut déjà hésiter. « Quand l'homme, s'écrie le fougueux publiciste prussien Frédéric de Gentz, l'un des plus constants adversaires de la Révolution française, entre dans la société civile, il n'y apporte de sa condition isolée rien en fait de puissance publique et il ne peut donc en *sa qualité individuelle* prétendre un droit à une chose qui n'existe que *dans la réunion* de plusieurs et qui existe seulement par cette réunion. Tout le concept de la puissance publique découle de l'union publique et toute délégation de cette

puissance est déjà un effet du contrat social.
Comme maintenant les conditions de ce contrat
sont arbitraires et comportent une variété infinie
de formes, la distribution de la puissance publique
ne procède aussi nullement de purs principes de
droit, mais d'une règle de prudence, et nul ne peut
en droit revendiquer la moindre part à la moindre
parcelle de ladite puissance, si la volonté générale ne trouve pas bon de l'en investir. »

En prenant ainsi le contre-pied de la philosophie révolutionnaire des droits de l'homme, l'irré-
conciliable ennemi de notre pays est cependant
certainement allé trop loin. Partant de théories
chimériques en vogue de son temps, oubliant qu'en
fait l'homme ne crée pas la société mais qu'il y
nait, sans pour cela devoir avoir rien à redouter
pour des droits inhérents à sa nature, M. de Gentz
nous paraît se tromper, en déniant à l'homme un
droit originaire à une participation, même dans
la puissance publique, même à la société publique.
Ce qui est seulement vrai, c'est que ce droit n'est
pas un droit *parfait*, sa sphère ou son objet étant
generis communis ou *neutrius*. L'homme a le droit
de *tendre* du côté de la puissance publique, de la
société publique, et il ne peut renoncer à cette
tendance, sans cesser d'être un homme. Mais
l'État a un droit égal à entraver une pareille
tendance, en la limitant par des dispositions con-

formes à l'intérêt général. Ce droit, il l'exerce sans qu'il lui faille recourir à un avertissement préalable ou à une loi positive. C'est un de ces cas, où droit et devoir ne sont pas corrélatifs l'un à l'autre, *ubi alter jure petit, alter jure resistit.* De deux contractants, l'un a le droit de surfaire son co-contractant, sans que celui-ci soit tenu d'être un sot, en subissant des conditions excessives (*naturaliter licet contrahentibus se circumvenire*). En rase campagne il appartient au soldat de tuer son ennemi, qui de son côté n'outrepassera certainement pas son droit en repoussant l'agression. Encore que l'État soit en droit de punir le délinquant, qui a le devoir de souffrir la peine, ce coupable n'est pas cependant astreint à se laisser punir, s'il peut par la fuite ou même par de simples dénégations échapper au châtiment. Une coopération active n'est pas ici requise, comme c'est le cas quand on est en présence d'une obligation véritable.

Laissons toutefois, sans la poursuivre autrement ici, la solution de ce problème de métaphysique juridique. Pour ne pas fixer l'attention sur trop d'objets à la fois, abandonnons encore provisoirement l'examen du droit hypothétique pour l'homme de faire, non seulement dans l'intérêt de ses fins privées, mais encore de visées politiques, cause commune avec d'autres, aussi isolés que lui, et quand il s'agit de ces visées politiques, regardant l'ensemble, d'opérer autrement qu'au milieu de la collectivité et qu'à l'aide des organes constitutionnels. Or, en nous en tenant encore exclusivement à la forme essentielle d'une association au sens plus étroit du mot, nous estimons que toute société devient déjà d'elle-même une puissance publique, du moment qu'elle va au delà du pur lien contractuel qui n'agit que d'homme à homme et ne dépasse pas les personnes. On ne la conçoit pas sans des statuts, sans une législation propre à laquelle elle assujettit ses divers membres et elle accuse une existence morale, distincte de l'existence des personnes physiques en même temps qu'étrangère au droit qui régit les particuliers à leur gré. Rien déjà que par suite de cette forme, elle tombe sous le coup de la haute surveillance, pour qu'on puisse examiner si l'unité ou personnalité et si la législation particulière qui veulent prendre rang sont compatibles avec l'unité et la législation de l'État.

Veut-on maintenant envisager les choses de façon moins abstraite et plus empirique? Qui pourrait alors contester que, par l'esprit corporatif se développant en leur sein, les sociétés représentent et exercent une grande puissance morale dans le pays, où elle peut devenir aussi bien la source de grands bienfaits que de grandes calamités? Qui pourrait contester davantage qu'avec et au moyen des sociétés, s'insinue dans le monde physique une sorte de conscience faite, à laquelle il ne saurait être indifférent à l'État de laisser prendre racine parce que, comme une force vivante qu'elle est, elle donne aussi aisément l'impulsion au mal qu'au bien? Ne voit-on pas des êtres d'une conduite désordonnée, qui, alors qu'ils ont rompu à peu près complètement les liens sociaux ordinaires, n'en forgent que de plus étroits et de plus sacrés avec les compagnons de leur destin, de telle sorte que, par un contraste étrange, l'honneur n'est pas toujours étranger même à des voleurs, au regard au moins de leur association, et que la fidélité et le dévouement se rencontrent chez ceux dans lesquels la loi flétrit des vagabonds. En Allemagne, l'étudiant se fera plus de scrupules d'enfreindre les règlements de son corps que les lois académiques; ailleurs, l'apprenti de l'industrie hésitera moins à falsifier son livret, que de manquer aux us du compagnonnage, et combien de fois ne sera-t-il pas arrivé que l'honneur de la condition ou même de simples obligations d'ordre auront eu le pas sur les devoirs envers Dieu et envers les hommes ?

Les associations de tout genre provoquent donc la vigilance du gouvernement, par le double motif tiré et de l'assujettissement dans lequel elles tiennent leurs membres et de l'influence qu'elles exercent sur le surplus du pays. Cet assujettissement crée souvent aux participants sous les yeux d'Argus de leurs

associés une condition plus dépendante, plus asservie
que celle qui est faite à un particulier plus ou moins
irréprochable par un gouvernement despotique. Alors
même qu'un pareil asservissement aurait été dès le
début accepté volontairement et *librement*, on peut
tout de même se demander si l'État, dans l'exercice
de son droit et mû par son intérêt propre, ne doit
pas préserver les égarés de *regrets tardifs*, comme
il arrive journellement dans l'institution de la juridiction volontaire. Si pour combattre l'abolition du ser-
vage, on avait fourni historiquement la preuve que
celui-ci est issu d'un acte de libre volonté, destiné
notamment à faire échapper aux obligations du service militaire et aux vexations y attachées par le fait
des fonctionnaires, les hommes libéraux, dont nous
croyons et entendons être, ne se seraient-ils pas pres-
tement insurgés contre une telle objection, contre une
abdication définitive, encore que spontanée, des attributs essentiels de la nature humaine? Et sans vouloir
faire ici une profession de foi religieuse ou adhésion
à tel ou tel culte établi, nous comprenons cependant
l'étonnement de certaines personnes en face d'une
liberté de conscience assez large pour qu'on pût s'affilier à des illuminés, croyant que le christianisme
eût fait table rase de toute propriété, eût imposé à ses
fidèles la communauté des biens comme un devoir ou
bien considérât l'emploi des armes comme une transgression de l'Évangile.

Pour mémoire au moins, qu'il nous soit enfin permis de citer encore parmi les inconvénients attachés pour le particulier à une sorte d'engagement, contracté envers lui-même, les infidélités inséparables du maniement de la caisse, à l'occasion des nombreuses dépenses secrètes faites sans reddition de compte dans des affiliations étendues où tout repose sur la foi et la confiance; la dégénérescence en contribution forcée des subsides fournis tout d'abord à titre purement gracieux par les affiliés; la crainte de supérieurs enveloppés de mystère et l'obéissance aveugle qui en découle. Tout cela suppose, d'ailleurs, que la société a renoncé au cercle étroit et intime d'une société privée et close, pour prendre l'envergure d'une vaste association poussant ses ramifications au loin.

4. Nous avons précédemment mentionné comme une seconde cause justificative de la surveillance à exercer sur les associations l'influence que celles-ci exercent elles-mêmes sur le pays. Mais, relativement à cette influence, le maintien de la constitution et du gouvernement existants n'est certainement pris en considération qu'en dernier lieu. En effet, là où plusieurs associations se rencontrent, un gouvernement faible pourrait plutôt, suivant le principe machiavélique *divide et impera*, être tenté de s'appuyer sur elles; tandis qu'un gouvernement vigoureux, qui prendrait surtout son point d'appui dans les sympathies et les suffrages des citoyens, plane quand même au-

dessus des cabales et des partis. Le danger n'est donc
pas trop pressant de ce côté, quoiqu'il ne fallût pas
tenir un travail persévérant du sape pour tout à fait
inoffensif même au regard du plus capable et du plus
populaire des gouvernements, ce travail ayant toujours pour auxiliaires l'ignorance des uns, la misère
des autres. En revanche, la considération dont doivent
être entourées les lois et les autorités qui les appliquent, comme aussi la nécessité de la paix et de bons
rapports parmi les habitants du pays, commandent
d'une façon d'autant plus puissante pour le bien général la mise en surveillance des associations, dans
la mesure du nécessaire. Car, si l'on se place justement dans l'hypothèse de l'apparition d'un certain
nombre d'associations, hypothèse que la liberté d'association pleine et entière ne manquera pas de réaliser,
elles amèneront à n'en pas douter des conflits et allu-
meront des haines opiniâtres entre hommes d'une
même nation, appelés à se prêter aide et assistance.
La durée des associations ne se restreignant effectivement pas, en raison de l'existence purement morale
de celles-ci, à la vie de certains hommes ou à certains âges d'hommes, elles éternisent par suite l'objet
et la cause d'une inimitié, dont la violence se trouve
accrue dès le début par ce qu'il y a de persistant,
d'interminable dans la situation, motivant les offenses,
et va briser les liens si puissants de la famille, du
voisinage et de la nationalité.

Ce sont là sans doute, dans notre monde, des maux en partie inévitables, des maux auxquels il faut déjà s'attendre avec les classes et groupes reconnus, dont peut se composer l'État, suivant sa constitution, des maux, qu'il n'est donné à aucun gouvernement d'écarter complètement vis-à-vis de combinaisons nouvelles en formation, et qui en engendreront de plus, grands peut-être, si on cherche à les conjurer. Une sage politique peut plutôt conseiller de fermer les yeux sur de ces combinaisons dont la variété comporte d'un autre côté l'émulation pour le bien, de les ignorer et même de les tolérer, tant qu'elles se montreront équitables et tolérantes entre elles. Mais aucune atteinte ne doit pour cela être portée au principe, qu'en dehors d'une *autorisation formelle* de l'État, *octroyant des statuts*, nulle corporation, à durée permanente et favorable à l'éclosion d'une caste prépotente, ne pourra prétendre à une *existence juridique*. Car c'est dans ce principe seul que le gouvernement trouvera le moyen de tenir efficacement tête aux associations, quand elles accuseront de l'intolérance ou de la prépondérance, quand elles menaceront de troubler la paix sociale, quand elles porteront préjudice à des corporations reconnues ou quand elles iront jusqu'à s'arroger une influence politique.

5. Il n'est pas d'État qui n'ait ses mécontents, et il y a des causes de mécontentement que, malgré la meilleure volonté du monde, le gouvernement auquel

on demande parfois des choses impossibles ou même contradictoires, ne saurait faire disparaître. Souvent elles tiennent à des événements accidentels, à une trop grande densité de population, au chômage de certaines industries, etc. ; souvent aussi des incommodités, dont ceux qui les éprouvent ne sont redevables qu'à leurs propres fautes, passent, comme le cauchemar provenant d'une pléthore interne, pour être le résultat d'une pression extérieure ; et souvent enfin on fait un grief à la constitution ou à l'administration de charges inséparables de tout état social. Les esprits, insuffisamment éclairés ou secoués par de plus ou moins rudes épreuves, aspirent vers un mieux inconnu ; ils sont tendus par des idées tombées dans la circulation vers un avenir dont chacun se représente l'image indéterminée, suivant ses appétences et ses intentions particulières, ce qui fait assister à l'illusion d'un accord entre beaucoup de personnes malgré des dissemblances intérieures on ne peut plus marquées.

Aussi n'y aura-t-il que des utopistes métaphysiciens pour contester que, dans nos malheureux États sublunaires, l'amour du gouvernement et la sollicitude de la classe aisée pour la conservation de l'ordre à tout prix dussent être renforcés par la crainte, et que tout mécontent dût être maintenu par le sentiment d'une force gouvernementale supérieure à la sienne propre, comme aussi par l'impossibilité de savoir si d'autres s'uniront à lui.

L'absence de lien entre les mécontents et l'ignorance où est chacun quant à la conformité des sentiments d'autrui avec les siens paraissant de la sorte
indispensables à la sauvegarde de l'autorité, on ne
saurait donc non plus incriminer la vigilance de l'État.
Soit qu'il s'agisse dès lors de fréquentes et numériquement importantes rencontres de gens de même
secte, du même parti, ou unis même par un intérêt
industriel identique, qui *ne se réunissent pas seulement comme voisins*, mais qui, sans avoir été liés
prélablement ou cherché à se lier personnellement,
se reconnaissent à certaines qualités, à une certaine
couleur politique, à certaines marques distinctives ;
soit qu'à l'inverse il s'agisse d'assemblées publiques
d'un monde, dont la *composition bigarrée* contredit
d'elle-même déjà tout prétexte d'un besoin de se fréquenter et de communiquer entre soi, il appartient à
l'État de veiller à ce que ces rencontres et ces rassemblements ne deviennent pas les moyens d'une
entente active entre les mécontents, en faisant naître
chez eux la croyance dans la supériorité de leurs
forces.

Quand de pareils faits se renouvellent souvent,
même chez le peuple le plus paisible, les têtes peuvent
s'y échauffer tellement et y exhaler leurs griefs en
des manifestations si osées, que le grand nombre,
retenu seulement par l'intérêt, se sentira, malgré
tout son éloignement pour le désordre, tout d'abord

intimidé, en attendant qu'il perde confiance dans la protection à lui due par le pouvoir établi et se laisse insensiblement envahir par le sentiment de la nécessité pour lui d'accepter un nouvel ordre de choses. Alors il suffira de la moindre excitation pour engendrer les plus épouvantables révoltes qui, encore qu'elles ne réussissent pas à renverser l'État, causent le malheur de leurs promoteurs et de bien des innocents.

Qui donc voudrait être assez ingénu pour, à l'image de cette mère trop faible qui pervertit son enfant adoré par ses gâteries, exagérer sa tendresse envers la liberté publique au point de lui sacrifier tous les autres intérêts ? Qui donc voudrait conseiller à l'État de s'en reposer tranquillement, pour le cas où se produiraient ces explosions redoutables, et sur ses *baïonnettes* avec lesquelles il peut sans doute envelopper la foule en délire mais aussi la pousser aux plus grandes audaces avec la pensée, qu'elle aurait, qu'on ne répand pas si facilement le sang, et sur la *justice répressive* qu'il aurait organisée ? N'y a-t-il donc que la révolte effective à être un malheur, et l'ordre public ne doit-il pas déjà souffrir infiniment du diapason auquel se trouvent ici montés les esprits ? Peut-on attendre une obéissance volontaire d'habitants qui aperçoivent partout l'arbitraire et l'oppression, et l'administration n'est-elle pas paralysée par les démêlés incessants qu'entraîne l'obtention de cette obéissance? Ou bien les bulletins qui relatant l'issue d'une insurrection étouffée dans le sang des citoyens se terminent par ces mots significatifs : force est restée à la loi, seraient-ils par hasard la plus haute et la plus triomphante expression de l'empire des lois?

Assurément non, et ce qu'il faut ici, c'est prévenir, c'est prendre les devants. Or le seul moyen à employer à cette fin consiste à soumettre à la surveillance l'organisation et la tenue d'assemblées publiques de l'espèce mentionnée, qu'on ne saurait interdire d'une manière complète sans compression de l'esprit public et en présence du droit incontestable à certaines délibérations. Car si le droit d'association est un droit *naturel*, c'est au moins en ce sens, qu'une telle interdiction d'assemblées publiques suppose une *loi* préalable, laquelle ne saurait se justifier qu'en des temps particulièrement troublés et en outre qu'avec l'admission d'exceptions déterminées. Par contre le droit de surveillance, le droit de prendre garde, *ne detrimentum capiat respublica*, n'est pas un moindre droit naturel et immanent du pouvoir public, droit dont l'exercice ne réclame pas de dénonciation antécédente.

Que si nous imposons la surveillance aux associations visées, ce n'est pas d'ailleurs seulement pour les astreindre à une annonce, à un avertissement vis-à-vis de l'autorité, mais encore pour faire dépendre l'octroi ou le refus de l'autorisation demandée de l'appréciation réfléchie d'une magistrature responsable, qui se déterminerait suivant la personnalité des organisateurs, suivant les programmes à elle soumis, suivant des circonstances de temps et de lieu, en se pénétrant en tout de ses devoirs et de sa conscience. L'*opportunité* politique de ces restrictions saute aux yeux ; et quant à leur *légitimité*, elle ne saurait non plus être mise en doute, car le droit intégral des hommes dans le choix de leurs amis et à un commerce avec eux dans un but de plaisir ou d'instruction n'a rien à redouter des restrictions dont s'agit, ces choses n'étant, pas plus que l'amour, susceptibles d'une extension illimitée et n'apparaissant donc que comme des prétextes, là où tout caractère *personnel* disparaît de la rencontre.

6. Peut-être que, même vis-à-vis de la presse, des mesures préventives seraient défendables comme n'ayant rien d'illégitime en elles-mêmes, si la censure pouvait n'être mise à profit que pour nous préserver de crimes et de maux politiques manifestes. Encore la faculté d'écrire est-elle, comme la faculté d'agir, une de ces facultés générales, susceptibles de prendre toutes les directions bonnes ou mauvaises, sans qu'il soit possible de les connaître à priori, de telle sorte que donner barre sur l'exercice de pareilles facultés, c'est arrêter les hommes dans leur essor, les réduire à l'impuissance, attenter à la nature humaine elle-même, qui est faite de volonté et de liberté et faire

sortir absolument de son rôle le gouvernement, dont
l'existence ne saurait nous intéresser que dans la
mesure où il s'applique à sauvegarder et faire prévaloir ce qui est de l'essence de la nature humaine.
Seulement pour légitimes qu'elles aient pu paraître
quelquefois, les mesures préventives ne sont, il
est vrai, ni praticables ni *politiques*. Elles nuisent
plutôt à la cause qu'elles veulent servir, par la considération d'une condition inégale entre les gouvernants
et ceux qu'ils combattent, et par l'auréole d'héroisme
et du martyre, réservée aux derniers. On voit aussi
favorisés par cette considération, s'insinuer à côté de
la censure, des hiboux qui sans elle n'oseraient sans
doute pas affronter la lumière du jour. Et enfin quels
que puissent être les inconvénients d'une presse libre,
déjà palliés par sa liberté même et si largement con-
trebalancés par ses innombrables avantages, les mesures répressives suffisent en général à en avoir
raison.

Néanmoins, ce qui doit, quand il s'agit des associations, faire rejeter l'argument d'analogie tiré de
la liberté déjà discutable ou au moins discutée, en
principe, de la presse, c'est que sans doute celle-ci
s'adresse au public, mais en empruntant au fond l'entremise de certains lecteurs. Il n'y a pas, suivant la
réflexion d'un des plus anciens défenseurs de la liberté de la presse, à en attendre d'aussi pernicieux
résultats que des harangues prononcées par les déma-

gogues à Athènes, ou par les tribuns de la vieille
Rome. Un homme lit un livre ou un pamphlet seul
et de sang-froid. Personne n'est là pour le contaminer
de sa passion. Il n'est pas entraîné par la force et la
pression de l'action. Et quand même il caresserait
maintenant les pensées les plus séditieuses, une
meute résolue ne l'entoure pas encore aussitôt, qui
fasse mûrir l'inclination jusqu'au fait. Si donc la liberté de la presse prête à l'abus, elle ne peut guère
du moins provoquer d'émeute ou d'insurrection. En
tout cas, ajouterons-nous, l'effet qu'elle produit n'est
pas tellement foudroyant qu'on n'eût le temps de le
contrarier par un langage contraire, par des précautions ou la poursuite du fauteur de plume. Mais tout
autre est l'abus que des malintentionnés peuvent faire
de la liberté des assemblées publiques, dont déjà l'objectif toujours circonscrit, comme celui également des
associations, ne permet pas plus aux assemblées publiques qu'aux associations de revendiquer un traitement semblable à celui de la presse. La liberté de la
presse a fait ses preuves dans de grands pays comme
l'Angleterre et la France, qui ne paraissent nullement
disposés à sacrifier ses bienfaits certains à ses excès
et à ses erreurs possibles. C'est ainsi qu'à la séance
du 24 juin 1885 un ministre français a pu dire devant
la Chambre des députés : « Je suis l'homme de la liberté de la presse et non pas seulement de la liberté,
mais encore de la licence de la presse, de ses excès

même, car il n'y a pas de liberté sans excès. Mais cette liberté ne se comprend que si les honnêtes gens prennent l'habitude de mépriser comme elles doivent l'être les injustices et les calomnies ». Toutefois nous ne sommes pas de ceux qui, une fois des excès commis par la voie de la presse, ne veulent pas entendre parler de droit sanctionnateur, comme si c'était bien fièrement défendre cette presse que de vouloir la faire passer pour absolument inoffensive, et qui à propos de la justice même seulement répressive parlent encore avec une exagération frisant la mauvaise foi du régime de la censure, absolument hors de cause dans l'œuvre des juridictions pénales. On peut, comme le conseille le ministre, mépriser la calomnie, mais la loi du moins doit fournir le moyen de la relever et d'atteindre le calomniateur.

7. Il est des politiciens qui, s'agissant de la liberté individuelle que l'État doit pouvoir au moins régler s'il ne peut assurément l'opprimer, montrent la même intempérance que les meuniers ou les bergers pour lesquels il n'y a jamais assez d'eau ou de pâturages. Ces politiciens, que les inconvénients signalés jusqu'ici ne sauraient arrêter, recommandent un droit illimité d'association et spécialement une liberté entière pour les réunions publiques, dont les orateurs attitrés ne manqueront pas, suivant eux, d'assurer la paisible tenue. Ne pas déférer à leur recommandation serait, pensent-ils, empêcher bien des projets, bien des

vœux utiles de se faire jour, comme aussi mettre
obstacle à l'articulation de bien des griefs on ne peut
mieux fondés.

Peut-être cependant ce souci déguise-t-il assez mal
le plaisir qu'on aurait à se produire, à parader dans
les assemblées publiques, à s'y griser de sa propre
parole. Pas plus qu'un atome matériel ne se perd en
ce monde, il ne s'y perd une bonne pensée. Celle-ci
fait son chemin parmi les amis et les intelligences
sœurs, sans avoir besoin de l'intermédiaire des assemblées publiques. C'est faire preuve de courte vue et
d'humeur hypocondriaque que de manifester des
craintes pour l'esprit humain, qui s'est affirmé non seulement à l'encontre de mesquines tracasseries policières, mais encore dans les plus rudes combats, et dont
l'expansion est aussi impossible à arrêter par les
moyens ressortissant à la puissance humaine, qu'il
serait puéril par exemple de vouloir arrêter l'irruption
de l'Océan avec des bottes de paille. La force et la foi
d'un réformateur éclatent moins dans cette ardeur
désespérée qui appelle à son aide le fer et le feu que
dans la résignation inséparable d'elles, si bien exprimée par Luther quand il disait : « Ist's Gottes Werk,
so wird's bestchen, ist's Menschenhand, so wird's ver
gehen. » — « Si l'œuvre est de Dieu, elle durera, si c'est
une conception frivole de l'homme, elle passera. »
On se rappelle involontairement ici ces sages réflexions
présentées par le philosophe allemand Garve, en un

temps éloigné où comme aujourd'hui on redoutait l'obscurantisme et dont le succès a démontré la justesse prophétique : « Il existe dans l'espèce humaine et dans ses vicissitudes certaines causes générales agissant en bloc, qui déterminent son avancement dans les voies de la civilisation, de la science et de la moralité pour chaque période. Il paraît inadmissible, que les efforts de certains hommes, que des révolutions politiques, des lois nouvelles ou des moyens quels qu'ils soient parviennent un beau jour à accélérer beaucoup ce mouvement en avant. On trouve plutôt que lorsque l'homme veut s'élever quelque part au-dessus de l'humanité, il n'en tombe que plus profondément. Par contre il n'y a pas d'Hermès ni de Hilmer, pas de commissions d'examen ni d'édits de censure capables d'obscurcir l'intelligence parvenue à un certain degré de lucidité et de la ramener à la superstition. Les hommes respectables et considérables, dont l'honneur semble en quelque sorte voilé par la préséance de ces personnages, seront faciles à rassurer par la désapprobation générale du public. Et quant aux autres suites, le vent les balayera, le jour d'après en fera disparaître toute trace. »

Que si les méprises et les maladresses des gouvernements n'ont qu'une si médiocre importance, notre devoir n'est-il pas tout tracé ? Et au lieu d'épier tout faux pas du pouvoir, d'en faire une question vitale et de jouer couramment de la menace du refus d'impôt, ne serons-nous pas plus avisés en veillant à ce que les *peuples* se mettent en garde contre les fautes personnelles qui les mènent plus sûrement encore aux abimes que celles de leurs gouvernements ?

8. Mais les assemblées publiques sont-elles donc si favorables à la manifestation de la vérité et d'une véritable opinion publique, qu'on dût mettre en oubli le mal qu'elles peuvent faire ? Les réflexions méritoires ne surgissent et ne mûrissent que dans le cerveau méditatif du penseur solitaire dont les investigations laborieuses ne peuvent être secondées que par le paisible commerce privé de ses semblables, plus préoccupés, ainsi que lui, de la chose en elle-même que du bruit à faire et de l'importance à prendre. Un ami aussi sincère et sérieux de la vérité se souviendra des paroles du Christ : « Là où vous serez réunis *deux* ou *trois*, je serai parmi vous, » et c'est à peine s'il s'aventurera dans la cohue d'assemblées inorganisées, dans lesquelles il n'y a guère à aimer se produire et à avoir l'oreille de l'assistance que des plaisantins et des farceurs. Aussi les docteurs du droit public ont-ils toujours différé d'avis sur le profit qu'on retire du fracas de ces réunions, attendu que l'opinion renforcée dans cette voie par une approbation bruyante ne mérite en général que de passer pour la commune opinion ; le grand nombre, qui s'associe aux déclamations de quelques parleurs à verbe éclatant, ne faisant que répercuter à l'infini et rendre plus intenses

les sons articulés au service d'une proposition, soutenue peut-être seulement en apparence, sans qu'aucun jugement nouveau soit venu se joindre aux articulations, sans qu'aucun·individu eût soumis celles-ci au creuset de son intelligence.

Suivant le cardinal de Retz, les assemblées nombreuses, quelle que soit leur composition, ne sont tout de même que du peuple et se laissent toujours entraîner dans leurs délibérations par les pires des mobiles. L'expérience de tous les jours se chargerait de confirmer cette manière de voir. Qu'une aberration s'empare de l'esprit d'un des membres, aussitôt il la communique à son voisin, qui la passe à son propre voisin, en attendant que l'assemblée soit en possession du virus. Tel fut aussi le sentiment de David Hume qui, se référant précisément aux observations du cardinal, y ajoutait en manière de conclusion : « Le seul moyen de rendre les gens avisés est de les empêcher de se réunir en trop grand nombre. » Dans son esquisse d'une république parfaite, le philosophe écossais s'est inspiré naturellement de la proposition que nous venons d'énoncer. D'ailleurs elle repose sur une vérité, devenue si évidente au cours des événements, que jusque dans les corps légalement organisés, se composant d'hommes élus, on a jugé la division, le morcellement de ceux-ci nécessaire, au moyen de rapporteurs, au moyen de délibérations préalables dans des sections et commissions, afin que la majorité se formât par la réflexion plutôt que par des impulsions aveugles. Il suffit par exemple de jeter les yeux sur l'organisation du travail accompli par les divers corps législatifs, contenant cependant l'élite supposée des pays respectifs, pour constater la juste méfiance en laquelle on tient les courants qui se forment dans des assemblées compactes laissées à leurs inspirations instantanées. Et si jusqu'ici, chez nous, on a tenu à imposer à la Chambre des députés, malgré la sage organisation de son activité législative, le contrepoids d'une Chambre haute, d'un Sénat, n'est-ce pas surtout en ressouvenir de la Convention et des débordements auxquels peut être entraînée une assemblée unique, maitresse de la situation, et moins souvent conviée à des actes de sagesse, que flattée et caressée dans ses passions de souveraine ?

9. La célébration déraisonnable d'assemblées populaires de toutes sortes tient à une confusion, qui a en général jeté le plus grand désarroi dans tous nos raisonnements politiques, à savoir la confusion de la publicité requise pour le système constitutionnel et de l'*opinion publique* garantie par celle-ci avec l'*opinion commune*. En ce qui concerne l'opinion commune, nul ne sait mieux ce qu'il en faut penser que les hommes spéciaux qui peuvent être aux prises avec ce spectre, avec cette chose sans consistance qui, vue à la lumière, ne représente souvent aucune opinion. Un professeur de droit du siècle

dernier, se mettant lui-même en scène, raconte avoir pris possession de sa chaire avec un discours académique dans lequel il essayait d'appuyer sur des preuvés cette affirmation qui terminait chacune de ses périodes : *communis opinio, ergo falsa*. Certes ce savant, qui s'appelait Charles-Ferdinand Hommel, aimait et cultivait le paradoxe, mais sa facétie n'en recouvre pas moins un fonds d'une amère gravité. Les pensées les plus belles et les plus justes s'aplatissent en passant par le servile troupeau de ceux qui les reproduisent; souvent elles se trouvent entièrement défigurées, lors de leur adoption par l'opinion commune, et c'est précisément l'inconsistance de cette dernière qui porte la peine de variations incessantes, variations telles, que des trois quarts peut-être des propositions censurées par Hommel en 1751, c'est le contraire qui est admis aujourd'hui comme la *communis opinio*. Or si les choses se comportent ainsi dans le monde des savants qui se consacrent à leur spécialité *ex professo*, et y ont acquis de la compétence, que ne faut-il pas dire de l'opinion commune, bien plus capricieuse encore, du grand public, qui en fin de compte la reçoit tout de même des érudits ? Que ne faut-il pas surtout en dire quand on sait qu'il n'est incongruité, en faveur de laquelle l'opinion commune ne se soit prononcée à une heure donnée et que le monde gouverné en bonne partie, moins par la saine raison que par des vues troubles, des préjugés et des passions, ne change guère au fond que pour les extrêmes sans jamais vieillir et s'assagir. Et c'est cependant cet aveugle fatalisme qui, en opposition avec l'avertissement de Cicéron : *Multitudinis consensus abducit a vero*, doit être érigé aujourd'hui en *spiritus rector*, et il ne doit plus y avoir de vrai que ce qui, à l'instar de la comète, présage de malheur au firmament, traîne après soi une véritable queue. Il est vrai qu'un tel engouement peut invoquer d'autres aphorismes d'un caractère mais peut-être aussi d'une origine tout à fait populaire : *Vox populi, vox Dei*, ou bien « Il y a quelqu'un qui a plus d'esprit que Voltaire, c'est tout le monde, » sans que cependant les dictons qui glorifient ainsi le sentiment général, le sentiment unanime, revendiquent peut-être même une application directe aux réunions publiques.

Aussi bien le culte idolâtre, dénoncé par Cicéron, se cantonne dans le temps et dans le présent, généralise les précédents les plus contingents et les plus particuliers, sacrifie chaque fois au dieu du jour et conduit à cette déification de nous-mêmes qui n'a que mépris pour ce qui n'est pas des nôtres. C'est lui qui acclimate la basse adulation par laquelle Aristote assimile le démagogue au vil courtisan, à la fin de ce passage curieux de sa *Politique* :

« La constitution intérieure des deux formes de gouvernement (la démocratie et la tyrannie) est la même : toutes deux règnent despotiquement sur les meilleurs. Et des décrets arbitraires du peuple (ostracisme, justice populaire) sont, dans l'une, ce que des prescriptions arbitraires (ordres de cabinet, édits) sont dans l'autre. Un démagogue est aussi très proche parent d'un adulateur de princes. »

Mais il ne saurait suffire de vanter aux peuples leur puissance et leur maturité politique, sans se demander d'où viendront les moyens et la volonté de faire usage de cette puissance. Tout homme devra regretter d'avoir été au service de cette fausse déesse, même pendant un temps très court, et il n'y a certainement à la servir sincèrement que celui qui se met au niveau de la masse pour dominer sur elle et par elle, et qui se soucie moins des avis que des desseins.

Avec un pareil *spiritus rector* la publicité pourrait bien perdre le crédit qui lui est dû, s'il arrivait par aventure, ce qu'à Dieu ne plaise, que des représentants de la nation sacrifiassent à une faveur populaire suspecte et à des applaudissements sonores leurs convictions intimes, la vérité et le bien de l'État, et que, se complaisant dans un développement éblouissant de leur talent, ils n'atteignissent, au milieu d'un déploiement énorme de moyens, aucun but ou qu'un but misérable.

Encore ce malheur serait-il moins grand que celui de voir jusqu'à la doctrine universitaire, à laquelle une allure solennelle et pédantesque convient toujours mieux que la mise prétentieuse d'un freluquet, devenir infidèle à elle-même qui doit représenter la vérité absolue, se montrer avide de popularité quand même et viser dans la forme de son exposition autre chose que l'art de donner à des pensées profondes une forme saisissante.

10. On a quelquefois défini l'*opinion publique* l'opinion des plus nobles et des plus sages dans le peuple ; ce qui en fait une essence supérieure, comme un élément aristocratique, manifestant peu d'engouement pour le grand public, qui est par là même tenu à quelque modestie. Qui ne connait le *Odi profanum vulgus et arceo* d'Horace, parlant ailleurs d'un *invidum vulgus*, digne de mépris ? Est-il donc bien inexact, que le commun *paraisse* détester tout ce qui est excellent et croire de préférence le mal ? Tout au moins ce qui est bien, noble, excellent ne peut-il prévaloir *sans combat*, ce qui l'oblige à se produire dans ce monde *armé de toutes pièces*. Schaftsbury et Kant vont même jusqu'à induire, dans une certaine mesure, la vérité d'un enseignement principalement pratique de ce fait qu'il résiste aux risées.

Apparemment c'est cette opinion publique définie plus haut qui non seulement *doit* l'emporter, mais qui l'emportera aussi habituellement à la longue. On objectera ici que nous ne faisons qu'un déplacement, attendu que la question de savoir quels sont donc les

14

plus nobles et les plus sages ne sera tout de même tranchée que par un public libre, n'admettant pas d'instance au-dessus de la sienne, de telle sorte qu'en fin de compte le dernier mot resterait néanmoins au grand nombre. Mais cette difficulté n'est pas plus insoluble qu'il n'est contestable que certains écrivains soient, par le fait d'un accord volontaire et non concerté, mis dans une nation au rang des classiques. Les personnes douées d'un goût fin et sûr sont trop rares pour ne pas appeler rapidement l'attention de la société sur la solidité et la justesse de leurs jugements, et ces qualités leur assurent sur d'autres, là où des aptitudes se mesurent contre d'autres aptitudes dans des joutes sévèrement surveillées, une supériorité qui n'est à la vérité acquise que de particulier à particulier, et par conséquent que pas à pas, mais qui souvent, même dans ce cadre restreint, fait impression sur la foule.

La vivacité et l'enthousiasme avec lesquels celle-ci s'exprime ne tarde pas à préparer les voies aux œuvres qu'elle recommande. D'ordinaire le sentiment des masses manque de force, de précision et de sûreté, mais il n'est pas rebelle, et il est certainement accessible à toutes les beautés, dès qu'il a été mis en éveil et dirigé dans le droit chemin. Quiconque s'est mis en état d'admirer un beau poème, ou une prose accomplie, communique son admiration, et chaque conversion en amène une nouvelle.

Comme dans les affaires de goût, le vrai et le bien,
émanant des individus et se mesurant avec des individus, se répandra en cheminant ainsi, d'homme à
homme, dans les groupes. Il est vrai que les obstacles sont plus grands, parce qu'on se heurtera ici à
l'intérêt personnel et aux passions, tandis qu'ailleurs on n'a à combattre que l'amour-propre et la
vanité. Aussi un peuple civilisé se fourvoiera-t-il
plutôt dans le choix de ses hommes d'État et de ses
philosophes que dans celui de ses hommes de lettres.
Toutefois, ici aussi, les intérêts privés et les passions
en opposition avec les convenances générales n'apparaissent jamais qu'isolément et divisément, sans qu'il
soit impossible pour l'essentiel d'arracher les hommes, en les éclairant, à la mollesse et à l'erreur. Sans
doute cette véritable opinion publique est soutenue
et portée par le concours de bien des gens, mais elle
l'est moins parce que ses dignes représentants
seraient stylés par ce public, qu'à l'inverse à cause
du sentiment, provoqué et entretenu dans ce public,
qu'il est poussé et grandi par eux. En ce point elle
a une certaine réalité, d'un caractère cependant seulement intellectuel et ce n'est qu'en ce sens aussi
que des partisans, plus ou moins chaleureux, de l'idée
de la souveraineté nationale, consentent à découvrir
dans cette idée quelque chose de vrai. Pour ceux-ci
le peuple est un esprit invisible, pour lequel ils
veulent bien professer toute espèce de respect, tout en

récriminant contre tous les prestidigitateurs et magiciens qui prétendraient évoquer cet esprit, le faire parler, le faire toucher du doigt et qui rendraient au peuple un culte, se comportant vis-à-vis du culte véritable comme l'idolâtrie vis-à-vis de la religion. Au surplus donnons à l'un d'eux, à l'écrivain allemand Zirkler déjà cité, la parole, pour parfaire suivant la manière un peu nébuleuse de ses compatriotes l'argumentation entreprise :

« Ce quelque chose de réel et d'indémontrable (reconnu dans la véritable opinion publique) n'a pas de marque positive autre que cette pure abstraction de l'indépendance et de la spontanéité, qui nous le montre comme se faisant valoir uniquement par des raisons et une influence exclusivement morales, et comme ayant pour condition la publicité des négociations d'État, dont se dégage le droit formel. En revanche, on peut déterminer ce que ce quelque chose *n'est pas*. Or il n'est pas, ce que la puissance d'en haut emporte de force ou soutient par sa protection, quelle que soit d'ailleurs la pureté des intentions qui la guident. Et il n'est pas non plus, ce qui rallie le plus grand nombre de voix ou ce qui même aurait été dicté par la pluralité de voix dans une assemblée publique ou par les clameurs de la foule, qui peut aussi bien avoir par hasard touché juste, qu'elle peut avoir imposé silence aux meilleurs et aux plus clairvoyants. Et comment cette spontanéité de l'opinion publique sera-t-elle politiquement sauvegardée ?

« D'une part, à cet effet, la puissance de l'État devra être constitutionnellement limitée de telle manière qu'aucun citoyen ne puisse, en raison de ses opinions politiques, être poursuivi devant des autotorités judiciaires indépendantes, qu'en vertu de jugement et conformément au droit. Mais, d'autre part aussi, on devra endiguer l'influence tyrannique de la masse, la *civium ardor prava jubentium*, afin que la carrière reste ouverte aux luttes sans fin des esprits isolés ; on devra veiller à ce que la transmission paisible et seule naturelle de la vérité d'homme à homme ne soit pas troublée par la condensation des individus en un troupeau plus apte à répandre des épidémies morales que de véritables convictions, et enfin la liberté de penser et d'agir devra demeurer chose privée, au sujet de laquelle on puisse trouver l'auteur responsable, mis dans l'impossibilité de se dissimuler derrière la foule.

« L'un est la condition de l'autre, et je crois dès lors, d'accord avec Rousseau, que les limitations développées du droit d'association découlent déjà de la notion de l'opinion publique et de la spontanéité à lui conserver. Si le droit de penser et de parler veut se faire accepter comme un droit privé, il n'a qu'à s'en tenir à de modestes manifestations privées et à se renfermer dans un commerce et des cercles privés,

exempts de toute prétention, et ce n'est qu'en dedans
de ces limites que ce droit est un droit complet. Par
contre, loin de favoriser, il convient d'étouffer la folie,
tendant à faire croire, qu'au milieu du vacarme de
toute nombreuse assemblée publique, telle que le
vent l'aura réunie, puisse être rendue à la majorité
une sorte de décret valable seulement pour les collèges et puisse être exprimée, ne fût-ce que sous forme
précative, sur les affaires nationales ou communales
attribuées aux autorités et aux assemblées légales,
une *opinion collective*, n'appartenant, une fois la
réunion dissoute, ni à une personne physique ni à
une personne morale, et précisant tout de même, sous
l'inspiration du moment, un *credo*, qui a réuni *soli-
dairement* une majorité.

« C'est sur quoi s'accordera avec moi quiconque
sera convaincu de l'inanité, justement traitée par
Hegel de conception fruste, d'un peuple souverain,
se gouvernant lui-même. Il est vrai, et les gouvernants devraient sans cesse s'en souvenir, que la force
physique est toujours plus grande chez les gouvernés ;
qu'il suffit à cette force d'être réveillée et de devenir
consciente d'elle-même pour être capable de s'affranchir d'une domination aussi vieille et aussi légitime
qu'on pourra l'imaginer ; que la considération en
laquelle est tenue l'autorité repose entièrement sur
l'opinion ; qu'il importe dès lors de montrer quelque
indulgence pour les idées et les sentiments régnants

et de les traiter avec ménagement et prudence. Mais c'est précisément parce qu'il y a un fatalisme de l'opinion commune, devant lequel on est souvent amené à capituler, à la douleur des sages silencieux et pour le plus grand mal de la société, que la raison d'État commande de ne pas le rendre systématique, de ne pas le laisser s'organiser formellement, comme ce serait le cas, si on concédait un droit indépendant, sans restriction, ni subordination, à des sociétés et assemblées publiques ; et l'État constitutionnel devient tout particulièrement un mensonge par le fait qu'à côté des assemblées et sociétés servant, conformément à la constitution, d'organes légaux au peuple, il pourrait en surgir encore bien d'autres, au gré de celui-ci. »

En traduisant de notre mieux et en reproduisant complaisamment ce long passage, il a pu nous convenir, par goût pour l'esthétique, pour l'histoire de la civilisation et de la circulation des idées, d'accepter pour la vraie opinion publique une place distincte à côté ou plutôt au-dessus de la commune opinion. C'est cette commune opinion, en faisant explosion dans les associations ou dans les assemblées publiques, qui masquerait la personnalité des éditeurs responsables ; qui entraverait l'action, l'infiltration des notions les plus saines ; qui dans ses formations anormales, constantes ou accidentelles, ferait double emploi, surtout sous le régime constitutionnel, avec les pouvoirs établis et pourrait — ce qui est au moins incontestable — leur faire échec, et qui serait une base détestable pour la souveraineté nationale, cette monstruosité !

Mais tout d'abord la commune opinion, qu'on charge ainsi de toutes les iniquités d'Israël, ne mérite peut-être pas tant de réprobation. En tout cas, si elle est sujette à erreur, nous ne sachions pas quels sont ceux qui pourraient prétendre à une infaillibilité absolue. Il se peut que sous le coup de circonstances graves ou exceptionnelles, qui agissent puissamment sur l'imagination et secouent violemment les esprits, les masses, qu'il ne faudrait pas, ce semble, juger à ce moment, ne gardent pas tout leur sang-froid. A l'occasion d'un vaste incendie, par exemple, il n'est pas impossible que, sur des présomptions peu solides, l'individu soupçonné à tort de l'avoir allumé soit en butte aux plus mauvais traitements. Et si une épidémie, si le choléra viennent par malheur à éclater, que de fadaises en effet ne s'emparent pas de l'esprit public, qui y sacrifie comme aux vérités les mieux établies? Disons seulement, pour être juste, que dans ces temps ou ces moments de crise, on voit aller à la dérive des gens de toute condition, et que souvent même ceux-là surtout perdent la tête qui ont le plus à perdre par ailleurs! Sont-ce d'ailleurs toujours, au moins en remontant le cours des siècles, les classes dites dirigeantes où se puisse admirer la plus grande

somme de sagesse, de vertus, de science? Et les
nations, qui nous charment le plus par l'état de leurs
mœurs ou leur prospérité matérielle, sont-elles vraiment celles où non seulement le peuple ne fait pas la
loi, mais la reçoit et ne compte pour rien? Non, le
droit, la raison, la vérité ne sont le monopole de personne ; ils habitent les chaumières aussi bien que les
palais, et bien mal inspirés sont ceux qui font abstraction des humbles et des petits! Les feuilles appartiennent à l'arbre aussi essentiellement que le tronc
et les branches, et à vouloir arracher les feuilles, on
risque de faire périr l'arbre tout entier. Ce qui recommande même plutôt particulièrement le système constitutionnel et le suffrage universel, c'est qu'ils donnent
à l'homme du peuple le sentiment de ses droits et lui
valent de la part de ses autres concitoyens comme de
la part des fonctionnaires un traitement plus conve-
nable.

Pour ce qui est de l'aptitude à porter un jugement
sur les choses politiques, qui de nous n'a pu vérifier
parfois la justesse de cette observation, que Lac-
tance, celui que saint Jérôme avait surnommé le Cicéron chrétien, formulait ainsi dans ses *Institutions
divines :* « *Vulgus interdum plus sapit quia tantum,
quantum opus, sapit.* » Notre Montaigne ne pensait
pas différemment quand il disait : « Les mœurs et
les propos des paysans, je les trouve communément plus ordonnés selon la prescription de la

vraie philosophie, que ne sont ceux de nos philosophes. » Des pensées profondes ne sont pas toujours
des pensées justes, et leur vérité s'éprouve jusqu'à
un certain point à la possibilité de les faire saisir par
toutes les intelligences, sans qu'elles perdent en profondeur. Il y a dans l'homme commun, comme on
l'appelle quelquefois, un trésor caché de droiture et
de bon sens, de nature à surprendre souvent et à
humilier le savant et à lui conseiller de ne pas fuire
l'entretien avec celui-là, afin de recueillir le plus
possible de ces étincelles électriques. Que si néanmoins des conseillers perfides veulent abuser de son
ingénuité, de son ignorance partielle, qu'on lui
donne l'instruction nécessaire pour ne pas le laisser
sans défense aux prises avec des excitations intéressées et malsaines! Ce qui est certain, c'est que
l'homme tient ses *droits* de sa nature même. Les
détracteurs les plus impitoyables des humbles n'ou-
blient jamais les *devoirs*, incombant à ces derniers,
auxquels, par une contradiction écœurante, on a
même fait supporter les charges sociales les plus lourdes. C'est seulement lorsqu'il s'agit de leurs droits,
que le marchandage commence, que la méfiance se
fait jour, que l'exploitation de l'homme par l'homme
se démasque. Sous prétexte de pauvreté, d'incapacité,
les uns s'arrogent la tutelle des autres, et s'arran-
geraient volontiers pour la rendre perpétuelle. Insensiblement s'incrustent, comme des dogmes, les idées

de dynasties de droit divin, dé classes immuables
nées pour la direction et le commandement, et d'autres classes destinées à recevoir cette direction, à
soutenir la splendeur du trône et des races privilégiées, les épaules meurtries et les pieds dans la
fange.

A ce roturier, à ce manant, à cet homme du
peuple on concéderait encore au besoin une ingérence dans les affaires de sa commune, voire de sa
province, comme cela se pratique aujourd'hui en
Russie. Mais tout ne serait-il pas compromis, si on
l'admettait à légiférer par lui ou les mandataires de
son choix pour le pays tout entier, au même titre
que tous les autres habitants? Ce serait se convertir
ni plus ni moins à la souveraineté nationale et au suffrage universel, et il en coûte souvent de rompre
brusquement avec des préventions séculaires. Cependant ce pauvre qui ne demande qu'à devenir
riche, cet ignorant qui ne demande qu'à s'instruire
représentent des unités juridiques, dont la réunion
à d'autres unités juridiques forme seule le pays, qui
est la patrie commune, la chose de tous, de tous ceux
qui entrent dans sa composition. Ces deshérités ac-
tuels et momentanés de la fortune et de la science
sont d'ailleurs, par cela même qu'ils sont hommes,
propres par nature à posséder et à apprendre, et la
capacité politique qu'ils revendiquent ou qu'on re-
vendique pour eux est la sauvegarde nécessaire de

leurs biens présents ou à venir, de la jouissance sinon de l'exercice de leurs droits. Que prétendent-ils d'ailleurs? Est-ce d'être en fortune, en savoir, en intelligence les égaux de ceux qui sont encore pour le moment plus favorisés qu'eux à cet égard? Nulle-ment, mais comme ils sont hommes, comme ils ont droit, tout comme les autres, à l'accomplissement de leur destinée, la société, qui sait bien les trouver pour les obligations qu'elle leur impose, leur doit en échange, et si elle veut remplir sa mission propre, de supprimer devant eux toutes les entraves à leur développement et à leur essor. Nous entendons parler évidemment d'un développement et d'un essor *légitimes.* Or si l'État ne doit pas outrepasser sa mission purement tutélaire et préservatrice, et si li-bre carrière doit être laissée aux individus jusqu'à la lésion d'autrui exclusivement, ceux qui seraient chargés de placer des bornes devant l'État, et ce qui revient au même de les reculer devant les individus, n'assumeraient pas en définitif une tâche au-dessus de la force des intelligences les plus ordinaires. En droit comme en fait, le droit public aussi bien que la législation privée rentrent dans la compétence de chacun sans dépasser les aptitudes de personne; tous ont qualité pour se consacrer à cette double œuvre et pourront y vaquer directement ou indirectement; et comme pour chaque individu sa préoccupation dans des dispositions qui vont être obligatoires pour

tous est naturellement et simplement d'épargner à
d'autres les maux qu'il veut s'épargner à lui-même,
on peut croire que les conditions d'équité et de justice seront d'autant mieux remplies par les dispositions à prendre, que la volonté, dont elles seront
issues, sera plus véritablement la volonté *générale*.

Sans pouvoir davantage creuser ici ce sujet, nous
devons seulement nous hâter d'ajouter que plus les
institutions d'un pays auront trouvé une base large
et solide, moins il devrait être permis d'y porter atteinte. Il est vrai par contre que ces institutions, en
raison même des racines profondes qu'elles ont pous-
sées dans le droit et dans les sympathies publiques,
n'en défieront que plus facilement les attaques de
leurs détracteurs. Quelque juste que soit une cause,
elle ne doit pas nous entraîner à des mesures que
ne commanderait pas une stricte nécessité. Encore que la peine de mort soit toujours écrite dans
nos lois, elle ne reçoit plus, en l'état de nos mœurs,
qu'une application assez rare. A la guerre, qui auto-
torise à tuer l'ennemi, on se contente le plus souvent
de le faire prisonnier. Les associations et les réunions publiques peuvent nourrir des desseins sub-
versifs à l'encontre de la société, qui a d'autant plus
le droit de se mettre à couvert, qu'en le faisant elle
ne fait que faire respecter, quand c'est le cas, la volonté générale. Mais le danger que court l'État
n'est pas toujours aussi grand que sont malinten-

tionnés les gens qui méditent son bouleversement ou sa réorganisation. Tout dépend de l'aliment que la matière inflammable peut trouver dans un pays, suivant sa constitution politique et le degré de culture où sont parvenus ses habitants.

D'ailleurs, pour les craintes à concevoir, n'y a-t-il pas de toute façon à distinguer entre de véritables associations et de simples assemblées publiques ; celles-là opérant ténébreusement sans qu'il soit facile de les contrecarrer ou de déjouer leurs agissements mystérieu celles-ci opérant en plein midi, à ciel ouvert, au vu et au su de tous ; celles-là s'organisant, s'outillant pour une existence prolongée en vue de la trouée finale, celles-ci surgissant un jour quelconque, qui n'a pas de lendemain, et partant pour ainsi dire comme des fusées plus ou moins inoffensives ?

Enfin il existe de par le monde une tendance, accusée par des esprits farouches, qui les porte à se tenir indistinctement en garde contre toutes les manifestations de la nature humaine, à soupçonner partout des arrière-pensées et des guet-apens, à vouloir, à la manière des douaniers les plus ombrageux, tout visiter ou plutôt tout confisquer comme article de contrebande, ou, à la manière de certains médecins, trouver du poison dans toutes les substances ; à requérir la mise en quarantaine ou même la suppression de toutes les initiatives, moins encore pour le mal qu'elles auraient causé que pour le mal qu'elles seraient dans le cas de causer. Il va sans dire que ni les associations, ni les assemblées ne sauraient trouver grâce devant ces pessimistes, ces trembleurs, qui les englobent toutes dans la même défaveur, quelle que puisse être leur étiquette, quel que puisse être leur but réel ou avéré, voyant en elles toutes des instruments possibles de propagande et de désordre, auxquels doivent pouvoir s'appliquer sans conteste les fourches caudines de l'administration.

Dans un esprit diamétralement opposé de confiance généreuse, quoique également exagérée, on déchaînerait volontiers sans garanties, sans examen préalable, sur la société organisée et paisible, les entreprises non pas seulement spéculatives mais encore actives de ses ennemis ou de novateurs aussi séduisants que chimériques. On oublie ainsi que le premier droit, disons mieux, le premier devoir de l'État, pouvant directement et sérieusement être menacé même dans l'avenir, est de prendre par avance, en vertu de dispositions législatives générales, des gages, des précautions dans l'intérêt même des citoyens, qui l'auraient constitué sous sa forme actuelle, dans des conditions parfaites de recueillement et de légalité, pour la sauvegarde de leurs biens les plus précieux. Et on oublie encore que si, suivant un mot fameux, Dieu reconnaît les siens, la société, elle, pourrait bien ne pas reconnaître les siens, c'est-à-dire ses véritables amis, avec la même facilité, grâce aux travestissements qui seraient pris, et qu'en tout cas cette société doit être mise à l'abri d'un coup de main, qui peut réussir par surprise en amenant une catastrophe, un bouleversement définitifs, bien autrement définitifs et irréparables que si les victimes ou les assaillis étaient de simples particuliers.

Mais c'est assez disserté. Il serait temps de conclure, surtout si nous le pouvions avec la précision chère aux juriconsultes, avec la prudence et le discernement que réclame la politique appliquée, et surtout avec le sentiment juste de l'importance exceptionnelle des solutions en une matière où s'agitent, sans exagération, les aspirations les plus indestructibles et l'avenir même du genre humain. Si, pénétré comme il convient de cette importance, nous nous raidissons néanmoins contre l'engouement et les conclusions irréfléchis qu'elle pourrait suggérer, on voudra nous pardonner en considération de ce que les hommes naissent et se développent dans des sociétés constituées, que les sociétés humaines existantes sont le cadre et le creuset en dedans desquels s'élabore en définitive la civilisation, et qu'en défendant ces sociétés contre des assauts éventuels, nous ne aisons encore, après tout, que défendre la plus importante et la plus vénérable des associations.

Les explications précédemment fournies nous

amènent donc à penser que le droit d'association accordé sans limite ni subordination aux citoyens ne se concilie pas avec la conservation et le but de l'État. On ne saurait y voir un droit inaliénable, sans verser dans une erreur rendue surtout évidente par cette circonstance, que c'est précisément une trop grande extension de la liberté individuelle en ce point qui met obstacle à la paix projetée par l'agrégation des citoyens et au maintien d'une opinion publique pure.

Les écarts possibles du droit d'association veulent être combattus non par des mesures simplement répressives, mais par des mesures préventives, que le bien général réclame de la manière la plus pressante.

La réalisation des mesures préventives exige que le droit d'association soit remis à la garde vigilante de l'autorité suprême.

Il ne faudrait pas opposer à cette nécessité politique les abus dont le pouvoir pourrait se rendre coupable, ces abus présentant une gravité incontestablement moindre que les excès causés par l'esprit factieux et le régime clubiste déchaînés et capables, d'après l'expérience acquise, de conduire les États aux abîmes.

Suivant la nature des choses, et comme il s'agit ici d'un mal politique profond, qui en soi ne rentre pas pour cela encore dans la catégorie des crimes, le droit de haute surveillance, dont l'État est investi dans son propre intérêt, doit être considéré comme affaire de gouvernement et de police, bien même que la répression des crimes véritablement perpétrés fût abandonnée à la justice proprement dite.

C'est assurément un *devoir d'honneur* pour le gouvernement et dont il est comptable envers l'opinion publique, de ne réagir contre les écarts de l'esprit d'association, qu'en ménageant les tendances purement humaines de celui-ci, dont il assume pour ainsi dire la charge vigilante simultanément avec son droit de surveillance.

De plus, cette charge ne sera convenablement remplie que si le pouvoir, auquel échoit le contrôle, n'use que sobrement de son double droit de casser et de confirmer, que si par les moyens les plus anodins il fait avorter les combinaisons reconnues dangereuses et contraires à l'État, que s'il n'introduit dans l'organisme social que celles des fondations librement écloses, dont les effets bienfaisants ont été éprouvés, et que si, sans leur accorder droit de cité, il s'impose une attitude expectante vis-à-vis de formes indéterminées, à tendances encore incertaines.

Mais ce qui ne saurait au moins être mis en question, ce qui doit servir de point de ralliement, c'est le principe, par suite duquel, en l'absence d'un assentiment exprès de l'État, l'existence *juridique* fait absolument défaut à toute société, qui ne sera pas déjà par analogie avec le contrat de société de droit commun, obligatoire en tant que convention privée, et ne sera pas déjà nécessairement licite comme telle. Sera dès lors sans existence juridique, au moins jusqu'à nouvel ordre, toute société, qui ne reposera pas sur la confiance purement personnelle des participants ; qui interdira expressément ou entourera d'entraves la retraite volontaire de ses membres ; qui semblera tendre à une durée perpétuelle en se prolongeant au delà de plusieurs âges d'hommes ; qui délibérera formellement ou agira d'ensemble par rapport à des fins, ne concernant pas aussitôt et uniquement les sociétaires et pour la seule durée accidentelle de leur société.

Si donc le gouvernement use vis-à-vis de ces sociétés du droit de dissolution qui lui compète, on pourra sans doute *pétitionner* à l'encontre d'une pareille mesure, mais celle-ci ne pourra motiver de véritable recours et un véritable litige, que si la société possède et établit le caractère d'une simple société privée et si le pouvoir contrôlant voulait porter la main sur des droits acquis ou indépendants.

En procédant, comme nous venons de le faire, à la délimitation, principielle seulement, entre le devoir d'honneur pour l'État et le droit strict, nous chargeons naturellement le développement de la législation positive dans chaque pays du soin de procurer à cette delimitation toute la rigueur possible. Ainsi chez nous, par exemple, le mouvement des affaires a fait consacrer législativement et entrer dans notre Code de commerce diverses formes sociales telles que la société en commandite par actions et la société anonyme, dans lesquelles il n'existe entre commanditaires et actionnaires, c'est-à-dire membres de la société, d'autre lien que celui résultant du versement d'une portion aliquote du capital social. Si, pendant un temps, les sociétés anonymes au moins n'ont pu se passer de l'autorisation du gouvernement, cette entrave a été remplacée par un ensemble de garanties auxquelles elles ont été rivées dans l'intérêt des tiers et des associés eux-mêmes bien plus que dans l'intérêt de la sécurité politique de l'État. Or, comme les modalités sociales indiquées sont en réalité un secours offert à des intérêts privés, encore que la confiance mutuelle des membres, qui la plupart du temps ne se connaissent même pas, en soit absente, les associations, quelles qu'elles soient, qui les auraient adoptées, échapperaient par là même au bon plaisir du gouvernement, à condition bien entendu de n'encourir aucune des nullités édictées par la loi.

Mais nous serions indigne de remplir le sacerdoce incombant à quiconque tient une plume si, en feignant une assurance et une sérénité imperturbable, nous ne faisions part des angoisses qui nous assaillent parfois dans notre marche. A provoquer des mé-

ditations nouvelles, à se susciter même des contradicteurs, on fait d'ailleurs avancer la science aussi
bien qu'avec des énonciations incontestables. Or,
étant donné que c'est l'État seul que nous avons
entendu armer pour sa propre défense, est-on bien
sûr que les contrats de société privés, que toutes les
formes sociales mises par la législation moderne au
service des intérêts des particuliers, et dont quelques-
unes tiennent en suspens une puissance d'action
redoutable, ne puissent cesser, sous certaines conditions, d'être inoffensives pour l'État? Cependant, pour
l'interprétation des contrats, n'est-ce pas le fond et
la réalité des choses qui doit l'emporter sur les apparences ?

Et, d'autre part, est-on bien certain que tant d'autres combinaisons sociales, encore que servant des
fins publiques, constituent avec le but innocent ou
méritoire qu'elles accusent, un péril assez manifeste
par une évolution possible quoique souvent invrai-
semblable, pour qu'on dût les mettre ou les laisser à
la discrétion du pouvoir?

Il est vrai qu'il ne paraît pas impossible d'apaiser
ces scrupules. Pour ce qui est, avec le premier, de la
déviation possible du but des sociétés en apparence
ou originairement au moins privées, si ces sociétés
rentrent dans le type des sociétés les plus fréquentes, dites en nom collectif et ne réunissant que
quelques adhérents, leurs aspirations même les plus

plus ambitieuses, leurs visées même les plus perfides n'en peuvent faire évidemment un danger appré-.ciable pour l'État ; que si au contraire elles comptent un grand nombre de membres et concentrent des moyens d'action importants, croit-on vraiment qu'avec le grand nombre des sociétaires, la cession possible de leurs actions, les exigences de publicité, la déno-mination des sociétés anonymes tirée de l'objet de leurs entreprises, les responsabilités édictées contre les administrateurs et les membres du conseil de surveillance, la tenue et l'objet des assemblées géné-rales il y ait à craindre la substitution d'un but poli-tique à un but d'intérêt privé, et qu'en tout cas cette substitution, si elle venait jamais à se produire, ne fût pas aussitôt frappée de mort ?

Quant au second scrupule, envisagé déjà anté-rieurement, il doit, semble-t-il, disparaître devant la nécessité d'une option entre la remise du sort de l'État aux mains de ses ennemis éventuels ou la re-mise du sort des associations non privées aux mains de l'État ; surtout que l'État, lui, puise dans sa mis-sion même un faible pour tout ce qui paraît favo-rable à l'intérêt général, sans pouvoir donc être sérieusement suspect d'exclusivisme vis-à-vis de créations, lui apportant peut-être un concours ou un renfort et que, dans un pays offrant aux citoyens des garanties constitutionnelles, la responsabilité en-courue par les organes du gouvernement les incite

à pousser la tolérance jusqu'aux limites au delà desquelles elle passerait pour de la complicité.

Les objections qu'on peut formuler ne sont donc
pas assez impérieuses pour nous faire abandonner
les positions prises. Cependant nous ne sommes pas
pour cela exempt de toute préoccupation. Le vaste
champ d'arbitraire qui s'ouvre devant le gouvernement, juge et partie dans sa propre cause, n'est pas
pour nous plaire outre mesure.

Cet arbitraire est légal, nous l'avons accordé ; il
sera contrôlé, nous l'avons dit, mais il n'est pas de
conscience de juriste qui ne dût s'émouvoir d'une si
grande latitude d'une part, en face d'un si violent
besoin ou désir de s'associer de l'autre, et qui ne
dût être portée à enfermer cette latitude dans un
cercle infranchissable. C'est ainsi que, pour le jugement des difficultés divisant les hommes, on est
obligé de faire une assez large part à l'appréciation
et à l'équité des magistrats, sans que le législateur
ait cependant renoncé à donner à ceux-ci, pour les
guider dans leurs décisions, des règles fixes et uniformes.

Les limitations par nous recommandées en principe auraient à notre sens un double avantage, en
ce que les armes laissées trop librement à la disposition du gouvernement peuvent le blesser lui-même,
en même temps qu'elles peuvent blesser injustement ceux contre lesquels elles seraient dirigées.

D'une part, en effet, la responsabilité du gouvernement décroîtra, à mesure que la route sera mieux
tracée devant ses pas. D'autre part, s'il ne faut pas
a priori mettre en doute les intentions bienveillantes
du gouvernement pour tout ce qui peut le seconder
dans sa tâche, il est néanmoins à craindre que la tâche
même, à lui dévolue, ne le pousse à prendre trop
facilement ombrage, à voir dans des collaborateurs
des compétiteurs, des rivaux, qu'il lui importerait de
supplanter pour n'être pas supplanté par eux.

Nous convions donc tout le monde à mettre à
l'étude ce problème et à rechercher s'il n'y aurait pas
possibilité de gagner quelque chose sur le gouvernement, en régularisant son action souveraine. Le
blanc-seing que nous lui avons délivré en dehors de
la sphère des intérêts privés n'avait d'autre destination que de lui donner barre sur ceux qui, sans autre
mandat que le leur, et méconnaissant les voies constitutionnelles, méditeraient et réaliseraient, l'occasion s'en présentant, sa destruction ou transformation
violente. Et comme ce sont là des desseins subver-
sifs, qu'on n'avoue pas, qu'on ne va pas crier sur
les toits, pour ne pas les faire échouer, il est encore
très juste que le droit de l'État reste entier au regard des déguisements astucieux, à l'aide desquels
on essayerait de donner momentanément le change
sur le but criminel poursuivi. Les associations politiques avérées ou dissimulées, non pas même celle

qui s'adonnent simplement et paisiblement à l'étude des questions sociales ou constitutionnelles et qui ne font en définitif qu'user du droit éminemment humain et respectable de penser et de parler, mais celles qui entendent traduire leurs doctrines antisociales ou antigouvernementales dans les faits, voilà donc les véritables justiciables du pouvoir ! Mais voilà aussi, suivant nous au moins, ses seuls justiciables !

Et combien dès lors ne serait-il pas souhaitable que la juridiction gouvernementale ne pût sous aucun prétexte s'égarer sur des arrangements, sur des combinaisons qui n'en relèveraient véritablement pas ! Combien ne serait-il pas souhaitable que ces combinaisons pussent prendre leur vol sans l'estampille de l'autorité supérieure en jetant dans la circulation l'appoint non plus précaire mais assuré de leur force bienfaisante et autant que possible indépendante !

Encore une fois, nous faisons appel aux jurisconsultes et aux penseurs de tout ordre, qui auront peut-être à cœur de nous doter d'un progrès si enviable.

Il y a, évidemment, à réfléchir et à chercher ; il y a un effort sérieux à faire ; mais cet effort est si alléchant en lui-même, que nous aurions garde d'entreprendre de le leur faciliter. Peut-être d'ailleurs leur semblera-t-il comme à nous, que ce qui a été fait en France, pour les sociétés anonymes, pourrait ici servir de précédent. L'autorisation gouvernementale, si périlleuse pour l'administration elle-même et toujours plus ou moins capricieusement accordée aux intéressés, a donc été remplacée comme on sait, pour ces sociétés anonymes, par une série de prescriptions rassurantes auxquelles elles n'ont qu'à se conformer, pour prendre rang, de plain pied, parmi les personnes morales. N'y aurait-il pas possibilité de concevoir pour les sociétés, prétendant un caractère d'utilité publique, une réglementation telle au point de vue des garanties offertes à l'ordre établi, que celles des sociétés qui s'y soumettraient y trouveraient elles aussi leur laisser-passer?

Nous indiquons, nous ne décidons rien. Il nous a suffi, pour notre compte, de tracer la ligne théorique, idéale, au delà de laquelle commence pour le gouvernement, non sans que nous en éprouvions quelque regret, le droit d'agir à sa guise. Nous avons fait comprendre, en même temps, que le droit commun respectif des divers pays procure un commentaire utile et pratique à la doctrine, comme aussi il faut bien reconnaître ce qu'il y a de relatif dans les enseignements du droit public général, ces enseignements ne trouvant leur application que dans un État placé dans des conditions normales et appartenant à la moyenne des États.

Qu'on se reporte en effet, par exemple, à l'enfance des États européens, aux pays féodaux du moyen

àge. La puissance suprême est encore loin d'y être
affermie. L'hommage s'y rend au moyen de formules, dans lesquelles, par une contradiction intérieure, la hauteur la plus altière s'allie à l'humilité
la plus grande, et tout le monde connaît cette déclaration des Cortès d'Aragon : « Nous qui séparés
valons autant que toi et qui réunis valons plus que
toi, nous offrons à ton gouvernement fidélité et
obéissance à condition qu'il respectera nos fueros et
nos privilèges ; sinon, non. »

Certes, à ce moment de l'histoire, il ne pouvait
être question d'un droit de haute surveillance et, trop
faibles eux-mêmes pour étendre sur autrui un bras
tutélaire, les gouvernements d'alors devaient, à côté
d'une autonomie illimitée, concéder également un
droit d'association exempt de tout assujettissement.
Aussi bien, l'état social vers lequel nous venons de
remonter ne connnaît en général que des droits
privés et pas de droit public.

Mais aussi, quels furent les fruits de cette anarchie? C'est que les grands et les puissants surent la
faire tourner admirablement à leur profit, et que la
liberté bourgeoise y sombra, les classes moyennes
ne conservant d'autre ressource que d'aller en ram-
pant se placer, au prix de leur vassalité, sous l'égide
de quelque haut protecteur.

Les choses se passeraient-elles mieux maintenant
si l'on voulait une ombre de souveraineté semblable

à l'ancienne, et ne verrait-on pas la place du pouvoir public, concentré dans la personne d'un chef, occupée bientôt par une multitude de tyranneaux, encore que cette vermine, née dans la décomposition sociale, revêtit un costume républicain? Oui, de même qu'une agression nocturne est plus redoutable qu'une attaque en plein jour, à cause des terreurs folles dont l'imagination est assaillie dans l'obscurité, de même le pire des esclavages est celui qui est fondé sur la crainte de chefs invisibles, de supérieurs inconnus, de coteries ou de conciliabules occultes.

Il se pourrait maintenant que, tout en étant déjà heureusement consolidée, l'autorité publique fût de date trop récente, pour avoir droit de compter beaucoup sur la foi et l'amour des citoyens. C'est la situation faite plus d'une fois à des gouvernements implantés par la conquête ou l'usurpation et on pourrait la rencontrer même dans des monarchies électives à la suite d'élections passionnément disputées. L'administration jugera alors nécessaire d'exercer sur les choses d'association une surveillance peu propice à la liberté bourgeoise, de déployer dans cette surveillance une âpreté, qui empoisonnera toute jouissance de la vie et ne laissera même pas librement respirer les habitants dans leurs sociétés privées, parce que la peur de la police secrète enchaîne les conversations comme si les murs avaient des oreilles. Pour refouler des souvenirs contemporains, qui n'a entendu parler de la réserve si contraire au caractère national qui régna dans les relations entre Français pendant les premières années de ce siècle ?

Toutefois, chez un peuple non corrompu encore jusqu'à la moelle, une telle violence qui paralyse tout épanouissement joyeux de la vie, qui commande la prudence dans l'amitié et la retenue quand les coupes sont pleines, qui arrète les mouvements du cœur, remplacés par les calculs de la froide raison, un tel avilissement du droit humain, pourchassé jusque dans son plus intime sanctuaire réussirait peut-être plus rarement encore au despotisme qu'à l'esprit factieux non subordonné. Les républiques dégénérées s'y montreront moins étrangères que des monarchies faibles, où le maitre de la maison n'est pas chez lui, et qui peut dire que le redouté fondateur lui-même de la dynastie napoléonienne eût pu se les permettre, si son avènement n'avait été précédé par une ère d'hostilité intestine, d'espionnage et de délation propre à faire envisager et célébrer comme une délivrance le calme plat du despotisme?

Bref, une surveillance qui ne se fasse pas sentir du tout dans la fréquentation de paisibles particuliers, dût celle-ci tendre à former et à fortifier les opinions religieuses et politiques, qu'il leur conviendra de professer à leurs risques et périls comme électeurs, publicistes et dans leurs mandats et carrières respectifs, et qui dans ses rapports avec les sociétés publiques ne se fasse sentir que par son action salutaire, en en bannissant le mauvais génie et en préservant l'impulsion purement humaine de leurs écarts destructeurs, une pareille surveillance, sachant si bien garder le juste milieu, ne saurait être le fait que d'une puissance publique à la fois consolidée et fortement ancrée dans le pays. Du moins un gouvernement bien assis est-il le seul qu'aucune loi de conservation propre, qu'aucune politique n'induise en tentation de réduire les citoyens à ne s'occuper exclusivement que de ce qui les regarde eux-mêmes.

Nous sera-t-il permis même, en mettant un terme à ces trop longues considérations, d'exprimer l'espoir, que la surveillance si restreinte, si avisée qu'on la supposât ne sera pas, en notre matière, le dernier mot du droit public en vigueur dans les divers États. Il va de soi que nous raisonnons sur des États, disposant de leurs destinées, redevables de leur forme politique et de leurs institutions à la convergence de toutes ou de presque toutes les volontés.

Bien des maux n'existent en ce monde que comme des conséquences d'autres maux ou imperfections. Le droit de surveillance qui, avec les mesures qu'il comporte, met sous les pieds du pouvoir une des plus nobles inclinations des hommes sur laquelle

celui-ci peut piétiner à volonté, dénote, tant qu'on
n'y renonce pas, une situation plus ou moins mauvaise et mal équilibrée, un état d'hostilité plus ou
moins sourde entre gouvernants et gouvernés. Il est
bien de vouloir garantir l'ordre régnant contre les
coups que des mécontents projetteraient de lui porter. Il est mieux de supprimer, autant que possible,
les causes de mécontentement. De même que dans
les guerres entre peuples la responsabilité n'incombe pas toujours à la nation qui a pris l'offensive,
de même l'État peut être parfois responsable des
attaques intérieures auxquelles il serait en butte. Si
l'État veut être respecté, qu'il commence par respecter les hommes répandus sur sa surface. Leur
reconnaissance, leur amour sera encore sa meilleure
sauvegarde. Qu'il leur octroie donc non pour la
jouissance, qu'ils tiennent de leur nature, mais, pour
les exercer effectivement, tous les droits compatibles
avec leur culture morale et intellectuelle. Que pourraient bien encore demander à l'État des citoyens
qui en auraient tout obtenu, fors qu'il se suicidât,
ce qui ne serait nullement dans leur intérêt ?

Car l'État, en tant qu'État, aura toujours sa raison
d'être, sauf qu'il sera toujours loisible de disserter sur
l'étendue de ses attributions, et que la civilisation
en marche nous le montre se démettant ou plutôt dépouillé successivement de prérogatives, dont se
ressaisissent ensuite les citoyens. « Ils veulent être

libres et ne savent pas être justes, » disait l'abbé Sieyès de ceux qui rejetaient la condition du rachat, proposée par lui à la suppression de la dîme. Quant à nous, nous ne doutons pas que les citoyens, en reconquérant sur l'État toute la liberté désirable, sauront être justes envers lui, et que l'État n'aura plus rien à craindre d'eux, du moment que la liberté qu'on lui conservera, propre à les défendre au besoin, ne le serait pas à les opprimer. Puisque les droits sacrifiés originairement par les particuliers à l'intérêt public tendent de plus en plus à leur faire retour, pourquoi n'en serait-il pas ainsi du droit même illimité d'association dans un état social et constitutionnel, auquel l'exercice de ce droit ne saurait songer à porter atteinte. Le droit de surveillance sur les associations est nécessairement oppressif ; comment le justifier si, par surcroît, il perdait son but en devenant sans utilité ? Dans les constitutions et organisations politiques que nous fait entrevoir pour l'avenir le triomphe de la justice, de l'égalité et de la liberté, qui oserait affirmer même qu'à l'inverse de ce que nous avons vu jusqu'ici, les associations d'un caractère public ne seront pas plus libéralement et plus respectueusement traitées encore par le législateur que les sociétés privées, où peuvent s'agiter des intérêts antinomiques ?

Mais, en attendant que ces perspectives séduisantes se découvrent, nous maintenons les conclusions précédemment articulées et nous y renvoyons le lecteur, car nous ne pouvons oublier que nous écrivons surtout sous l'empire d'un souci, qui limite notre champ d'investigation aux temps modernes.

L'évolution qui, en exigeant des hommes une moralité et maturité suffisantes, ramènera leurs gouvernements au strict nécessaire, sans leur laisser d'armes dangereuses ou rouillées et qui placera en tous lieux l'État sur ses bases rationnellement étroites mais dès lors aussi irréductibles, cette évolution est à peine commencée. Ce n'est pas quand tant d'incertitudes doctrinales se manifestent encore dans les cerveaux, quand tant de passions grondent encore dans les cœurs, qu'il serait *politique* (puisqu'il est entendu que nous comptons avec la raison d'État) de laisser se fomenter des conspirations encouragées en quelque sorte par la proscription légale de la surveillance intéressée et partant vigilante du pouvoir. Nous ne nous dissimulons pas l'avantage que même de mauvais gouvernements peuvent tirer de notre manière de voir pour prolonger leur existence au delà de ce qui est désirable. Mais nous en prenons notre parti en pensant qu'après tout rien de solide, rien de durable ne se fonde sur la violence qui appelle toujours la violence. Sachons donc encore accepter provisoirement une gêne qui n'est pas désavouée en principe par la science politique, une gêne représentant notre prime d'assurance contre les incendies

révolutionnaires, pour autant que les menées souterraines ne parviendraient pas à se soustraire à la
surveillance licitement exercée, une gêne enfin, qu'il
dépend après tout de notre volonté virile et de
notre sagesse d'abréger et qui devra disparaître,
quand l'État sera devenu la chose de tous ou plutôt
ne sera plus la chose de personne !

# CHAPITRE VIII

LES ASSOCIATIONS A PARTIR DE LA RÉVOLUTION FRANÇAISE
EN ANGLETERRE

L'Angleterre ne saurait nous retenir longtemps, car déjà les circonstances nous ont amené, dans le sixième chapitre, à lui consacrer, par anticipation, les mentions heureusement pour elle très brèves, que comporte la manière dont notre sujet y a été envisagé et traité jusqu'à nos jours et auxquelles viendront à peine s'ajouter quelques considérations doctrinales dans le dernier chapitre de ce livre. Nous voudrions seulement, après avoir montré l'itinéraire presque rectiligne suivi par ce grand pays en matière d'associations et de réunions, rappeler quelques faits, qui présentent pour nous d'autant plus d'intérêt, qu'ils se rattachent assez étroitement à l'histoire de notre propre pays pendant l'époque révolutionnaire.

La Révolution française donna lieu, en Angleterre, à des émotions aussi fortes mais peut-être moins uniformes qu'en d'autres contrées d'Europe. Elle y apporta un puissant aliment à l'esprit de parti. Par suite de l'état d'anarchie et de confusion dans lequel ce royaume était plongé, bien des changements s'y succédèrent, dans lesquels un des partis apercevait avec horreur le renversement de toute autorité légitime et de toute subordination salutaire, et dont l'autre se réjouissait, comme contribuant à ses yeux à déraciner les vieux préjugés et les anciennes usurpations et à confirmer les vrais principes de la société civile. La célébration de l'anniversaire du 14 juillet en plusieurs localités anglaises surexcita encore les animosités politiques; à Birmingham, elle devint l'occasion d'une véritable émeute. La populace de cette ville, pratiquant assez mal et à la manière de certaines populaces russes contemporaines les idées de conservatisme auxquelles elle était attachée, promena la torche incendiaire en divers lieux et réduisit en cendres plusieurs maisons appartenant aux non-conformistes sociniens (adversaires de l'église anglicane ou de la religion d'État). C'est ainsi que furent livrés aux flammes l'habitation, le mobilier, les papiers et les livres du docteur Priestley, l'ami de la France, qui ne dut son salut personnel qu'à la fuite.

Les adversaires de la Révolution française étaient en effet nombreux de l'autre côté du détroit. Comme le constate très justement un des continuateurs de l'*Histoire d'Angleterre* de David Hume, « en Angleterre, la majorité du peuple comprenant presque tous ceux qui appartenaient au gouvernement et les propriétaires nobles et riches avaient conçu une telle horreur pour les principes et les actes des révolutionnaires français et une telle crainte de les voir adopter dans le pays, qu'ils étaient impatients de rompre tout commerce entre les deux nations ».

Mais si la Révolution n'avait pour elle en Angleterre que la minorité, cette minorité était à certains égards une élite. Elle comptait dans le public et dans la presse des hommes comme Priestley, dont nous rappelions tout à l'heure le nom, à la fois physicien et théologien, défenseur de l'unitarianisme en religion, et des principes de la révolution française en politique, qui fut redevable à ses sympathies ardentes pour les institutions nouvelles de la France d'être nommé citoyen français et membre de la Convention, et à ses rares mérites scientifiques d'être élu correspondant de l'Institut et de devenir l'objet d'un *Éloge* prononcé par Cuvier. Son ami, le Dr Price, pour ne pas partager ses opinions philosophiques, n'était pas moins séduit et attiré que lui par cette grande tentative de régénération, qu'il n'hésitait pas, dans son discours sur l'amour de la patrie publié en 1789, c'est-à-dire deux ans avant sa mort, à célébrer comme le commencement d'une nouvelle ère de bonheur pour le monde entier. Nous pourrions citer également ici Thomas Christie, disciple du Dr Price, et qui, dans un volume de lettres « sur la Révolution de France et la nouvelle Constitution établie par l'Assemblée nationale », se montra un des meilleurs apôtres de la Révolution française sur le sol anglais; Henri Erskine, frère du lord, président du club de Whigs, ami de Fox et partisan de la paix avec la France; Thomas Payne qui, après avoir mis sa plume au service de la liberté des colonies, embrassa la cause de la France, la défendit ardemment contre les Tories dans les « *Droits de l'homme* », qu'il écrivit en réponse à l'attaque de Burke, et fut envoyé par des départements français reconnaissants à la Convention, après avoir été également proclamé citoyen français par l'Assemblée nationale; sans compter beaucoup d'autres esprits aussi généreux qu'ouverts et distingués.

Les adhésions n'étaient pas d'ailleurs seulement individuelles. A Londres, à Manchester, à Norwich, à Rochester, à Birmingham, à Dublin, à Belfast, à Édimbourg, à Dundee et ailleurs des associations politiques, que n'arrêtait encore aucune législation restrictive, s'étaient formées pour discuter et faire connaître, pour s'approprier les principes et les tendances des révolutionnaires français. Londres possédait la Société Constitutionnelle et la Société des Amis de la Révolution; Manchester également une Société Constitutionnelle en même temps que la Société de la Réformation ; Norwich la Société de la Révolution, les Wighs constitutionnels indépendants et amis du peuple ; Belfast, les Irlandais-Unis ; Dundee, le Club écossais ; etc., etc.

Ce mouvement d'adhésion si général et si intense se heurtait à la citadelle de l'égoïsme national et de la répression, au ministère torie, dirigé par William Pitt, qu'animait contre la France une haine égale à celle de son père lord Chatam, et que servait dans cette haine une énergie froide et indomptable, un esprit net et des connaissances techniques précieuses dans l'art si compliqué de la politique. A un adversaire aussi redoutable, dont l'habileté est attestée par le célèbre bill indien comme son animosité contre nous l'était par la triple alliance qu'il fit conclure en 1788 et par les troubles civils qu'il fomenta dans notre pays dès 1789, il ne manquait qu'un collaborateur et auxiliaire comme celui qu'il eut aux Communes dans la personne de l'honorable Edmond Burke. Burke qui s'était montré autrefois très favorable aux réclamations de l'Amérique anglaise était, malgré sa vie privée irréprochable et son impétueuse éloquence, un rénégat politique, exagéré et farouche dans son langage comme le sont si souvent les néophytes. D'après lui, qui s'est en cela montré aussi bon prophète que beaucoup d'autres que nous avons entendus depuis, notre nation était politique-

ment et militairement finie et il escomptait cynique-
ment, durement, la fatalité de son agonie. A ses yeux
aussi, il n'existait et ne pouvait exister aucune res-
semblance entre la révolution d'Angleterre et celle
de France ; comme si la condamnation et l'exécution
de Louis XVI, « cet événement effrayant pour l'humanité, contraire à la justice, éternellement honteux
pour la France et détestable pour le reste du monde »,
n'avait pas malheureusement un précédent dans la
mise à mort, en 1649, du Stuart Charles Ier ; et
comme si, en Angleterre aussi bien qu'en France, la
monarchie n'avait pas fait place à la République.
C'était d'ailleurs le même Burke qui, dès le 9 février 1790, lors des fameux débats sur les estimations de l'armée, à la suite d'une analyse véritablement fantastique de la situation de la France au
bout de ses huit premiers mois de révolution, s'était
exclamé au sein de la Chambre des communes d'Angleterre : « Cet exemple doit affecter toutes les puissances de l'Europe ; il n'en est aucune qui ne doive
arrêter sur sa frontière et repousser même dans son
infecte foyer un mal qu'on commence à qualifier
assez généralement de « mal français » et qui a cela
de particulier que la corruption le précède... »

De telles extravagances ne pouvaient rester sans
réponse, et des hommes comme Fox, comme Charles
comte de Stanhope, le perpétuel contradicteur de
Pitt, son beau-frère, ou comme Richard Brinsley

Sheridan se chargèrent de la donner au Parlement et au dehors, en leur opposant la raison, la vérité et la saine politique. Mais les protestations contre ces écarts de langage et les manifestations en faveur de la France nouvelle s'accusèrent surtout dans le grand public, où les écrivains et les orateurs des sociétés populaires ne se firent pas faute de combattre les tories, de relever leurs insultes, d'exalter les principes et d'affirmer la légitimité de la Révolution.

Déjà en 1790, le duc de Larochefoucauld, membre de la Constituante française, avait reçu de lord Stanhope une lettre remise aussitôt par lui au président de l'Assemblée, qui en avait donné lecture à la séance du 21 juillet. En voici le texte d'après le *Moniteur* :

« Monsieur, c'est avec une satisfaction extrême que j'ai l'honneur de vous informer que nous avons hier (sans doute le 14 juillet) au nombre de 652 amis de la liberté, célébré votre glorieuse Révolution et l'établissement et la confirmation de votre Constitution libre. M. Scheridan, qui était de notre assemblée, a proposé la résolution ci-incluse, laquelle a été reçue avec des acclamations réitérées et avec toute la chaleur qui caractérise des hommes indépendants et libéraux. Oserai-je vous prier, de la part de cette assemblée respectable, de présenter leur résolution à l'Assemblée nationale de France. C'est comme leur président du jour que je vous demande cette grâce. Bientôt, nous espérons que les hommes cesseront de se voir sous l'aspect odieux et détestable de tyrans et d'esclaves, et que, suivant votre exemple, ils s'envisageront comme des égaux et apprendront à s'aimer comme des hommes libres, des égaux et des frères. »

Inutile de dire que cette communication fut faite aux applaudissements des tribunes et de l'Assemblée, qui ordonna l'impression de la lettre de « mylord Stanhope » et chargea son président d'écrire à Londres à la Société des Amis de la Révolution.

Quant à la résolution proposée par Sheridan et à laquelle fait allusion la lettre de Stanhope, les archives parlementaires en donnent le libellé suivant :

« Anniversaire de la Révolution de France, célébré à la taverne de la Couronne et de l'Ancre, dans le Strand, le 14 juillet 1790, par 652 amis de la liberté, réunis et présidés par le comte Stanhope :

« Il a été unanimement arrêté :

« Que cette assemblée se réjouit sincèrement de l'établissement et de l'affermissement de la liberté en France et qu'elle voit, avec une satisfaction particulière, les sentiments d'amitié et de bienveillance que le peuple français parait avoir conçus pour ce pays, surtout dans un temps où il est évidemment de l'intérêt des deux États que rien ne trouble l'harmonie qui règne actuellement entre eux et qui est si essentielle à la liberté et au bonheur, non seulement de ces deux nations, mais même du monde entier.

« Résolu unanimement,

« Que le présent arrêté sera transmis par le président à l'Assemblée nationale de France. »

Londres n'était pas au surplus seule dans ce courant d'idées ; bien d'autres villes d'Angleterre, d'Écosse et d'Irlande y entraient comme elle en 1790, et François de Nantes pouvait écrire à Danton la lettre dont nous extrayons ce passage :

« ... M. Payne et M. Christie, élève et ami du docteur Price, que j'ai connus à Londres et qui sont à Paris, m'ont assuré que tous les whigs, toutes les sociétés constitutionnelles et de révolution, en Angleterre, adhérant aux principes de Charles Fox, sont amis de notre Constitution et que le nombre des souscripteurs pour la fête, qui sera célébrée à Londres le 14 juillet, est déjà si nombreux que nulle taverne ne pourra les contenir. Le baron Stanhope doit présider cette fête. Combien la présence des députés de la ville de Paris la rendrait plus importante ! »

La célébration du fameux anniversaire de la prise de la Bastille, annoncée pour le 14 juillet 1791, eut effectivement lieu à jour dit dans presque toute l'Angleterre.

Le compte rendu s'en trouve dans le *Moniteur Universel* pour Londres et pour Belfast (Irlande) et nous croyons être agréable à nos lecteurs en le reproduisant dans son intégrité, malgré son étendue :

« I. — Londres : anniversaire de la Révolution de France, célébré à la taverne de Crown et Anchor, dans le Strand.

« Cette auguste fête, calomniée d'avance par les ennemis de la liberté qui prétendaient que les factieux la souilleraient du sang des véritables amis de la Constitution britannique, a été célébrée le 14 d'une manière aussi paisible que solennelle par plus de mille citoyens respectables. La grande salle de la taverne contenait six cents couverts, le reste de la compagnie se plaça dans des salles voisines. M. Georges Road, connu par une excellente réfutation de l'ouvrage de M. Burke (de laquelle on vient de publier une quatrième édition) fut élu président et fit régner sans peine l'ordre et la décence qui étaient dans tous les cœurs.

« Le dîner fini, les convives portèrent les vingt et un toasts suivants :

« Les droits de l'homme. — A la nation, à la loi, au roi. — A la révolution de France et puisse la liberté de ce pays durer autant que son sol ! — A la révolution de Pologne. — Puissent les révolutions ne cesser de parcourir la terre que lorsqu'elles y auront anéanti partout le despotisme. — Puissent la Grande-Bretagne et la France, oubliant leurs anciennes inimitiés, s'unir pour protéger le bonheur et la liberté du genre humain. — A la souveraineté

du peuple mise en action par une représentation
libre. — A la flamme sacrée de la liberté qui s'est
accrue et qui s'accroîtra ! — A la substitution d'une
liberté entière de penser en matière de religion, au
lieu de la tolérance. — A la liberté de la presse. —
Au procès par jurés ; et puissent les droits des jurés
de protéger les innocents ne recevoir jamais aucune
atteinte ! — Aux hommes de lettres qui se sont faits les
avocats des droits de l'homme ; et puisse le génie défendre toujours la cause de la liberté ! — A M. Burke,
pour le remercier d'avoir provoqué la grande discussion qui occupe tous les êtres pensants (ici des applaudissements universels qui n'ont fin qu'au bout
d'une demi-heure). — Aux patriotes de la France ! —
A la mémoire précieuse des citoyens qui en France
ont immolé leur vie à la liberté de leur pays ! — Aux
amis de la Révolution française dans le Parlement et
au dehors ! — Aux principes libres de la Constitution
britannique ! — A l'Irlande et à ses patriotes ! — Au
général Washington et à la liberté du Nord de l'Amérique ! — A la mémoire du docteur Price, l'apôtre de
la liberté et l'ami du genre humain ! — A la mémoire
de Hampden, de Milton, de Sydney, de Loocke et de
Franklin !

« Un des amis de la Révolution récita, après le
sixième toast ou santé, une ode sublime de la composition de M. Merry, dont M. Sedgwick chanta quelques strophes !

« M. Ducouëdic, membre de la Société des amis de la Constitution, de Nantes, remercia l'assemblée des honneurs qu'elle rendait à la constitution française. Son discours fut très applaudi ; nous le donnerons, si la place nous le permet, ainsi que la traduction de l'ode chantée à l'occasion des vœux faits pour la réunion de deux grands peuples dignes d'être éternellement amis.

« La fête finit sur les neuf heures, parce que le président avait fait observer aux convives qu'il fallait ôter tout prétexte aux malintentionnés, et confondre les calomniateurs qui avaient pris à tâche d'alarmer le gouvernement et le peuple sur l'objet de cette fête.

« Le même ordre, la même décence ont régné dans tous les endroits — et ils sont en grand nombre ! — où l'on a célébré l'anniversaire de la Révolution ! »

« II. — Irlande. Belfast, le 14 juillet 1791.

« Nous venons d'être témoins d'un spectacle qui a rempli tous les cœurs d'enthousiasme. C'était véritablement la fête triomphale de la liberté ! La « Société des Volontaires » s'est réunie pour célébrer la révolution de France et, dans une marche pompeuse où d'ingénieux emblèmes retraçaient les circonstances les plus remarquables de cet événement, elle a offert aux yeux du peuple tout ce qui peut lui rappeler ses droits et sa dignité. Un simulacre de la Bastille était un des objets qui attiraient le plus l'attention ; d'un

côté on lisait ces mots : « Le 14 juillet 1789, inaugu-
ration de la liberté ; » de l'autre : « Pour devenir
libre, un peuple n'a qu'à le vouloir. » Le portrait du
vénérable docteur Franklin et celui de Mirabeau
étaient portés chacun par deux volontaires. Le premier avait pour devise : « Où règne la liberté, là est
une patrie ; » le second : « Le trafic des Africains
esclaves, condamné par la morale, peut-il être juste
en politique ? »

« Le cortège, après avoir parcouru en longue file
toutes les rues un peu considérables, est arrivé à la
place dite des Toiles-Blanchies, où trois feux de joie
étaient préparés. Ils ont été allumés successivement,
et des salves d'artillerie en ont accompagné l'explosion. Alors le corps entier des volontaires et les citoyens qui les accompagnaient en foule se sont développés en cercle dans l'intérieur même de la place
et là, d'une voix unanime, ils ont adopté la déclaration suivante :

« Les droits et les devoirs des hommes ne peuvent
être gravés d'une manière aussi durable sur le marbre et sur l'airain que dans leur mémoire et dans
leurs cœurs. Nous avons consacré ce jour à célébrer
la Révolution de France, afin que le souvenir de ce
grand événement s'enfonce d'une manière profonde
dans nos âmes, enflammées non seulement des affec-
tions patriotiques du citoyen, mais encore de cette
sympathie universelle qui nous lie à toute l'espèce

humaine dans une fraternité d'intérêts, de devoirs et de tendresse. :

« Une révolution si importante pour l'humanité, embrassant tant de millions d'hommes, étendue sur une si grande surface de pays et complétée dans un temps si court, est propre à étonner et à confondre l'imagination par la grandeur, l'objet et la rapidité des mouvements. Nous pensons donc que le mieux est de nous fixer à une vérité simple et sublime, autour de laquelle nos opinions viendront se ranger et nos jugements chercher un appui solide. Nous n'avons que du bon sens; mais nous le croyons juste et droit. Nous voulons nous débarrasser de ces liens magiques, dont une éloquence corrompue et séductrice vient vainement défrayer le pouvoir, pour courber de nouveau la liberté et réprimer la force invincible du genre humain; et sans nous laisser ni éblouir par le talent, ni abrutir par des subtilités mystiques, nous voulons penser et déclarer nos sentiments non comme « politiques », mais comme « hommes » et comme « volontaires ».

« Comme « hommes », nous pensons que le gouvernement est une convention à l'usage du peuple Du peuple, en prenant dans son sens le plus étendu ce mot souvent si mal compris. Nous pensons que le bien public est le but du gouvernement, et que les formes du gouvernement ne sont que des moyens d'atteindre ce but; moyens qui peuvent sans cesse

être modifiés ou changés par la véritable volonté publique, cette volonté suprême, cette autorité souveraine de toutes les autres.

« Comme « citcyens », nous pensons qu'un peuple
ne peut promettre d'obéissance que conditionnelle-
ment, et qu'elle cesse d'être un devoir quand la volonté du peuple cesse d'être la loi du peuple.

« Comme « volontaires », nous pensons que la force
du peuple doit être employée à garantir la liberté, et
que la liberté est le seul garant sûr du bonheur public.

« C'est donc à ce point que nous nous fixons, et
véritablement si l'on demande : que nous importe la
Révolution de France? Nous répondrons : beaucoup.

« 1) Beaucoup en notre qualité d'homme. C'est
un bonheur pour la nature humaine que le gazon
croisse où jadis s'élevait la Bastille. Nous nous
réjouissons d'un événement qui rompt le charme par
lequel la France entière était retenue dans la servitude d'une bastille civile et religieuse. Quand nous
voyons cette énorme et funeste forteresse d'abus
cimentés seulement par l'habitude, construite sur
l'ignorance d'un peuple abattu, quand nous la voyons
ébranlée sur ses fondements et soudain réduite au
niveau de l'égalité du bien général, nous marquons
notre joie à cette résurrection de la nature humaine,
et nous félicitons notre frère, l'homme sortant de ces
souterrains persécuteurs et de ces caveaux affreux

de la mort; nous félicitons le monde chrétien de ce qu'une grande nation renonce à toute idée de conquête et publie glorieusement le premier manifeste d'humanité, d'union et de paix; en reconnaissance d'un tel présent, nous prions le Dieu de paix d'habiter pour toujours cette terre bienfaitrice, et de ne jamais permettre que le triple despotisme des rois, des nobles et des prêtres puisse troubler l'harmonie d'un peuple délibérant sur les lois qui doivent assurer son bonheur et celui de tant de millions de nos semblables encore à naître.

« En notre qualité d'homme, la Révolution de France est donc beaucoup, mais beaucoup pour nous.

« 2) En qualité d'Irlandais. Nous avons aussi une patrie, et qui nous est bien chère; si chère, quant à ses intérêts, que nous soupirons après l'anéantissement de toute intolérance civile et religieuse dans ce pays; si chère, quant à son honneur, que nous appelons de tous nos vœux le moment où cessera pour jamais ce commerce infâme de la liberté publique, que nous voyons vendue par l'un, achetée par l'autre; si chère, quant à sa liberté, que le plus profond et le plus constant de nos désirs « est une vraie « représentation de la volonté nationale, le seul « guide et le seul gardien du bonheur national ».

« Poursuis donc, peuple grand et généreux, poursuis, continue à protéger la sublime philosophie de

la législature, à forcer les applaudissements des nations les moins disposées à te rendre justice ; et non
par les conquêtes, mais par la toute-puissance de la
raison ; convertis et délivre le monde, ce monde dont
les yeux sont fixés sur toi, dont le cœur est sans
cesse au milieu de toi, qui s'entretient de toi « dans
« toutes ses louanges ». Tu es sans doute, oui, tu es la
véritable espérance de tout l'univers, de tout, à l'exception de quelques hommes, dans quelques cabi-
nets, qui croient que l'espèce humaine leur appartient, et non pas eux à l'espèce humaine ; mais qui,
moralement instruits par un redoutable exemple,
commencent à trembler et n'osent plus se confier à
ces armées rassemblées contre toi et contre la cause
que tu soutiens.

« Nous avons résolu unanimement qu'une copie
de la déclaration ci-dessus sera adressée par notre
Président, au nom de nous tous, à l'Assemblée nationale de France.

Signé : William Sharmoun.

La communication finit sur le détail d'un toast,
dont l'esprit correspond aux sentiments précédemment manifestés. Il n'était pas inutile de dévoiler ces
sentiments, si naturels aux Irlandais notamment,
dont la pensée, en présence de la proclamation en
France de la liberté de conscience et de tant d'autres

libertés, était violemment ramenée vers les injusti-
fiables maux que leur faisait endurer, comme catholiques et comme citoyens, un peuple, affranchi cependant politiquement et se trouvant sans doute
aussi affranchi religieusement par la Réforme. Mais
ces sentiments méritent encore d'être mis en lumière
par le motif que leur expression se maintient en
somme dans les régions les plus sereines, les plus
élevées, sans prêter au reproche de violence, sans ne
servir que des revendications très compréhensibles,
en apportant ainsi son témoignage à la modération
non moins qu'à l'efficacité possibles des associations
même politiques, sur une terre où déjà la liberté a
dans une certaine mesure et depuis un certain temps
trouvé un asile.

Toujours est-il que les mêmes dispositions persis-
tent quelque temps, en s'accentuant même davantage
dans le sens du républicanisme, et que, pendant
toute l'année 1792, des adresses et des députations
ne cessent de partir d'Angleterre pour l'Assemblée
législative et pour la Convention, comme auparavant elles avaient pris le chemin de la Constituante.

Voici cependant d'abord une adresse de la Société
constitutionnelle de Londres à la *Société des Jacobins de Paris*, où elle fut lue par M. Waths,
membre de la Société de Manchester et délégué par
elle à Paris, dans sa séance du 27 mai 1792, et dont
nous détachons ces quelques lignes :

« Frères et concitoyens du monde,

« Ce n'est pas une des moindres révolutions que
le temps développe aux yeux du monde étonné, que
de voir deux nations, nourries dans une haine réciproque par un infernal machiavélisme, briser subitement leurs chaînes odieuses et se précipiter dans
l'amitié.....

« Nous avons vu l'ignorance des despotes insulter
à vos principes paisibles; nous avons vu la main
amie que vous tendiez au monde repoussée par ceux
qui regorgent de ses dépouilles.

« Nous formons des vœux pour votre succès dans
la plus juste des causes; nos cœurs vous accompa-
gnent; et, en parlant ainsi, nous croyons parler au
nom de plusieurs millions d'hommes..... »

« *Par ordre de la Société :*

« John Cartrovighs, président;
« Daniel Adams, secrétaire.

« London, 11 mai 1792. »

Nous rencontrons ensuite « une réunion de Sociétés de Bretons » assemblées pour obtenir une représentation juste, égale et impartiale dans le Parlement, et qui par la même occasion envoient à la

Convention nationale de France, à la date du 27 septembre 1792, une commune adresse de félicitations; la Société constitutionnelle de Manchester : président Th. Walker; secrétaire, Samuel Duckson; — la Société de la Réformation, de la même ville : J. Bull, président; John Stacy, secrétaire; — la Société des Whigs constitutionnels indépendants et amis du peuple : George Pullec, président; Jack Bly, secrétaire.

« Français, dit entre autres cette adresse, tandis que des brigands étrangers (les Austro-Prussiens), sous le spécieux prétexte de venger la justice, ravagent votre territoire, y portent partout la désolation et la mort..... la partie opprimée de l'humanité, oubliant ses propres maux, ne sent que les vôtres.....

« Il est du devoir des *vrais Bretons* de soutenir et d'assister de tous leurs moyens les défenseurs des droits de l'homme, les propagateurs du bonheur de l'humanité, et de jurer, à une nation qui procède d'après le plan que vous avez adopté, une amitié inviolable.....

« En cherchant nos ennemis réels, nous retrouvons cette aristocratie dévorante qui déchire notre sein; aristocratie qui, jusqu'à présent, a été le poison de tous les pays de la terre. Vous avez agi sagement en la bannissant de la France.

« Nos mains sont enchaînées; mais nos cœurs sont libres et ils sont avec vous.....

« Chers amis, combattez pour le bonheur de l'humanité entière ! Est-il pour vous aucune perte, quelque sanglante qu'elle soit, comparable à l'avantage glorieux et sans exemple de dire : l'univers est libre, les tyrans et la tyrannie ne sont plus, la paix règne sur la terre et c'est aux Français qu'on le doit. »

Signé par ordre :

Maurice Margacot, président ;
Thomas Hardy, secrétaire.

La Société constitutionnelle de Londres écrit à son tour à la Convention nationale :

« Citoyens et frères,

« Pendant le temps si intéressant dans lequel il s'agissait du sort des droits de tant de millions d'hommes (car nous regardons la cause des Français comme celle de l'humanité entière), nous avons rougi en pensant qu'il a pu se trouver des Anglais assez dégénérés des principes de leurs ancêtres pour oser défendre publiquement l'injuste invasion de votre pays par le matamore Brunswick et les autres satellites du despotisme et surtout pour calomnier et chercher à avilir une grande nation offensée et vertueuse, parce qu'elle défend ses droits, parce qu'elle fait tous ses efforts pour défendre la plus glorieuse cause dont les hommes aient jamais entrepris la défense et pour repousser l'attaque la plus révoltante, la plus injuste et la plus infâme qui ait jamais déshonoré les annales de l'histoire de la justice; attaque dans laquelle les agresseurs n'avaient pas plus de droits de leur côté que n'en a le voleur de grands chemins quand il présente son pistolet au voyageur surpris, tremblant et fatigué. Leur seul droit est la force.

« Mais, citoyens et frères, ce ne sont pas là les sentiments du peuple anglais, nous vous prions de le croire. Cette opinion impie est l'ouvrage de ces malheureux libellistes qui vendraient leur liberté et celle de tous les hommes à toute puissance qui payerait le mieux..... leur voix. Chaque jour, à chaque instant, ils répandent les mêmes poisons sur ceux de leurs compatriotes qui ont le courage de parler ou d'écrire en faveur de la liberté et contre les procédés infâmes des cours. Nous les connaissons et nous les méprisons. Nous vous prions d'en faire autant. Ce sont les plus vils reptiles. Leurs encouragements sont des outrages et leurs calomnies des éloges; enfin, ce sont des prôneurs de Burke.....

« Vous avez déjà la promesse de notre Cour qu'elle gardera la plus exacte neutralité tant que durera la guerre à laquelle vous avez été si injustement forcés.....

« La foi qu'ils ont engagée est celle de la nation ; et nous espérons, nous sommes bien persuadés, qu'ils n'oseront pas badiner avec elle. Cependant, comme nous ne pouvons répondre des événements qui ne dépendent pas de nous, cette société, composée de plusieurs milliers de négociants, d'artisans, de manufacturiers et d'ouvriers de toute espèce qui savent qu'ils composent le corps le plus utile et le plus nombreux, et forment avec ceux de la même classe la force et la puissance d'un État, vous prie d'être assurés que si cette foi, ainsi solennellement engagée, venait à être rompue par perfidie, nous regarderions cet acte comme une déclaration de guerre contre nos propres libertés, et nous emploierions toute l'influence que nous avons et tous les moyens légaux qui sont en notre pouvoir, pour arrêter le bras qui serait levé contre vous et pour détourner le mal auquel on aurait visé, avec le même zèle et la même ardeur que s'il nous eût été adressé à nous-mêmes... »

Signé par ordre de la Société :

David Martin, président ;
Mars Horsfield, secrétaire ;
John Alcoch, trésorier.

Le 29 novembre 1792, la même Convention nationale entendait la lecture, par M. Lebrun, ministre des affaires étrangères de la République, d'une autre

adresse émanée de la Société établie à Rochester
« pour la propagation des droits de l'homme », et
qui contenait cette déclaration si remarquable par
son indépendance :

« La Société ayant été informée que M. Lindsay
est dépêché à Paris sans aucun caractère diplomatique qui annonce que le ministre anglais reconnaît
la République française ;

« A résolu unanimement que cette société voue au
mépris, à la haine et à l'indignation des vrais amis
de la liberté les agents d'une administration corrompue, qui ont l'audace d'envoyer aux ministres
d'un peuple libre un certain Lindsay, avec un message menaçant, insultant, dans la vue d'obtenir des
conditions qui déshonoreraient la majesté du peuple
français et de lui faire abandonner la cause des
peuples qui aspirent à recevoir de lui le bienfait de
la liberté. »

Dans le courant du même mois de novembre, la
Société constitutionnelle de Londres, passant des
paroles aux actes, faisait parvenir à la Convention
avec une nouvelle adresse des dons en nature, à
'occasion desquels ses délégués s'exprimaient ainsi :

« D'innombrables sociétés du même genre se forment actuellement dans toutes les parties de l'Angleterre... La raison va faire de rapides progrès ; et
il ne serait pas extraordinaire si, dans un intervalle
beaucoup moins long que nous n'oserions le prédire,

il arrivait du continent des adresses de félicitations
à une Convention nationale anglaise.

« Nous sommes chargés aussi d'informer la Convention nationale que la Société que nous représen-
tons a envoyé mille paires de souliers à présenter,
comme don patriotique, aux soldats de la liberté ;
ces souliers sont déjà arrivés à Calais. Il sera envoyé
de plus par la même société, pour le même objet,
mille paires par semaine, au moins pour six semaines de suite. Nous demandons à qui il faut les
adresser. »

En ce qui concerne l'adresse elle-même, elle disait
notamment :

« Mandataires d'un peuple souverain et bienfai-
teurs de l'espèce humaine.

«..... Les époques successives de votre régénération politique ont toutes ajouté quelque chose au
triomphe de la liberté et la glorieuse victoire du
10 août a enfin préparé les voies à une Constitution
qui, nous l'espérons de vos lumières, sera fondée
sur les bases de la nature et de la raison.

« Ce qui se passe journellement prouve que vous
avez conquis l'opinion de tous les peuples placés
près de vous sur le continent.

« Il fallait que, rayonnante de tous les feux du so-
leil au milieu de son cours, la Révolution française
déployât soudain au centre de l'Europe les résultats
pratiques que la philosophie avait semés dans l'om-

bre de la spéculation et que confirme partout l'expérience...»

Et la Convention de répondre par l'organe de son président Grégoire à qui, ces temps derniers précisément, on vient d'élever une statue dans son pays natal :

« Fiers enfants d'une nation qui a illustré les deux mondes et donné de grands exemples à l'univers, vous nous apportez plus que des vœux, puisque le sort de nos guerriers a mérité votre sollicitude; les défenseurs de notre liberté le seront un jour de la vôtre. Vous aviez des droits à notre estime, vous en avez à notre reconnaissance; et d'ailleurs, les hommes libres n'oublieront jamais ce qu'ils doivent à la nation anglaise.

« Les ombres de Pym, de Hampden, de Sydney planent sur nos têtes; et sans doute il approche le moment où des Français iront féliciter la Convention nationale de la Grande-Bretagne.

« Généreux républicains, votre apparition au milieu de nous prépare des matériaux à l'histoire; elle mentionnera le jour où des citoyens d'une nation longtemps rivale, au nom d'une foule de leurs compatriotes, parurent au sein de l'Assemblée des représentants du peuple français; elle racontera qu'à votre aspect tous les cœurs se dilatèrent.

« Dites à la Société qui vous a députés, dites à

tous vos compatriotes que dans vos amis les Français, vous avez trouvé des hommes.

« La Convention nationale vous invite à la séance. »

L'Angleterre, qui est la seule nation dont nous nous occupions ici à cause du terrain solide que ses institutions offraient au groupement d'hommes animés d'opinions et de visées semblables, n'était pas d'ailleurs la seule à rendre, par certains de ses organes non officiels, hommage à la Révolution. Suivant la juste remarque de l'auteur d'une étude parue en variétés au cours des mois de juin et juillet 1885 sur Danton émigré, « on n'en finirait pas, si l'on voulait extraire même successivement de ces harangues enflammées envoyées à Paris de tous les points de l'Occident, d'Allemagne, de Pologne, de Belgique, de Hollande, d'Italie, d'Angleterre surtout et même des États-Unis d'Amérique, les passages les plus caractéristiques en civisme et en sociabilité! Aussi devons-nous nous borner à observer que toutes exprimaient ces sentiments de fraternité, ces idées de justice, de droit privé et public, d'affranchissement intellectuel et de positivité, ces élans généreux vers la constitution de notre espèce en une seule et même famille qui sont le fond même de la philosophie du xviii° siècle, dont l'aboutissement le plus élevé présentait la régénération humaine comme consistant dans la substitution des connaissances scientifiques aux croyances théologiques et d'un régime de paix servi par l'industrie, d'un état purement civil au système militaire, féodal ou monarchique, ou plus généralement et, selon la formule d'Auguste Comte, « dans l'institution d'une foi démontrable dirigeant une activité pacifique ».

Vainement donc la plupart des gouvernements établis en Europe manifestaient-ils une horreur invincible et assez naturelle pour la Révolution française ; celle-ci, tant du moins qu'elle ne piétina pas dans le sang, continua sa marche avec l'approbation hautement exprimée ou forcément discrète des peuples, et le baron prussien, c'est-à-dire rhénan, Anacharsis Cloots, pouvait écrire à Charles Stanhope, cet autre grand seigneur qui le premier et souvent le seul, à la Chambre des pairs, suivit, inébranlable, la ligne du progrès : « On attribue à certaines puissances le projet de tirer un cordon pour se préserver de la peste française ; ce moyen est efficace en Hongrie ; mais ici (sur nos frontières), tout le monde voudra s'inoculer le mal prétendu... »

En Angleterre notamment, devant cette propagation des principes français dans le pays et dans les deux chambres du Parlement, devant ce travail de transformation constitutionnelle qui commençait à s'y faire dans les esprits, les sphères élevées de l'État et les partisans de la royauté hanovrienne prirent peur et on résolut en haut lieu de supprimer le mal.

Ce qui troublait surtout la quiétude du gouver-

nement, c'étaient précisément les sociétés fondées en
vue de la réforme parlementaire. Car tel était le
titre ou le couvert sous lequel le parti avancé avait
médité en Écosse, de constituer « une Convention nationale » empruntant ainsi le langage et les procédés
des républicains, qui lui servaient de modèles. Le
ministère engagea donc des poursuites qui amenè-
rent la condamnation à la déportation des principaux
chefs du mouvement, Muir et Palmer, sans que la
défense des condamnés, entreprise à la Chambre des
pairs par les comtes de Lauderdale et de Stanhope et
à la Chambre des communes par Guillaume Adam,
parvint à les sauver.

Et toutefois, les deux plus grandes sociétés de l'Angleterre, déjà nommées par nous, et qui avaient leur
siège à Londres, la Société constitutionnelle et celle
des Amis de la Révolution, purent encore, quoique
arborant aussi le drapeau de la réforme parlementaire, continuer provisoirement leurs agissements.

Mais au mois de mai 1794, leurs principaux membres furent arrêtés et enfermés à la Tour. Dans un
message royal au Parlement, ces sociétés et toutes
celles avec lesquelles elles étaient en correspondance
étaient signalées comme se proposant de convoquer
« une Convention nationale qui représentât réellement le peuple anglais » ; ce qui n'était pas fait évidemment pour bien disposer le Parlement en faveur
de ceux qui convoitaient sa succession.

Aussi le chef du cabinet Pitt, en remerciant le roi à propos de cette partie de son message, ne craignit-il pas de proposer la suspension de la loi d'*habeas corpus*. Les résistances énergiques de Fox à la Chambre des communes, de Lauderdale et de lord Thurlow à la Chambre haute, n'y firent rien. Aux craintes qu'ils exprimaient pour les libertés anglaises, dont cette mesure semblait leur présager la destruction prochaine, le ministère répondait en assurant qu'il n'y avait rien à appréhender de ce côté, et il l'emporta définitivement sur l'opposition. Le 23 mai 1794, le bill fut converti en loi.

Une adresse au roi fut ensuite votée par les deux Chambres pour lui faire connaître la volonté expresse de la majorité de poursuivre impitoyablement les complices de la conspiration.

Par suite, un bill d'accusation fut aussitôt dressé contre quinze membres des sociétés de réformes parlementaires, parmi lesquels se trouvaient notamment Thomas Hardy, qui fut défendu par lord Erskine, le défenseur de tant de nobles causes; John Hormtook qui, dans sa défense, embarrassa William Pitt lui-même, cité comme témoin, et John Thelwall.

On sait par l'histoire que ces procès, dont le retentissement avait été très grand dans le Royaume-Uni, s'étant terminés par acquittement de la part du jury, la couronne, jugeant prudent de mettre un terme à des poursuites, qui éclairaient le pays et la discréditaient ·devant lui, abandonna l'accusation, et que les douze autres prévenus furent mis en liberté.

Et on connaît aussi par notre exposition antérieure les mesures prohibitives, bientôt rapportées, il est vrai, qui furent prises législativement en 1795 contre les réunions publiques et qu'expliquent suffisamment, s'ils ne les justifient pas, les faits rapportés par nous tout à l'heure, dont l'Angleterre avait été jusque-là le théâtre. Pour éviter toute redite, nous nous en tiendrons donc là, en nous contentant d'extraire de la Constitution anglaise, telle que MM. Laferrière et Batbie, les auteurs autorisés des *Constitutions d'Europe et d'Amérique*, l'ont en 1869 rédigée eux-mêmes d'après les documents épars qui ont servi de base à leur travail, les cinq articles suivants, propres à servir en quelque sorte de résumé et à nous éclairer sur l'état depuis longtemps invariable de la législation anglaise en la matière :

§ 7. — *Droit de réunion et d'association.*

« Art. 54. — Les citoyens ont le droit de s'assembler paisiblement et sans armes; de former des réunions ou meetings sans aucune autorisation préalable, d'y traiter les questions politiques ou autres, d'y voter des résolutions, sauf à répondre de toute infrac-

-tion aux lois qui répriment les délits commis par le moyen de la parole ou de la presse.

« Art. 55. — Les meetings peuvent avoir lieu en plein air, mais non sur la voie publique.

« Art. 56. — Si les magistrats chargés de veiller au maintien de l'ordre public jugent qu'un rassemblement a un caractère séditieux, ils ont le droit d'ordonner qu'il se disperse. Toute réunion qui ne se sépare pas une heure au plus après la sommation formelle du juge de paix et la lecture par lui faite du *riot act* (acte contre l'émeute) est illégale (1); elle peut être dispersée par la force et ses membres poursuivis comme coupables de félonie.

« Art. 57. — Dans tous les cas, il appartient au jury de statuer sur la légalité de la réunion et sur les délits commis par ceux qui y prenaient part.

« Art. 58. — Tous les citoyens ont le droit de former des associations sans autorisation préalable et sans limitation du nombre des associés (2).

« Cependant, toute association politique dont les membres contractent des obligations sous serment et signent, sans en être requis ou y être autorisés par

---

(1) La proclamation lue par le magistrat est ainsi conçue : « Notre seigneur et souverain le roi charge et commande à toutes les personnes assemblées de se disperser immédiatement et de retourner paisiblement dans leurs habitations ou à leurs occupations légales, sous les peines autorisées par l'acte fait dans la première année du roi George, pour prévenir les désordres et les assemblées tumultueuses. Dieu sauve le roi ! »

(2) Statut, xxxix° année, George III, chap. XIX.

la loi, une déclaration ou engagement quelconque,
est illégale.

Il en est de même des sociétés qui gardent le secret sur les noms de leurs membres, ou dans lesquelles
les directeurs restent inconnus aux adhérents (1).

« La loi n'autorise pas l'affiliation de plusieurs
sociétés entre elles et la réunion de leurs délégués
respectifs en conférence générale, à moins qu'il ne
s'agisse de sociétés religieuses, de bienfaisance ou
de celles de l'ordre maçonnique. »

On comprend d'ailleurs que les anciennes colonies
anglaises dans le nouveau monde, devenues après
leur affranchissement les États-Unis d'Amérique,
n'aient pas voulu rester en arrière de la mère patrie
sous ce rapport, alors surtout que cet affranchissement était déjà dû à l'agrégation. Aussi parmi les
articles additionnels et amendements à la Constitution des États-Unis d'Amérique, proposés par le premier congrès le 25 septembre 1789 et ratifiés le
15 décembre 1791, en trouvons-nous un, le premier
précisément, aux termes duquel :

« Le congrès ne fera aucune loi établissant une

____

(1) L'ouverture d'un club, d'un local pour des discussions ou d'un
salon de lecture est cependant subordonnée à la concession de deux
juges de paix. (Fischel, *la Constitution d'Angleterre*, I, 178.)

religion d'État ou prohibant le libre exercice d'une religion, ou restreignant la liberté de la parole ou de la presse, *ou le droit qu'a le peuple de s'assembler paisiblement* et d'adresser au gouvernement des pétitions pour le redressement de ses griefs. »

Qu'il nous soit permis maintenant de nous tourner du côté de la France et de nous y arrêter un peu plus longuement à cause de la législation plus mouvementée qu'elle a connue, mais en nous prémunissant à son sujet contre des développements faciles, dont les éléments se trouvent un peu partout à la disposition du lecteur français.

CHAPITRE IX

LES ASSOCIATIONS A PARTIR DE LA RÉVOLUTION FRANÇAISE,
EN FRANCE

Des affiliations politiques secrètes ont certainement existé dans la France d'avant la Révolution et elles y ont été pourchassées par le gouvernement avec la même violence qu'en Allemagne. Mais les rassemblements n'y sont devenus l'objet d'un droit propre que lorsque, avec la Révolution, les assemblées ont conquis leurs coudées franches. Il n'y a pas à s'arrêter outre mesure à la Déclaration des droits de l'homme et du citoyen, du 26 août 1789, dont l'article 11 porte cependant déjà :

« La libre communication des pensées et des opinions est un des droits les plus précieux de l'homme; tout citoyen peut donc parler, écrire, imprimer librement, sauf à répondre de l'abus de cette liberté dans les cas déterminés par la loi. »

Or la liberté de la parole proclamée par cet article implique au moins la liberté des réunions, qui s'exercera dans les mêmes conditions que la liberté de la presse. Que si la déclaration est entièrement muette sur le droit d'association, elle le reconnaît toutefois implicitement en ce qui concerne le civil. En effet la liberté d'association est nécessaire à la liberté de religion, que la même Déclaration a proclamée dans son article 10 pour la pratique commune des cultes. Elle n'a pas non plus voulu méconnaître le droit de former des sociétés d'intérêt purement civil, soit pour le commerce, soit pour l'assistance mutuelle, ce droit dérivant du droit de propriété. Et quant au droit d'établir des sociétés pour la récréation réciproque, il découle de la liberté individuelle, sauvegardée aussi bien que la propriété dans l'article 2 de la Déclaration où il est dit : « Le but de toute association politique est la conservation des droits naturels et imprescriptibles de l'homme. Ces droits sont la liberté, la propriété, la sûreté et la résistance à l'oppression. » L'article 11, qui patronne pour ainsi dire la libre communication des pensées, s'applique d'ailleurs à l'ordre politique comme à l'ordre civil. Le droit de vote entraîne virtuellement la liberté des opinions politiques. Il est donc loisible au citoyen d'exprimer par la parole ou la presse son sentiment sur les affaires publiques et sur les événements, sans qu'il puisse en être empêché par aucune mesure préventive, par aucune censure préalable. La répression des tribunaux ne peut atteindre que les abus commis, consommés par le citoyen, dont les idées et les doctrines n'auraient pas été exposées d'une manière suffisamment philosophique et pacifique. Seulement, si la liberté des opinions même politiques comme aussi celle des réunions n'a rien à craindre de l'article 11, on peut douter que celui-ci entende abriter la liberté des associations politiques sur lesquelles il garde un silence absolu. Ce silence a été plus d'une fois interprété dans le sens d'une proscription par ceux surtout qui pensent que dans l'État, voire la commune, se forme une société politique naturelle qui suffit et qui rend superflues et dangereuses les associations particulières.

En tout cas, la question de la reconnaissance des associations politiques à cette époque n'est pas péremptoirement vidée, dans le sens de l'affirmative, même après la loi du 19-20 septembre 1790, dont nous reproduisons les termes :

« L'Assemblée nationale, sur le compte qui lui a été rendu par son comité militaire, des démarches qui ont eu lieu aux casernes de Rueil et de Courbevoie et des soins que les municipalités de ces deux bourgs ont pris pour s'opposer aux inconvénients qui devaient en résulter, décrète ce qui suit :

« Art. 1er. Le président sera chargé d'écrire aux municipalités de Rueil et de Courbevoie que l'Assemblée nationale approuve la conduite sage et prudente qu'elles ont tenue pour arrêter l'effet des démarches qui ont été faites vers le corps des Gardes suisses et qu'elle approuve également le respect que les Gardes suisses ont montré à la loi et à ses organes.

« Art. 2. Il est défendu à l'avenir à toute association ou corporation d'entretenir, sous aucun prétexte, des correspondances avec les régiments français, suisses et étrangers qui composent l'armée. Il est également défendu auxdits corps d'avoir ou de continuer de pareilles correspondances, à peine, pour les premiers, d'être poursuivis par les magistrats chargés du maintien des lois comme perturbateurs du repos public, et pour les seconds, d'être poursuivis suivant la rigueur des ordonnances. »

Cette loi, adoptée sans discussion au rapport de Noailles, ne préjuge en réalité rien relativement aux associations politiques. En fait, depuis le commencement de la Révolution, la France s'était couverte de sociétés populaires. La Déclaration des droits n'avait pas rangé au nombre des droits naturels l'association en matière politique, et la loi précitée, en interdisant de correspondre avec l'armée ni avec aucun des corps qui la composent, s'est bornée à prévenir un des plus grands dangers que les associations politiques pourraient causer, sans se référer, peut-on penser et dire, à leur reconnaissance antérieure si controversable et sans songer à cette reconnaissance pour son propre compte.

Mais bientôt on va échapper à la nécessité des inductions et des conjectures, car voici venir la loi des 13-19 novembre 1790, rendue sur le rapport de Salles et sur une pétition et qui est aussi explicite que possible sur la validité de *toutes réunions et associations* sous l'égide de la loi commune. L'Assemblée nationale y déclare en effet « que les citoyens ont le droit *de s'assembler paisiblement* et *de former entre eux des sociétés libres*, à la charge d'observer les lois qui régissent tous les citoyens ; qu'en conséquence la municipalité de Dax n'a pas pu troubler la société formée dans cette ville sous le nom de Société des Amis de la Constitution ; que ladite société a le droit de continuer ses séances et que ses papiers doivent lui être rendus ».

La pratique nullement entravée du droit nouveau conduisit au régime clubiste dont il a été antérieurement parlé déjà. Au début, les clubs n'étaient autre chose que des sociétés ; celles-ci se constituèrent ensuite en assemblées régulières, en renonçant à toute sorte de barrières et d'obligations par rapport à leurs membres, et devinrent de la sorte des foules rassemblées, adoptant la procédure et les fonctions d'une association politique organique et partant responsable. Mais *cette organisation d'une puissance politique affranchie de responsabilité* impliquait contradiction, et il allait ne pas y avoir de devoir plus urgent que de séparer le droit des assemblées de celui des associations. C'est aussi ce départ entre les deux droits qui devient le souci et le contenu de la formation juridique à venir. Sur le rapport présenté par Chapelier au nom du comité de Constitution, l'Assemblée nationale enlève dans la loi des 18-22 mai 1791 à ces groupements, figurant à la fois des assemblées et des associations, et qu'on nommait aussi pour cela des *sociétés populaires*, le *droit d'association*, c'est-à-dire tous les droits basés sur une unité persévérante.

Nous en détachons quelques articles, marquant la tendance du législateur :

« Art. 1er. Le droit de pétition appartient à tout individu et ne peut être délégué ; en conséquence, il ne pourra être exercé en nom collectif par les corps électoraux, judiciaires, administratifs ni municipaux, par les sections de communes ni *les sociétés de citoyens*.

« Art. 13. Aucun citoyen et aucune réunion de citoyens ne pourront rien afficher sous le titre d'arrêtés, de délibérations, ni sous toute autre forme obligatoire et impérative.

« Art. 14. Aucune affiche ne pourra être faite sous un nom collectif : tous les citoyens qui auront coopéré à une affiche seront tenus de la signer. »

On interdisait donc aux sociétés populaires d'afficher leurs résolutions ou de pétitionner en nom collectif, en étendant même cette dernière interdiction sans trop de raison, mais pour ne pas faire peut-être des jaloux, à tous les corps constitués, municipalités, administrations, tribunaux, qui peuvent cependant être considérés comme des individus. Après quoi la Constitution du 3 septembre 1791 se contente simplement de garantir aux citoyens, parmi les droits naturels et civils, « la liberté de s'assembler paisiblement et sans armes, en satisfaisant aux lois de police ».

De plus, la loi des 30 septembre-9 octobre 1791, qui est le dernier ouvrage du comité de Constitution et de la Constituante et qui fut votée malgré l'opposition de Robespierre, en renouvelant la défense déjà intimée précédemment aux réunions et associations de pétitionner collectivement, interdit en outre à toute société, club, association, de former aucune députation, d'assister à aucune cérémonie, d'apporter aucun obstacle à aucun acte quelconque de l'autorité, de mander devant eux aucun fonctionnaire ni aucun citoyen, de faire aucun acte d'existence politique. Les peines civiques ou autres encourues en cas de contravention, et qui ne manquent pas de sévérité, sont consignées dans les trois articles de la loi.

« Cette loi, observe M. Faustin-Adolphe Hélie, dans ses *Constitutions de la France*, est une mesure de sage prévoyance. Depuis le 21 juin, l'agitation révolutionnaire croissait et les idées républicaines, excitées par la mauvaise conduite du roi, se propageaient. La Constituante, en terminant sa carrière, loin de céder à ces désordres de l'opinion, les frappait avec force. Une Révolution aussi radicale que celle de 1789 n'avait pu s'accomplir sans des mouvements violents dans la société ; mais la Constitution étant proclamée et solennellement jurée, la Révolution étant achevée, les agitations devaient cesser et il était du devoir du gouvernement de les comprimer. C'est ce que fit la Constitution dans la loi ci-dessus. Au lieu de réglementer les sociétés politiques, elle aurait dû les interdire : ces sociétés sont toujours dangereuses, car si dans les périodes tranquilles elles paraissent inoffensives, les gouvernements ne peuvent plus supprimer, quand les temps deviennent orageux, ce qu'ils ont imprudemment toléré. A l'égard des réunions, qui se tiennent accidentellement sur un objet déterminé entre gens qu'aucun lien permanent n'associe, la Constituante respecte justement le droit inviolable de l'homme et du citoyen ; elle les réglemente avec prudence afin d'empêcher que ces réunions, exploitées par la mauvaise foi des partis, ne deviennent un moyen de renverser l'autorité des lois et les libertés publiques. La loi du 30 septembre 1791 les désarme ; elle aurait pu, en outre, leur enlever la publicité des séances, qui n'est pas une condition essentielle du droit naturel. »

Ce qui est en tout cas hors de doute, c'est que la loi dont s'agit fit le premier pas vers la démarcation entre le droit de réunion et le droit d'association. Car on en induisit à juste titre que la réunion n'avait

d'autre droit que celui de discuter, outre les affaires
particulières de ses membres, les affaires publiques
et aussi les actes de l'autorité, c'est-à-dire de manifester, d'exprimer son sentiment. Elle n'eût pas pu
même publier ses délibérations, cette publication
étant un acte d'existence politique. Le droit d'association ne fut pas encore, à cette occasion, l'objet de
déterminations plus circonstanciées ; le droit des sociétés politiques se comprenait de lui-même, et de
sociétés économiques, il n'y en avait pas.

A côté de ces règles tout à fait précises, existaient
des dispositions tout à fait générales, donnant sans
plus amples explications qualité aux autorités
établies pour assurer le maintien de l'ordre public.
On en rencontre dans la loi du 22 décembre 1789-
10 janvier 1790 qui, à l'article 2 de la section III,
charge « encore les administrations de département,
sous l'autorité et l'inspection du roi, comme chef
suprême de la nation et de l'administration générale
du royaume, de toutes les parties de cette administration, notamment de celles qui sont relatives...
9° au maintien de la salubrité, de la sûreté et de la
tranquillité publiques » ; et notamment aussi dans la
loi des 16-24 août 1790, dont le titre II, à son article 3, confie à la vigilance et à l'autorité des corps
municipaux, entre autres objets de police, « le maintien du bon ordre dans les endroits où il se fait *de
grands rassemblements* d'hommes, tels que les

foires, marchés, réjouissances et cérémonies publiques, spectacles, jeux, cafés, églises et autres lieux publics ».

De pareilles dispositions n'avaient, pour le moment, pas grand point de contact avec la question véritable ; elles rentraient dans les prescriptions de police ordnaires. Mais le temps devait venir où elles auraient leur importance. Dans le présent, avec le droit de réunion proprement dit, l'affaire principale parut réglée. Le contraire devait être bien vite établi. Car il n'est pas douteux qu'au fond de ces manifestions, il y a la lutte acharnée des misérables contre ceux qui possèdent. Les coups portés aux sociétés populaires représentent les mesures prises par ceux-ci à l'encontre de la guerre sociale, pour laquelle ceux-là font leurs préparatifs. *La législation relative au droit de réunion suit cette guerre pas à pas.* Une fois que la classe déshéritée l'a emporté sur les Girondins qui, arrêtés le 31 mai, meurent le 31 octobre 1793 sur l'échafaud, le principe de 1791 est entièrement retourné. L'axe de la vie publique est déplacé ; il passe derechef des groupements et représentations organiques aux clubs inorganiqnes ou sociétés populaires. Il arrive non seulement qu'avec les Jacobins les clubs renversent toutes les digues de droit, mais encore que l'assemblée des représentants du pays est réduite à habiliter formellement ces centres d'agitation et de pression. Dans son article 122, là Constitution du 24 juin 1793 « garantit à tous les Français la liberté, l'égalité, la sûreté, la propriété, la dette publique, le libre exercice des cultes, une instruction commune, des secours publics, la liberté indéfinie de la presse, le droit de pétition, *le droit de se réunir en sociétés populaires*, la jouissance de tous les droits de l'homme. »

Le décret du 23 juillet suivant permet aux clubs de délibérer sur tous objets du droit et de la vie publique, de les rapporter, de s'ériger en pivots de la puissance publique. Troubler l'exercice d'un tel droit, n'était-ce pas la violation publique du droit? Aussi y met-on bon ordre, et « la peine contre les fonctionnaires qui se seraient rendus coupables de ce délit sera de dix années de fers » ! En réalité, la souveraineté du peuple se dissolvait de la sorte dans celle des clubs. Or, un tel état de choses, dont toute organisation était bannie, ne pouvait se prolonger longtemps.

A peine donc la classe qui possède a-t-elle recouvré ses droits ou repris le dessus, qu'une des premières tâches qu'elle s'impose est de briser le droit des assemblées. Déjà le décret du 30 octobre 1793 (9 brumaire an II), après avoir prohibé, dans son article 1er, les clubs et sociétés populaires de femmes, quelle que fût leur dénomination, *imposait*, dans son article 2, *la publicité* à toutes les séances des sociétés populaires et à celles des sociétés libres des arts, dans le but sans doute d'empêcher que les réunions dussent à l'association de devenir des puissances, sans avoir la responsabilité des associations.

Mais le parti décisif fut pris seulement par le décret du 16 octobre 1794 (25 vendémiaire an III). Bien que la Convention se fût débarrassée de Robespierre, les Jacobins n'étaient pas entièrement abattus et elle ne cessait de craindre qu'une insurrection semblable à celle qui, le 31 mai 1793, avait eu raison des Girondins, ne vînt de nouveau lui ravir sa liberté d'action. Ce décret de vendémiaire, dans lequel il convient de voir la base du droit d'association politique, non seulement en France, mais encore en Allemagne, en ce que *le premier* il sépare définitivement l'association de la réunion, n'a pas cependant porté atteinte à la pleine liberté de former des associations. Seulement, il limite les assemblées aux assemblées d'associations, et, après avoir rappelé les prescriptions du 30 septembre 1791, il fonde le grand principe de la responsabilité des sociétés, en exigeant que chacune d'elles dresse le tableau par nom et prénoms, âge, lieu de naissance, demeure, date d'admission de tous les membres qui la composent, et fasse parvenir aux autorités locales ce tableau, qui sera affiché ; et enfin, dans son article 1ᵉʳ, il défend comme subversives du gouvernement et contraires à l'unité de la République « toutes affiliations, agrégations, fédérations, ainsi que toutes correspondances en nom collectif entre sociétés, sous quelque dénomination qu'elles existent » ; ces affiliations n'étant par le fait autre chose qu'une organisation des classes dans le dénuement vis-à-vis des classes aisées.

Ces principes, qui affectent d'abord le caractère de simples mesures de police, deviennent le premier droit constitutionnel des assemblées en entrant dans la nouvelle Constitution du 22 août 1795 (5 fructidor an III) qui leur aménage les articles 360 à 364, ainsi conçus :

« Art. 360. Il ne peut être formé de corporations ni d'associations *contraires à l'ordre public*.

« Art. 361. Aucune assemblée de citoyens ne peut se qualifier de société populaire.

« Art. 362. Aucune société particulière, s'occupant de questions politiques, ne peut correspondre avec une autre, ni s'affilier à elle, ni tenir des séances publiques, composées de sociétaires et d'assistants distingués les uns des autres, ni imposer des conditions d'admission et d'éligibilité, ni s'arroger des droits d'exclusion, ni faire porter à ses membres aucun signe extérieur de leur association.

« Art. 363. Les citoyens ne peuvent exercer leurs droits politiques que dans les assemblées primaires ou communales.

« Art. 364. Tous les citoyens sont libres d'adresser aux autorités publiques des pétitions ; mais elles doivent être individuelles ; nulle association ne peut en présenter de collectives, si ce n'est les autorités constituées et seulement pour des objets propres à leur attribution. »

Enregistrons en même temps, comme découlant de la rédaction même de l'article 360, le droit pour l'autorité de dissoudre toute société ou réunion comme contraire à l'ordre public.

Cet article 360, ou, si l'on veut, l'article 361, devait d'ailleurs recevoir une application immédiate, puisqu'au lendemain de la proclamation de la Constitution, la loi du 23 août 1795 (6 fructidor an III) disposait, dans son article premier : « Toute assemblée connue sous le nom de club ou de société populaire est dissoute ; en conséquence les salles où lesdites assemblées tiennent leurs séances seront fermées sur-le-champ et les clefs en seront déposées, ainsi que les registres et papiers, dans le secrétariat des maisons communes. »

Un décret du 7 thermidor an V avait même, mais à titre provisoire, interdit en général *les sociétés s'occupant de matières politiques*, lesquelles devraient cependant, aux termes mêmes de l'article 37 de l'acte de fructidor an V (5 septembre 1797) qui rapporte le décret du 7 thermidor, être fermées, s'il y était professé des principes contraires à la Constitution de l'an III, acceptée par le peuple français ; ce qui les ramenait au fond au régime inauguré par l'article 360 de cette Constitution.

Ainsi se trouvait parvenue à son terme la seconde phase du droit de réunion. Le nouvel ordre social, affranchi de la domination des prolétaires, rompait avec la liberté du droit de réunion, et il ne subsistait plus pour les assemblées que des mesures et des droits d'ordre purement policier.

Force est de se souvenir de ce qui précède, en présence du fait sans cela difficile à expliquer, que la législation napoléonéenne ne traite pas d'une manière distincte et indépendante *du droit de réunion*. Dans les fameux articles 291 à 294 du Code pénal, il n'est question que du droit d'association, comme on va le voir par leur reproduction littérale, tandis qu'à côté, le Code de commerce développe, pour son compte, le droit des sociétés et consacre ainsi malheureusement l'isolement des deux domaines juridiques.

« Art. 291. Nulle association de plus de vingt personnes dont le but sera de se réunir tous les jours ou à certains jours marqués pour s'occuper d'objets religieux, littéraires, politiques ou autres, ne pourra se former qu'avec l'agrément du gouvernement et sous les conditions qu'il plaira à l'autorité publique d'imposer à la société.

« Dans le nombre des personnes indiqué par le présent article ne sont pas comprises celles domiciliées dans la maison où l'association se réunit.

« Art. 292. Toute association de la nature ci-dessus exprimée, qui se sera formée sans autorisation, ou qui, après l'avoir obtenue, aura enfreint les conditions à elle imposées, sera dissoute.

« Les chefs, directeurs ou administrateurs de l'association seront en outre punis d'une amende de 16 francs à 200 francs.

« Art. 293. Si par discours, exhortations, invocations ou prières, en quelque langue que ce soit, ou par lecture, affiche, publication ou distribution d'écrits quelconques, il a été fait, dans ces assemblées quelque provocation à des crimes ou à des délits, la peine sera de 100 francs à 300 francs d'amende et de trois mois à deux ans d'emprisonnement contre les chefs, directeurs et administrateurs de ces associations, sans préjudice des peines plus fortes qui seraient portées par la loi contre les individus personnellement coupables de la provocation, lesquels, en aucun cas, ne pourront être punis d'une peine moindre que celle infligée aux directeurs et administrateurs de l'association.

« Art. 294. Tout individu qui, sans la permission de l'autorité municipale, aura accordé ou consenti l'usage de sa maison ou de son appartement, en tout ou en partie, pour la réunion des membres d'une association même autorisée, ou pour l'exercice d'un culte, sera puni d'une amende de 16 francs à 200 francs. »

Cependant, bien que le droit de réunion n'ait pas été mis expressément en cause, il se trouve *contenu*

d'une manière indépendante dans les articles pré-
cités, en réfléchissant tout à fait l'esprit de police
sociale rigoureuse, engendré par cette époque. Le
droit de réunion proprement dit y est en effet l'objet
de deux dispositions qu'il importe de distinguer de
celles concernant les associations. Et, tout d'abord,
les chefs, directeurs ou administrateurs d'assemblées,
même permises, sont rendus *personnellement responsables* de tout acte attentatoire à la paix publique, indépendamment des peines infligées aux
véritables coupables (art. 293). Puis, en second
lieu, est frappé d'une amende l'individu qui, sans la
permission de la police, aura mis son local à la disposition des réunions d'associations même *autorisées*
(art. 294). Tout droit semble dès lors retiré pour
ainsi dire aux réunions, qui deviennent de la sorte
impossibles. Par suite de ces dispositions, l'ère de la
liberté de réunion est close aussi bien que celle de
la liberté d'association. Et, sous ce dernier rapport,
on n'aura pas manqué sans doute de remarquer que
l'article 291 du Code pénal, intelligent comme peut
l'être un sabre, confond et met dans le même sac les
associations de toute nature, politiques ou autres,
en les soumettant toutes, dès qu'elles dépassent un
certain nombre d'adhérents, à l'autorisation préalable
du gouvernement. Or, les sociétés non politiques au
moins pouvaient certainement se réclamer des principes de 1789, et des prescriptions comme celles des

lois du 18 mai et du 30 septembre 1791, du 25 vendémiaire an III et de l'article 360 de la Constitution de 1795, auraient pu paraître des garanties suffisantes contre leurs abus possibles. Mais dans la conception du maître de la France d'alors, l'ordre, cet idéal du soldat, s'accommodait assez mal de la liberté, dont le règne, contenu dans de sages limites, en est cependant, pour les intelligences d'élite qui voient dans l'ordre autre chose que le calme plat, l'uniformité et la méfiance universelle, le facteur de beaucoup le plus sérieux et le plus autorisé.

D'ailleurs, les associations, pour être traquées, pourchassées, renfermées dans le cercle étroit où elles devaient étouffer, ne renoncèrent pas complètement à l'existence. Seulement, elles se fractionnèrent, se cachèrent dans l'ombre, et, à la faveur du mystère, gagnèrent jusqu'à l'armée, où les conspirations ourdies par elles réussissaient à faire des recrues. Ainsi plusieurs généraux célèbres, Moreau, Pichegru, Mallet auraient été, s'il faut en croire Nodier, l'auteur d'une histoire des sociétés de l'armée, affiliés à celle des Philadelphes.

En tout cas, pour que l'état de choses implanté par la législation impériale ait été supporté, il ne fallut rien moins que le souvenir toujours vivant dans l'esprit des Français de l'aliment fourni par chaque conquête nouvelle du droit de réunion à l'antagonisme des deux catégories sociales habituellement aux prises. C'est, d'ailleurs, sous l'empire des terreurs, que continuait à entretenir le spectre des anciennes associations, que la Restauration put, dans son ordonnance du 5 juillet 1820, concernant les facultés de droit et de médecine, insérer l'article 20, suivant lequel « il est défendu aux étudiants, soit d'une même faculté, soit de diverses facultés du même ordre, soit de différents ordres, de former entre eux aucune association, sans en avoir obtenu la permission des autorités locales et en avoir donné connaissance au recteur de l'académie ou des académies dans lesquelles ils étudient. Il leur est pareillement défendu d'agir ou d'écrire en nom collectif, comme s'ils formaient une corporation ou association légalement reconnue. En cas de contravention aux dispositions précédentes, il sera instruit contre les contrevenants par les conseils académiques et il pourra être prononcé les punitions déterminées par les articles 19 et 20, en se conformant à tout ce qui est prescrit par ces mêmes articles. »

Bref, la tradition des débordements, imputables aux sociétés politiques de l'ère révolutionnaire, était si enracinée, qu'elle survécut même au mouvement qui aboutit à la révolution de Juillet. Le Code pénal resta donc debout avec toute la rigueur de ses prescriptions. Non seulement il resta debout, mais un projet de loi dont l'exposé des motifs rappela naturellement « les mauvais jours de notre première

Révolution » vint solliciter des Chambres, non sans succès d'ailleurs, une redoublement de sévérité. Comment le gouvernement, qu'un besoin impérieux de liberté avait fait arriver, tournait-il si vite le dos à la cause qu'il était appelé à servir et comment consentit-il à prendre la responsabilité d'un projet qui aboutit à loi du 10 avril 1834 ?

MM. Dalloz, à l'article *Associations illicites*, auquel nous renvoyons pour l'historique et tous les détails juridiques et jurisprudentiels de cette loi, y expliquent, comme suit, une attitude contraire, à première vue, aux prévisions.

« Après la Révolution de 1830, disent-ils, plusieurs sociétés patentes s'organisèrent sur différents points du royaume. Le gouvernement invoqua contre elles, notamment contre la Société des Amis du peuple, l'article 291 du Code pénal. Des condamnations géminées en opérèrent la dissolution. Ces associations brisées se reformèrent alors en se fractionnant en sections de moins de vingt personnes. Ainsi fut constituée la Société des *Droits de l'homme*, dont les rapides et menaçants progrès déterminèrent la présentation et le vote de la loi du 10 avril 1834, destinée à compléter et à corroborer les dispositions du Code pénal relatives aux associations.

« Ce complément et, si l'on veut, cette aggravation de la législation impériale, contrariait certaines espérances que la Révolution de 1830 avait fait conce-

voir. Les articles 291 et suivants du Code pénal avaient été, même sous la Restauration, l'objet de vives attaques ; on était allé, mais vainement, comme on le verra plus bas, jusqu'à prétendre qu'ils se trouvaient virtuellement abrogés par la Charte de 1814. La même prétention s'était manifestée avec plus d'ardeur encore après la promulgation de la Charte de 1830. Et le gouvernement lui-même, par l'organe de M. Guizot, alors ministre de l'intérieur, avait condamné en ces termes l'article 291 du Code pénal : « Je me hâte de le dire, et du fond de ma pen-
« sée, cet article est mauvais ; il ne doit pas figurer
« éternellement, longtemps si vous voulez, dans la
« législation d'un peuple libre. Les citoyens ont le
« droit de se réunir pour causer entre eux des affaires
« publiques ; il est bon qu'ils le fassent. Jamais je ne
« contesterai ce droit, jamais je n'essayerai d'atténuer
« les sentiments généreux qui poussent les citoyens à
« se réunir et à se communiquer leurs sympathiques
« opinions. » (V. *Moniteur* du 25 septembre 1830.)

« Mais les événements vinrent tromper toutes les prévisions. Le mouvement imprimé aux esprits par la Révolution de 1830, l'ardeur des idées nouvelles, l'esprit d'audace et d'entreprise qu'elle avait inspiré à la presse et aux partis, ont amené un résultat tout à fait contraire à celui qui était généralement attendu.

« Le gouvernement, ouvertement attaqué dans son existence par de nombreuses associations, affaibli, d'ailleurs, par la loi qui avait attribué aux jurés la connaissance des délits politiques et des outrages contre les fonctionnaires, par la difficulté de trouver dans le jury une justice assez ferme pour ne point fléchir devant les suggestions et les menaces de la presse, et enfin par l'abrogation des dispositions du Code sur la non-révélation et de celles qui punissaient de mort les conspirateurs, le gouvernement, disons-nous, loin d'abroger ou d'affaiblir les dispositions du Code de 1810 concernant les associations, s'est cru, au contraire, dans la nécessité de les étendre et de les fortifier, comme nous venons de le dire, par la loi du 10 avril 1834. »

On se rendra d'ailleurs aisément compte des changements apportés par cette loi, rien qu'en parcourant des yeux les cinq articles suivants qui la composent :

« Art. 1er. Les dispositions de l'article 291 du Code pénal sont applicables aux associations de plus de vingt personnes, alors même que ces associations seraient partagées en sections d'un nombre moindre et qu'elles ne se réuniraient pas tous les jours ou à des jours marqués.

« L'autorisation donnée par le gouvernement est toujours révocable.

« Art. 2. Quiconque fait partie d'une association non autorisée sera puni de deux mois à un an d'emprisonnement et de 50 à 1,000 francs d'amende.

« En cas de récidive, les peines pourront être portées au double.

« Le condamné pourra, dans ce dernier cas, être placé sous la surveillance de la haute police pendant un temps qui n'excédera pas le double du maximum de la peine.

« L'article 463 du Code pénal pourra être appliqué dans tous les cas.

« Art. 3. Seront considérés comme complices et punis comme tels ceux qui auront prêté ou loué sciemment leur maison ou appartement pour une ou plusieurs réunions d'une association non autorisée.

« Art. 4. Les attentats contre la sûreté de l'État, commis par les associations ci-dessus mentionnées, peuvent être déférés à la juridiction de la Chambre des pairs, conformément à l'article 28 de la Charte constitutionnelle.

« Les délits politiques commis par lesdites associations seront déférés au jury, conformément à l'article 69 de la Charte constitutionnelle.

« Les infractions à la présente loi et à l'article 291 du Code pénal seront déférés aux tribunaux correctionnels.

« Art. 5. Les dispositions du Code pénal auxquelles il n'est pas dérogé par la présente loi continueront de recevoir leur exécution. »

Ainsi par cette loi de 1834, qui nous gouverne encore aujourd'hui coinjointement avec le Code pénal, des mesures étaient prises, pour que la prohibition de l'article 291 ne pût être éludée. Si une association de vingt-deux personnes et qui n'a aucune correspondance peut paraître menaçante pour la paix publique, il ne fallait pas en effet laisser aux associations le moyen d'échapper au contrôle gouvernemental en se divisant en sections dont chacune prise à part se composerait de moins de vingt membres, et qui, réunies, représenteraient peut-être un effectif de plusieurs milliers d'adhérents. Une autre précaution nouvelle consiste à imposer l'autorisation même aux associations qui ne se réuniraient pas tous les jours ou à des jours marqués.

L'exigence de l'autorisation continue d'ailleurs à peser non seulement sur les associations politiques, mais encore sur toutes les autres, de peur que des visées réellement politiques n'eussent raison de la loi, en usant de stratagème et en se servant d'un déguisement. Puis, tandis que le Code pénal ne sévissait que contre les chefs de l'association contrevenante, la loi de 1834 atteint tous ses membres sans distinction et leur applique une pénalité sérieuse, aggravée en cas de récidive. La juridiction enfin, devant laquelle les associations devaient être traduites en cas de crimes, de délits ou de contraventions par elles commis, était réglée conformément aux principes généraux du droit d'alors, en raison des actes provoquant les poursuites judiciaires.

En tout cela, il n'était pas question d'émanciper le droit de réunion. Les assemblées ne paraissaient pas d'ailleurs non plus précisément interdites ; car le Code pénal ne se référait qu'à des assemblées régulières. Une réunion accidentelle était admise, si la police n'y mettait obstacle. « Jamais on n'a confondu, a-t-il été dit par M. Hervé, au cours de la discussion de la loi de 1834, le droit de se réunir avec la faculté de s'associer : se réunir, c'est vouloir s'éclairer et penser ensemble ; s'associer, c'est vouloir se concerter, se compter et agir. La différence est immense ; le pays et les tribunaux ne sauraient s'y tromper. » Un amendement ayant été cependant présenté à la Chambre des députés à l'effet de faire consacrer législativement cette différence et de soustraire expressément les réunions fortuites aux prohibitions atteignant les associations permanentes, le rapporteur, M. Martin (du Nord), pour amener le retrait de cet amendement et calmer les appréhensions, crut devoir observer « que les réunions et les associations ne doivent pas être confondues... Les réunions ont pour cause des événements imprévus, instantanés, temporaires ; le motif venant à cesser, la réunion cesse avec lui. Les associations, au contraire, ont un but déterminé et permanent ; un lien unit entre eux les associés. Le plus souvent, une cotisation vient pourvoir aux moyens d'exécution ; des conventions soit verbales, soit écrites, leur don-

nent un caractère de permanence qui les fait facilement discerner... Jusqu'à présent, personne n'a
pensé que les réunions eussent été atteintes par l'article 291. Ne craignez pas qu'elles le soient davantage par la loi que nous discutons ».

C'est même parce que la loi a paru réellement
étrangère aux réunions, qu'il y eut aussi retrait d'un
autre amendement, jugé également inutile, par lequel on proposait d'excepter des prohibitions de
cette loi les réunions électorales qui auraient lieu
dans chaque département après l'ordonnance de convocation du collège, à moins qu'il n'y eût affiliation
avec d'autres réunions du même genre dans d'autres
départements. « Nous faisons, dit à cette occasion le
garde des sceaux, une loi contre les associations et
non pas une loi contre les réunions accidentelles et
temporaires qui auraient pour objet l'exercice d'un
droit constitutionnel. » Et M. Odilon Barrot lui-même
se montrait défavorable à cet amendement qui, en
admettant une exception au profit de telle espèce de
réunions, affaiblissait et infirmait la règle générale,
qui tenait toutes les réunions en dehors de la loi.
« Excepter de la loi les réunions pour l'exercice de
tel ou tel droit politique, ce serait, faisait-il remarquer, par voie d'exclusion supposer que toute réunion
pour l'exercice de tous les autres droits politiques
tomberait sous l'application pénale de la loi. Il y
aurait donc danger dans l'amendement. Et mainte-

nant je prends acte de la déclaration loyalement faite
par M. le garde des sceaux et par M. Thil, de la
distinction fondamentale qui existe dans l'esprit de
la loi entre l'association proprement dite et la réunion. Sans doute il aurait été à désirer que cette
distinction fût explicitement insérée dans la loi elle-
même, qu'il y eût une définition légale de ce qui
constitue l'association; j'avoue qu'il y a assez de
difficulté à cette définition, et c'est même là un des
vices principaux de la loi que vous allez voter; mais
enfin, comme les commentaires qui ont été donnés,
les explications qui ont été faites peuvent apporter
quelque remède au défaut de cette définition, je ne
crois pas devoir insister. »

C'est de ce droit de réunion que l'opposition fit
usage en 1847, lorsque après le rejet par la Chambre
de la proposition de réforme électorale qui abaissait
le cens à 100 francs et de la proposition de réforme
parlementaire qui excluait certains fonctionnaires de
la députation, elle organisa, la session terminée, de
nombreux banquets publics dans les principales villes
de France. C'est en vertu du même droit que le parti
de la réforme organisa pour le 22 février 1848, à
Paris même, le banquet fameux d'où date l'insurrection qui emporta la monarchie de Juillet. Pour
interdire ce banquet, le préfet de police s'appuya sur
le pouvoir de police municipale, tel qu'il résulte de la
loi du 16 août 1790 et aussi de celle du 19 juillet 1791,

cette dernière obligeant ceux qui voudront former des sociétés ou clubs, à peine de 200 francs d'amende, recouvrables contre les présidents, secrétaires ou commissaires de ces clubs ou sociétés, à faire préalablement au greffe de la municipalité la déclaration des lieu et jour de leur réunion. Mais l'arrêté de la préfecture était d'une légalité fort douteuse, les lois visées ne donnant à la police municipale qu'un droit de surveillance, non d'autorisation préalable et les réunions publiques, telles que les banquets, ayant été réglementées, non défendues, par la loi du 30 septembre 1791. Si la prétention de l'administration de mettre obstacle à toute réunion isolée, non expressément autorisée, eût triomphé des résistances auxquelles elle se heurta, c'en était fait des derniers vestiges de la vie politique en France. Le droit fut sauvé, la monarchie sombra.

Mais bientôt on put voir quelles puissances plus profondes avaient été en réalité engagées dans ce procès. C'était bien la classe des possesseurs de la fortune qui venait, les coryphées de l'opposition dynastique en tête, de terrasser le pouvoir royal ; mais le gros du peuple, appelé au secours pendant la lutte, voulut sans retard partager le prix de la victoire et, au besoin même, se l'attribuer tout entier. Il eut dès lors recours à son grand moyen. Les assemblées reparurent, en donnant de nouveau naissance aux clubs, et toute la série des phénomènes qui avaient caractérisé la première Révolution menaça de se reproduire.

Aussi les mêmes prémisses devaient-elles avoir les mêmes conséquences. Dès le 28 juillet 1848, une loi, dont l'article 1ᵉʳ proclamait le droit des citoyens de se réunir, divisait les réunions en publiques et non publiques : les réunions publiques, ou clubs, étaient soumises à la formalité d'une déclaration préalable et à la garantie d'une publicité continue et d'une surveillance effective. Les réunions non publiques n'étaient soumises à aucune autre formalité qu'une simple déclaration à l'autorité municipale, lorsqu'elles n'avaient pas un but politique ; mais lorsque leur but était politique, elles ne pouvaient se former qu'avec l'assentiment de l'autorité municipale. Seules, les réunions ayant pour objet exclusif l'exercice d'un culte quelconque et les réunions électorales préparatoires échappaient à cette réglementation et restaient complètement libres. Les sociétés secrètes, qu'il ne faut pas confondre avec les sociétés non publiques, étaient d'ailleurs interdites par l'article 13 qui punissait leurs membres d'une amende de 100 à 500 francs, d'un emprisonnement de six mois à deux ans et de la privation des droits civiques d'un an à cinq ans, et rendait les chefs ou fondateurs desdites sociétés passibles du double de ces condamnations, sans préjudice des peines qui pourraient être encourues pour crimes ou délits prévus par les lois.

Cette loi du 28 juillet 1848, qui devait opposer une digue aux débordements populaires, améliorait au moins la condition faite par les articles 291 et suivants du Code pénal, dont elle était appelée à prendre la place. Mais le remplacement ne devait pas être de longue durée. Car déjà une loi du 19 juin 1849 autorisait le gouvernement à interdire, pendant·l'année qui suivrait sa promulgation, les clubs et autres réunions publiques qui seraient de nature à compromettre la sécurité publique, en attendant. qu'avant l'expiration de ce délai un projet de loi fût déposé qui, en interdisant les ·clubs, réglerait l'exercice du droit de réunion. Puis une loi du 6 juin 1850 vint proroger celle du 19 juin 1849 sur les clubs et autres réunions publiques jusqu'au 22 juin 1851, en rendant les dispositions de·celle-ci éventuellement applicables même aux réunions électorales. Et enfin, par une loi du 21 juin 1851, cette échéance du 22 juin 1851, c'est-à-dire la suspension de l'application de la loi du 28 juillet 1848, était encore reculée jusqu'au 22 juin 1852.

Mais avant même l'arrivée de cette dernière date, le décret du 25 mars 1852, dont l'auteur s'entendait à faire tourner le péril·social au profit de sa domination, vint parachever l'œuvre déjà peu libérale, léguée par la Révolution de février. Ce décret, qui a été si longtemps le siège du droit (!) de réunion, ne se compose que de deux articles, dont voici le texte, où se reconnaît facilement le génie policier du régime :

« Art. 1er. Le décret du 28 juillet 1848 sur les clubs est abrogé, à l'exception toutefois de l'article 13 qui interdit les sociétés secrètes.

« Art. 2. Les articles 291, 292 et 294 du Code pénal, et les articles 1, 2 et 3 de la loi du 10 avril 1834 seront applicables aux réunions publiques, de quelque nature qu'elles soient. »

Désormais donc, en présence des termes de l'article 2 du décret du 25 mars 1852, aucun club, aucune réunion, fût-elle électorale, ne peut plus avoir lieu sans autorisation. Cette autorisation sera la loi des réunions, ayant même pour objet l'exercice d'un culte. Il ne reste plus rien à défendre chez nous. De droit de réunion, il n'en existe plus; il n'y a plus que des permissions de se réunir avec responsabilité des chefs et directeurs.

Mais pour être devenu le maître d'un peuple, on n'est pas devenu du même coup celui des événements. Aux enivrements et à des succès même glorieux, succédèrent des mécomptes et des revers de nature à pouvoir faire mieux apprécier à l'empereur la valeur de l'amendement présenté dans la discussion de l'adresse de la session de 1866, et par lequel quarante-deux députés, M. Buffet en tête, priaient le chef de l'État d'*associer plus intimement la nation à la conduite de ses affaires.* Dans le sort contraire, le partage des responsabilités est jugé de bonne politique, et permet aux princes d'espérer se conserver à eux et à leurs héritiers une partie au moins de ce pouvoir, qu'autrement l'ouragan populaire pourrait bien déraciner tout entier. Les émotions violentes, provoquées notamment par l'issue de la guerre du Mexique et la défaite de l'Autriche à Sadowa, disposèrent donc le gouvernement à l'extension des libertés publiques et à un retour mesuré vers le régime parlementaire. En même temps que paraissait le décret du 19 janvier 1867 sur le droit d'interpellation des membres du Sénat et du Corps législatif, une lettre de l'empereur au ministre d'État annonçait la présentation de deux projets de loi, l'un qui abolirait le pouvoir discrétionnaire du gouvernement sur la presse, le second qui réglerait le *droit de réunion* particulièrement dans la période électorale. Ces deux projets, présentés en effet le 13 mars 1867, devinrent les lois du 11 mai et du 6 juin 1868.

La loi du 6 juin 1868, la seule dont nous ayons à nous occuper ici, compte quatorze articles répartis en trois titres qui sont affectés le premier aux réunions publiques non politiques, le second aux réunions publiques électorales, et le troisième à des dispositions générales.

Les réunions publiques électorales recouvrent, moyennant une déclaration que doit suivre immédiatement la délivrance d'un récépissé, une liberté

que leur avait retirée le décret de 1852, et les électeurs pourront dès lors, pendant une certaine période, à partir de la promulgation du décret de
convocation d'un collège pour l'élection d'un député,
discuter dans ces réunions les opinions des candidats. Mais en dehors même de la période électorale,
des réunions publiques pourront avoir lieu sans autorisation préalable, alors que le décret du 25 mars
1852 avait assujetti à cette autorisation toute réunion
publique quelconque de plus de vingt personnes.
L'autorisation n'est plus requise que pour les réunions
publiques, ayant pour objet de traiter des matières
religieuses ou bien de traiter, en dehors de la période
électorale, des matières politiques. Il est donc loisible
aux citoyens de se réunir à leur gré pour conférer
entre eux de leurs intérêts économiques par exemple,
soit agricoles, soit commerciaux, soit industriels, auxquels était particulièrement acquise la sollicitude gouvernementale. Du moins cette faculté ne rencontre-t-
elle d'autre entrave que celle résultant de l'article 13,
permettant aux préfets d'ajourner, et au ministre de
l'intérieur d'interdire même la réunion projetée, qui
leur paraîtrait de nature à troubler l'ordre ou à compromettre la sécurité publique. A part ce tempérament
qu'aurait cependant dû accompagner peut-être l'obligation de la détermination par le fonctionnaire d'un
délai fixe en cas d'ajournement et des motifs précis de
sa mesure dans tous les cas, la liberté des réunions

.publiques, affranchies de l'agrément administratif, .n'a plus à compter qu'avec certaines formalités et assujettissements énoncés dans les sept articles que voici du titre Iᵉʳ :

- « Art. 1ᵉʳ. Les réunions publiques peuvent avoir lieu sans autorisation préalable, *sous les conditions prescrites* par les articles suivants. — Toutefois les réunions publiques ayant pour objet de traiter de matières politiques ou religieuses continuent à être soumises à cette autorisation.

« Art. 2. Chaque réunion doit être précédée d'une déclaration signée par sept personnes domiciliées dans la commune où elle doit avoir lieu et jouissant de leurs droits civils et politiques. Cette déclaration indique les nom, qualité et domicile des déclarants, le local, le jour et l'heure de la séance, ainsi que l'objet spécial et déterminé de la réunion. Elle est remise, à Paris, au préfet de police ; dans les départements, au préfet ou au sous-préfet. Il en est donné immédiatement un récépissé qui doit être représenté à toute réquisition des agents de l'autorité. La réunion ne peut avoir lieu que trois jours francs après la délivrance du récépissé.

« Art. 3. Une réunion ne peut être tenue que dans un local clos et couvert. Elle ne peut se prolonger au delà de l'heure fixée par l'autorité compétente pour la fermeture des lieux publics.

« Art. 4. Chaque réunion doit avoir un bureau

composé d'un président et de deux assesseurs au
moins, qui sont chargés de maintenir l'ordre dans
l'assemblée et d'empêcher toute infraction aux lois.
Les membres du bureau ne doivent tolérer la discussion d'aucune question étrangère à l'objet de la
réunion.

« Art. 5. Un fonctionnaire de l'ordre judiciaire ou
administratif, délégué par l'administration, peut
assister à la séance. Il doit être revêtu de ses insignes
et prend une place à son choix.

« Art. 6. Le fonctionnaire qui assiste à la réunion
a le droit de prononcer la dissolution : 1° si le bureau
bien qu'averti laisse mettre en discussion des questions
étrangères à l'objet de la réunion ; 2° si la réunion
devient tumultueuse. Les personnes réunies sont
tenues de se séparer à la première réquisition. Le
délégué dresse un procès-verbal des faits et les
transmet à l'autorité compétente.

« Art. 7. Il n'est pas dérogé par les articles 5 et 6
aux droits qui appartiennent aux maires en vertu des
lois existantes. »

Notre loi ne touche d'ailleurs pas plus que ne l'avait
fait le décret de 1852 aux réunions privées, dont l'autorité se désintéresse donc absolument. Par réunions
privées il faut entendre, abstraction complète faite de
leur objet, celles pour lesquelles un particulier con-
voque dans son domicile des gens de sa connaissance.
Mais la jurisprudence, voulant sans doute venir en

aide à cette soif inextinguible d'entente entre les hommes dans les directions les plus diverses, a même attribué le caractère privé aux réunions dues à la convocation par un particulier de gens à lui inconnus dans un local loué par lui à l'effet de les recevoir et dans un but de discussion et de délibération en commun.

Que si les réunions privées sont restées en dehors des prévisions de la loi du 6 juin 1868, il en est absolument de même des associations et des clubs. Car à la différence du décret du 25 mars 1852, qui infligeait le même traitement draconien aux associations et aux réunions publiques, la loi de 1868 ne vise que les simples réunions, impossibles à confondre avec des associations ou des clubs, et laisse donc ces associations et clubs sous l'empire de la législation qui, sauf un imperceptible intervalle, les a invariablement régis depuis 1808 et 1834.

Cette législation concernant les associations et les clubs a survécu même — en laissant de côté bien entendu la dispense d'autorisation octroyée tour à tour nominativement aux sociétés commerciales anonymes et aux syndicats professionnels ou à octroyer éventuellement aux sociétés de secours mutuels, etc., — à la loi du 30 juin 1881, sur laquelle va finir notre historique pour la France. En effet, d'une part, aux termes même de l'article 7 de la dernière loi, les clubs demeurent interdits (1). Et, d'autre part, cette loi n'a trait exclusivement qu'aux réunions publiques, comme sa devancière du 6 juin 1868, dont elle ne diffère que par l'esprit, en ce que, tandis que celle-ci se qualifie elle-même une loi *relative aux réunions publiques*, la loi nouvelle est, suivant sa propre étiquette, une loi *sur la liberté de réunion*. Cette étiquette n'est pas d'ailleurs menteuse ; elle est justifiée aussitôt par l'article 1er qui, prenant le contre-pied du décret de 1852, si impitoyable pour toutes les réunions, de quelque nature qu'elles fussent, abaisse au contraire la barrière de l'autorisation administrative devant toutes les assemblées sans aucune distinction. « Les réunions publiques, y est-il dit, sont libres. Elles peuvent avoir lieu sans autorisation préalable, sous les conditions prescrites par les articles suivants. »

En parcourant les articles suivants, on voit l'inspiration à laquelle obéit le législateur contemporain s'accuser à chaque pas. Une déclaration est toujours nécessaire. Mais il suffira de deux citoyens pour la signer, quand la loi de 1868 réclamait sept signatures de déclarants. Cette déclaration, indiquant le lieu, le jour, l'heure de la réunion, n'aura plus non plus à en faire connaître l'objet spécial et déterminé, puisque toutes matières peuvent être désormais traitées dans

---

(1) C'est cet article 7 dont une proposition récente émanée de l'initiative de M. Laguerre, député, a demandé la suppression.

les réunions publiques, sans qu'une autorisation préalable fût nécessaire. L'intervalle obligatoire entre la déclaration et la réunion est aussi sensiblement réduit. Normalement d'un jour, il pourra même n'être que de deux heures pour les réunions publiques électorales qui seraient tenues dans la période comprise entre le décret ou l'arrêté portant convocation du collège électoral et le jour de l'élection exclusivement. Et quant à la réunion publique électorale, qui bénéficie de ces abréviations de délais, elle est plus largement qu'auparavant définie par l'article 5 comme étant celle qui a pour but le choix ou l'audition de candidats *à des fonctions publiques électives*. Désormais le droit de dissolution ne pourra être exercé par le représentant de l'autorité délégué à la réunion, en dehors du cas où il se produirait des collisions ou des voies de fait, que dans celui où il en serait requis par le bureau. La loi montre d'ailleurs la même mansuétude en réprimant qu'en disposant, car toute infraction à ses dispositions est punie par l'article 10 *des peines de simple police*, sans préjudice des poursuites pour crimes et délits qui pourraient être commis dans les réunions. Après avoir fait ainsi un état de choses nouveau ou plutôt repris, au moins partiellement, les errements de la loi du 13 novembre 1790, elle déblaye logiquement le terrain des obstacles accumulés ou des concessions insuffisantes et surannées faites par la législation antérieure. D'après l'article 12,

« le décret du 28 juillet 1848 demeure abrogé, sauf
l'article 13 qui interdit les sociétés secrètes. Sont
également abrogés : le décret du 25 mars 1852, la loi
des 6 et 10 juin 1868 et toutes dispositions contraires
à la présente loi ».

Combien il nous est agréable, après avoir parcouru
la route accidentée suivie par notre pays en matière
d'associations et de réunions, de pouvoir, arrivé à
la dernière étape, nous arrêter sur une loi de liberté,
qui fait honneur au régime sous lequel elle a vu le
jour ; qui, bien qu'expérimentée depuis près de six
ans déjà, n'a pas donné lieu à des plaintes sérieuses ;
qui atteste à sa manière la solidité d'institutions ba-
sées sur le suffrage universel et qui pourrait bien, la
sagesse et la maturité de nos concitoyens aidant, présager et préparer une restauration plus complète encore de cette loi émancipatrice du 13 novembre 1790 !

CHAPITRE X

LES ASSOCIATIONS, A PARTIR DE LA RÉVOLUTION FRANÇAISE,

EN ALLEMAGNE

On ne pardonnerait sans doute pas à notre étude de passer complètement sous silence un pays qui, matériellement au moins, tient aujourd'hui une place aussi considérable dans les affaires de ce monde que l'Allemagne, et qui, par ses institutions, ses écrivains, ses penseurs, vise sans doute aussi, tantôt justement et tantôt à tort, à exercer autour d'elle sous certains rapports une influence d'un ordre plus élevé.

Or, on le sait, les oppositions entre les éléments sociaux n'ont jamais accusé en Allemagne la même netteté ni la même acrimonie qu'en France. Il est vrai que le xix° siècle n'est guère venu doter les peuples germaniques même du droit constitutionnel. Les mouvements populaires n'y avaient donc pas un cadre, comme les clubs leur en offraient un dans notre pays. C'est plutôt un tout autre domaine, qui y est devenu le théâtre de la lutte. Il importait avant tout à la société bourgeoise de conquérir le droit à une représentation nationale et de prendre place, dans des conditions d'égalité, à côté d'une administration restée jusque-là purement d'État.

Cette aspiration n'était pas d'ailleurs restée isolée. Les guerres soutenues contre l'empereur Napoléon avaient donné aussi une force nouvelle à la grande et patriotique idée de l'unité allemande. Dès ce moment même il ne pouvait être douteux pour personne qu'une pareille idée n'aboutirait que par la suppression des innombrables petites souverainetés éparpillées sur le sol germanique. Voilà ce qui imprima aux agitations de nos voisins tudesques un caractère si essentiellement différent. Chez eux ne se percevait pas la conscience de l'antithèse entre travail et capital ; on aurait inutilement cherché dans leurs rangs la classe des travailleurs et la bourgeoisie ; pendant un demi-siècle encore la question sociale ne porta que sur la condition du personnel agricole inférieur, et la crainte sociale n'était pas celle que le travail inspirait au capital, mais celle que les propriétaires éprouvaient au regard des paysans. Aussi les citadins pouvaient-ils encore sans conteste pratiquer entre eux des rapprochements ; mais chacun de leurs concerts en vue de remaniements politiques plus favorables à la liberté devait en dernière analyse porter contre la constitution fédérale, de telle sorte que les mouvements qui se produisaient en Allemagne étaient d'une nature *plus politique* que *sociale*. Toutes les digues qu'on opposa aux premiers de ces mouvements apparaissent en conséquence comme des mesures essentiellement *policières*, ayant un caractère bien plus mesquin que celles prises en France. En même temps, d'ailleurs, se dégage de notre point de départ un état de choses ou une proposition qui a gouverné le milieu du siècle et au delà, sans que nous voulussions cependant précisément nous faire ses répondants pour l'avenir. A mesure, en effet, que cet élément politique de la conservation de la souveraineté locale s'évanouissait et que l'idée de l'unité allemande s'acheminait davantage vers sa réalisation, le principe de la liberté du droit d'association et de réunion s'acclimatait de plus en plus sans se heurter aux résistances et aux terreurs des classes qui possédaient. L'inexistence du contraste social, dont notre propre histoire porte l'empreinte depuis la Révolution, a fourni à l'Allemagne le moyen de se façonner, même au cours de son travail constitutionnel, un droit d'association et de réunion marqué au coin de la liberté.

Comme conséquence immédiate, il devait arriver, il est vrai, qu'en Allemagne les droits d'association et de réunion se détachassent avec une médiocre netteté l'un de l'autre : car, à la différence de ce qui se passait en France, ce n'étaient pas les réunions par elles-mêmes qui en Allemagne constituaient le péril social, et en face des droits existants c'étaient plutôt les associations qui y étaient la puissance mystérieuse et redoutée contre laquelle se dirigea l'activité de la législation et de la police. A cet égard législation et police se sont pour le contenu attachées au modèle français, en se pénétrant pour la forme des conditions du droit public allemand.

D'une manière générale, on peut dire que les réunions ne sont devenues l'objet d'une attention et d'une activité législative distinctes de celles tournées vers les associations qu'à partir. du moment où elles ont commencé à s'employer contre la constitution fédérale et en faveur de la transformation — éventuellement révolutionnaire — de l'Allemagne dans le sens de l'unité. Auparavant, elles ne furent envisagées exclusivement que sous le point de vue policier.

Jusqu'à l'année 1830 il n'a jamais surgi chez aucun gouvernement allemand et dans toute la littérature allemande de doute sur le point de savoir si la police de sûreté ordinaire était fondée à dissoudre des assemblées, à les permettre, à les interdire. Tout le droit de réunion paraît, à cette époque, entièrement identifié avec le droit d'association. Il faut arriver à l'époque de la Révolution de juillet pour surprendre aussi un changement sous ce rapport. On assiste au spectacle nouveau d'une certaine animation constitutionnelle, et les deux objectifs de l'unité de l'Allemagne et de la liberté des constitutions s'avancent simultanément au premier plan. Il en résulte le fait, en apparence étrange, qu'à partir de ce moment on relève chez les Allemands deux espèces de législations relativement aux réunions (et associations).

L'une des variétés est défrayée par la législation fédérale, à laquelle se rangeaient les États sans constitution. Cette législation trouve surtout son expression dans le décret fédéral du 5 juillet 1832, qui en principe considère comme politiquement dangereuses les associations et les réunions, et qui de propos délibéré *interdit* toutes associations politiques en s'opposant de même directement à la tenue de toutes réunions populaires (Volksversammlungen) dans lesquelles seraient prononcés des discours ayant un objet politique ou dans lesquelles seraient délibérées des adresses et pris des résolutions. Même des assemblées *non politiques* ne pourront avoir lieu qu'avec permission de la police. Il n'y a d'autorisées que les fêtes et les solennités *usuelles*. Ces principes étaient ensuite simplement appliqués par les gouvernements particuliers. Ici se placent notamment l'ordonnance wurtembergeoise du 12 juin 1832 et la loi portée dans le grand-duché de Bade sur les assemblées populaires à la date du 15 novembre 1833. La plupart du temps même on s'en tenait à la publication du décret fédéral.

Cependant quelques clartés sont répandues sur la question grâce à certaines publications qui sont loin d'être dénuées de mérite. Nous avons eu occasion

déjà de mentionner notamment un travail de Zirkler,
paru en 1834 et qui, intéressant à divers égards, a
encore pour nous cet intérêt particulier, qu'il nous
montre les incertitudes et les vacillations d'hommes
incontestablement libéraux, quand il s'agit de la valeur et du danger, voire de la signification véritable des
réunions. C'est là, d'ailleurs, un phénomène attesté à
la fois et par le silence gardé jusqu'en 1848 dans *toutes*
les constitutions allemandes indistinctement en ce qui
concerne le droit de réunion, et par le silence observé
également à ce sujet par le publiciste Arétin, toujours
cependant un des premiers sur la brèche dès que les
droits populaires sont en cause. Quoi de plus utile à
recueillir, au point de vue historique, que ce passage
par exemple où Zirkler se demande « si la politique
doit conseiller ou recommander aux gouvernements
d'autoriser facilement des réunions » et où il se fait
cette réponse : « Je ne crois pouvoir résoudre affirma-
tivement cette question que par rapport à un État non
constitutionnel, qui est sur le point de se donner une
constitution, ou que par rapport à un État qui se
propose de modifier la constitution qui le régit dans
le moment et les bases fondamentales dont celle-ci
se compose. A une pareille période de transition, il
n'est pas, surtout pour un gouvernement absolu (!), de
meilleur moyen d'entendre vite la voix de l'opinion
publique, etc. » Au contraire, dans un pays « constitué ou constitutionnel » il y aurait grande mala-

dresse à autoriser des réunions « d'une foule rassemblée à l'aveugle ». Est-il possible de se montrer plus ingénu? Ce qui miroitait évidemment devant ses yeux, c'est le point de vue romain quant aux « conciones » et aux « collegia ». Seulement en transportant ce point de vue rigoureusement policier du régime impérial des Romains dans le milieu allemand, peut-être eût-il dû s'inquiéter de savoir si, avant les empereurs, la liberté de réunion n'avait pas été un des fondements du droit public à Rome et à Athènes, et pourquoi aussi plus tard les défenses et répressions ont été si sévères. Mohl, l'auteur du *Wurtemberger Staastsrecht*, l'emporte sur lui. Un demi-âge d'homme les sépare aussi, il est vrai. Encore Mohl ne parvient-il pas à s'élever à un principe et s'en tient-il exclusivement à l'exposé du droit existant, spécialement de la résolution fédérale de 1832. Toutefois il est le premier à avoir séparé le droit de réunion du droit d'association. Voilà quelle a été la situation jusqu'en 1848.

Quand éclata l'orage de cette année, il ne put naturellement être davantage question d'interdiction ou même d'autorisation ou de déclaration pour ces assemblées. Comme, en définitive, même alors l'antagonisme social du capital et du travail ne s'était pas encore fait jour, le parlement allemand n'hésita pas un instant à ranger le droit de réunion parmi les droits fondamentaux de la nation allemande. « Les Allemands, est-il dit au paragraphe 161 de la Constitution d'empire de 1849, ont le droit de s'assembler paisiblement et sans armes, sans qu'il faille à cet effet une autorisation spéciale. » C'était la reproduction de notre propre Constitution de 1791, et en voyant ces affinités se manifester entre les peuples aux époques d'affranchissement, nous ne pouvons nous empêcher de rappeler ici, au moins incidemment, cet acte antérieur du 24 mai 1848, dans lequel notre propre Assemblée nationale invitait la commission du Pouvoir exécutif « à continuer de prendre pour règle de sa conduite les vœux unanimes de l'Assemblée, résumés dans ces mots :

« Pacte fraternel avec l'Allemagne ; reconstitution de la Pologne indépendante et libre ; affranchissement de l'Italie. »

De la Constitution d'empire du 28 mars 1849, les principes tout à fait généraux qui y avaient été posés passèrent, selon le vœu même du parlement de Francfort, dans les diverses constitutions élaborées à partir de 1848. Les constitutions promulguées en 1852 dans Oldenbourg (art. 50, § 1) et en Saxe-Cobourg-Gotha (§ 44) s'expriment comme la Constitution allemande. L'Unionsparlament, réuni à Erfurt en 1850 et déjà enclin à des tempéraments, décrète seulement que la disposition rapportée ci-dessus n'est pas relative à des assemblées se tenant à ciel ouvert. La Constitution prussienne du 31 janvier 1850 porte de son côté, au paragraphe 29, que « tous les Prussiens ont le droit de s'assembler sans autorisation administrative préalable et sans armes dans des lieux clos ». Une disposition identique se rencontre dans la Constitution d'Anhalt-Bernbourg (1850, § 9) et dans le paragraphe 7 d'une loi du 2 août 1852, rendue en Schwarzbourg-Sondershausen. Une loi hanovrienne du 5 septembre 1848 se borne à concéder brièvement, dans son paragraphe 4, « toute liberté de réunion et d'association, à condition qu'on satisfera aux lois », et la constitution de Reuss, branche cadette(1852, § 15) tient le même langage.

Ces emprunts, plus ou moins littéraux, étaient d'ailleurs sans bien grande valeur, attendu que les petits États, au profit desquels ils se faisaient, étaient tout de même dans l'impossibilité de provoquer des rassemblements de quelque importance. Mais, quand la diète germanique reprit ses fonctions, les anciens périls firent renaître le vieux système policier en usage contre les mouvements populaires. Si le décret fédéral du 13 juillet 1854 n'interdit pas formellement les réunions, comme l'avait fait celui de 1832, il les soumit au moins directement à la surveillance et à une permission de la police. Nous sommes disposé, au surplus, à reconnaître que la législation allemande ne s'est jamais entendue à s'approprier les principes réactionnaires des lois françaises, et ce n'est pas sans nous sentir quelque peu humilié que nous voyons des écrivains allemands, trop oublieux cependant peut-être de notre condition sociale particulière, en faire la remarque. Oui, dans cette direction, l'Allemagne s'est incontestablement montrée plus accommodante et plus libérale, et l'on acquiert chez elle la conviction qu'un droit de réunion vraiment satisfaisant ne peut être formulé qu'au prix de son isolement du droit d'association.

Pour ce qui est du droit de réunion, il en est fait état, entre autres monuments, par la loi bavaroise du 26 février 1850. Cette loi, qui compte vingt-neuf articles et est divisée en quatre chapitres, consacre les dix premiers articles, composant le chapitre Ier, aux réunions, en traitant des associations dans les neuf articles du chapitre suivant. Dès le début, elle dispense de la nécessité d'une autorisation spéciale les citoyens qui voudraient s'assembler paisiblement et sans armes. Une déclaration préalable est ensuite requise de ceux qui convoquent à une réunion où doivent se débattre des affaires publiques et qui fournissent le local. Quant aux réunions qui se tiennent à ciel ouvert, elles peuvent, en cas de danger imminent pour l'ordre et la sécurité publics, être interdites sur l'ordre écrit de l'autorité policière du district. Les réunions qui auraient lieu sur les places publiques et dans les rues des villes et bourgs, ainsi que tous les cortèges et toutes les pompes publiques dans lesdites villes et bourgs, ont besoin de l'assentiment de l'autorité, qui doit se hâter de faire connaître sa réponse

écrite, sans pouvoir la différer au delà du lendemain.
Exception est faite pour les processions, les pèleri-
nages, les enterrements ordinaires, les noces et les
promenades traditionnelles des corporations. Il incombe aux organisateurs et chefs de la réunion de
veiller au maintien de l'ordre et au respect de la loi,
de retirer la parole aux orateurs qui troubleraient
l'ordre ou violeraient la loi, et, en cas d'impuissance,
de dissoudre l'assemblée. Défense est faite aux assemblées de remettre en corps des adresses ou des pétitions, ou d'en confier la remise à une délégation de
plus de dix personnes. La police est autorisée à se
faire représenter aux réunions, et ses représentants
peuvent exiger des directeurs qu'ils lèvent celles de
ces assemblées où l'on provoquerait et exciterait à la
violation des lois, sauf, s'il n'est pas obtempéré à leur
demande, à prononcer eux-mêmes la dissolution, à
laquelle tous les assistants sont tenus de se soumettre
sur-le-champ. Pendant toute la durée du Landtag,
aucune réunion publique ne peut d'ailleurs avoir lieu
à ciel ouvert, dans un rayon de six lieues à compter
du siège de ses séances.

L'association a ensuite son tour dans la loi bavaroise par l'octroi qui est fait également de ce droit à
tous les citoyens, en dehors de toute condition d'autorisation préalable. Seulement, lorsque des associations non politiques ont des préposés et des statuts,
elles doivent, dans les trois jours, instruire l'autorité

établie de leur formation, ainsi que de tous les changements qui surviendraient dans leur direction ou les fins qu'elles poursuivent. Que si les associations sont dirigées vers les affaires publiques, il leur faut nommer des chefs qui auront à faire connaître à l'autorité policière du district les statuts relatifs à la constitution et à l'activité de l'association, dans les trois jours de sa naissance, et tous les changements qui y seraient apportés dans les trois jours de leur survenance, et qui devront, à toute réquisition, fournir tous les éclaircissements qui leur seraient demandés. Ni des femmes ni des mineurs ne peuvent faire partie d'associations politiques, ou prendre part aux réunions de celles-ci. Les dispositions édictées par le chapitre Ier sur les réunions sont applicables aux réunions des associations politiques, lesquelles, si elles ne sont pas statutaires, devront dès lors aussi être déclarées. Il n'est pas permis à des associations politiques d'entrer en rapport avec d'autres, de manière à ce que les unes soient soumises aux décisions ou aux organes des autres, ou à ce que plusieurs, subordonnées à un organe commun, soient réunies en un tout coordonné. Il est aussi interdit aux associations politiques de prendre des résolutions en forme de lois, ordonnances, sentences juridiques ou autres manifestations des autorités constituées. Enfin l'article 19, qui clôt le chapitre II, investit l'autorité du droit de dissoudre les associations ayant contrevenu à quelqu'une des principales prescriptions précédemment énumérées, ou menaçant d'ébranler les bases religieuses, morales, sociales de l'État ou allant par leurs buts ou leurs résolutions à l'encontre des lois répressives.

Le même ordonnancement s'observe dans la loi saxonne du 22 novembre 1850 qui, sur les quatre chapitres en lesquels se répartissent ses trente-cinq articles ou paragraphes, abandonne exclusivement le premier aux réunions, le deuxième aux associations, le troisième à des dispositions spéciales sur l'exercice du droit d'association et de réunion de la part des membres de corps armés, et le dernier à des dispositions sur la dissolution des réunions et sociétés, ainsi qu'à des sanctions pénales. Nous ne signalerons que le premier article des deux premiers chapitres ; il fera suffisamment ressortir l'esprit de la loi.

« ART. 1er. Les réunions paisibles et leur organisation n'exigent pas d'autorisation spéciale. Le droit de se réunir sera exercé sous les conditions suivantes. »

« ART. 18. Il n'est pas besoin d'autorisation pour former des associations. Mais celles-ci n'acquièrent le droit de corporation (personne civile) qu'en vertu d'une concession expresse de l'État. »

Malheureusement la Prusse, comme toujours peu favorable, par principe, à l'administration libre, a pris pour modèle le droit français, et notamment le

Code pénal, dans une mesure médiocrement réjouissante pour les regnicoles. La loi du 11 mars 1850,
dont le Dʳ Hermann Lisco a publié en 1881 un commentaire très soigneux, jette encore une fois pêlemêle les réunions et les associations. Elle exige des
déclarations et des récépissés ; elle inflige des peines
à ceux qui affectent des locaux à des réunions non
déclarées ; elle subordonne à une autorisation les
réunions publiques, et même des solennités qui ne
seraient pas consacrées par la tradition ; elle se
montre très rigoureuse envers ceux qui, sur l'injonction de l'autorité, ne quitteraient pas aussitôt la réunion ; elle interdit toute affiliation, et la présence des
représentants de la police est imposée par elle à toutes
les réunions. Un projet de revision, présenté à la
Chambre des députés, y a été repoussé en 1861.

Par contre, l'Autriche a entièrement séparé le droit
de réunion du droit d'association, en faisant voter
par ses Chambres deux lois distinctes qui ont reçu
toutes deux la sanction impériale, à la date du 15 novembre 1867. Nous n'insisterons pas sur les précédents immédiats ou plus éloignés des lois du 15 novembre 1867, postérieures, comme on voit, au désastre
de Sadowa, d'autant que, pour ces précédents, nous
pouvons renvoyer avec confiance à un écrit (1) dans
lequel le Dʳ Karl Hugelmann s'est fait, en 1879, rela

---

(1) Studien zum oesterreichischen Vereins-und Versammlungs-
rechte.

tivement au droit d'association et de réunion, l'historien d'un empire qui nous est devenu si sympathique depuis sa régénération. Mais nous tenons au moins à mettre en lumière les données essentielles du Vereinsgesetz (loi sur les associations) et du Versammlungsgesetz (loi sur les réunions), promulguées en 1867, et qui, si nous ne nous trompons, régissent encore actuellement l'Autriche.

Le Vereinsgesetz du 15 novembre 1867, pour parler de lui en premier lieu, ne s'est pas assujetti le domaine intégral des associations, car son action ne s'étend pas aux unions poursuivant un lucre, aux établissements de banque, de crédit, d'assurances, d'épargne, de prêts sur gages, aux groupements industriels constitués par suite des lois sur les mines et l'industrie, aux confréries, sociétés de compagnons et caisses de secours, ni non plus aux associations religieuses, aux ordres et congrégations ecclésiastiques.

En dedans de sa sphère ainsi circonscrite, notre loi distingue entre associations politiques et non politiques, et tandis que les premier et troisième chapitres s'appliquent aux deux variétés d'associations, les dispositions du deuxième chapitre concernent encore spécialement les associations politiques.

Ce qui frappe tout d'abord dans les dispositions de la première espèce, c'est que la demande d'autorisation est remplacée par la déclaration préalable des associations formées. Si, dans le mois, l'autorité provinciale n'a pas mis un veto à l'entreprise — comme elle le peut au cas où le but ou l'organisation de celle-ci violerait la loi ou menacerait l'État — l'activité sociale peut commencer son cours. Une fois cette activité entrée dans la période d'exercice, l'autorité a qualité pour s'initier aux divers faits qui la constituent. L'élection des préposés, la tenue des assemblées, la distribution des comptes rendus doivent être à temps portées à la connaissance de l'autorité locale dépendant de l'État, et qui possède au surplus le droit de dépêcher un commissaire dans les assemblées et de consulter les procès-verbaux. Des réunions isolées peuvent être interdites ou dissoutes par ceux qui remplissent la fonction de surveillance, et l'autorité provinciale n'excéderait pas son droit en dissolvant l'association elle-même qui franchirait le cercle de ses attributions statutaires, contreviendrait à la loi pénale, s'arrogerait une puissance publique ou ne conformerait pas son existence à sa condition juridique.

Plus d'une de ces dispositions a été dictée par l'appréhension des associations politiques, et ce sont sans doute des considérations de même nature qui auront fait refuser l'accès des réunions aux gens armés, ou auront réduit au maximum de dix le nombre de personnes pouvant être chargées de remettre des pétitions ou des adresses de la part d'une association.

Toujours est-il que toutes les associations se trouvaient par trop à la merci des fonctionnaires politiques, avec la possibilité qu'il y a toujours de voir en elles un danger pour l'État ou de leur attribuer l'usurpation d'une autorité publique. La répression des violations de la loi rentre, il est vrai, dans la compétence des tribunaux, et la sanction pénale ne dépasse, en aucun cas, un emprisonnement de six semaines ou une amende de deux cents florins, restant ainsi beaucoup au-dessous de la sanction édictée par une loi antérieure de 1849 ; mais tous ces tempéraments pèsent moins pour la liberté d'association que l'insécurité que fait planer sur l'existence des associations la procédure purement administrative de dissolution.

Quant aux prescriptions à destination spéciale des associations politiques, celles qui s'opposent formellement aux coalitions et affiliations l'emportent de beaucoup en importance sur toutes les autres, telles que celles concernant l'exclusion des femmes, des mineurs, des étrangers, interdisant des signes recognitifs, imposant la communication de la liste des adhérents, faisant varier entre cinq et dix le chiffre des membres du bureau. La tendance à laquelle on a obéi en prohibant les coalitions et affiliations saute aux yeux. On voulait à tout prix que l'action des associations fût localisée, qu'elles ne pussent jamais disposer, par concentration de forces isolées, que d'une puissance et d'une autorité restreintes, et ne pussent servir de fondement à l'organisation de partis politiques fixes et immuables. Et l'application aussi de ces restrictions dépend de l'appréciation arbitraire de l'administration, puisque, en première ligne, c'est l'autorité provinciale et, en seconde instance, le ministre de l'intérieur, qui décident du caractère politique d'une association.

La loi de 1867 n'a pas, en effet, défini les associations politiques, et peut-être sera-t-on aise de connaître les motifs attribués à cette abstention par un écrivain allemand du nom de Jäger dans une revue d'administration autrichienne au cours de l'année 1870.

« Il est très compréhensible, est-il dit dans les passages les plus saillants de son article, que le Vereinsgesetz se soit gardé d'une définition de l'association politique. Car étant donnée la mutabilité, par nature, de ce qui est constitutif d'une affaire politique, il y aurait presque plus qu'une témérité à vouloir en introduire une détermination dans la loi. Si même un jugement concordant pouvait être rendu sur les visées susceptibles d'être, dans le temps, considérées comme politiques, et si par là on pouvait arriver peut-être à une caractéristique de casuiste, il n'est pas moins clair que ce qui, aujourd'hui, devra encore être envisagé comme ayant une portée politique, peut bien avoir, demain, déjà perdu ce caractère.

« La position de la société vis-à-vis de l'État varie incessamment; elle ne se modifie pas seulement dans son ensemble au cours du temps, elle se modifie encore en particulier suivant la direction et les tendances du régime déterminé qui prévaut à chaque fois. Certaines tâches, placées jadis dans le rayon de l'activité de l'État, ont échappé aujourd'hui depuis longtemps déjà à son attention, ayant cessé de paraître des tâches politiques. Des tâches et des questions nouvelles émergent encore une fois, avec les progrès de la civilisation, du sein de la société pour s'imposer à l'État. Ce qui, hier encore, était affaire de l'individu, de la famille, de la société, invoque aujourd'hui l'intervention de l'État et puise dans cette circonstance son caractère politique. Le régime chargé aujourd'hui de la direction de l'officine publique, en s'inspirant de la conception qui lui est propre sur la mission de l'État — et c'est sur la prédominance successive de conceptions différentes à cet égard au milieu des mêmes conditions réelles de culture que repose le changement de régime dans les États modernes — tiendra pour politiques certaines affaires, à la différence du régime qui l'a précédé, et peut-être aussi du régime qui lui succédera, ou à l'inverse.

« Or donc, puisque ce qui est perpétuellement changeant par nature ne peut être réglé par une loi qui, conformément à son principe, doit fournir des règles pour des rapports constants, il n'est pas possible d'arrêter une caractéristique pour les associations politiques. Et c'est dire une phrase creuse que d'assigner au silence gardé par la loi le but de lâcher la bride à l'arbitraire du gouvernement. »

Cependant, quelque persuasif que soit au premier abord ce langage qui est, en tout cas, d'une incontestable profondeur, le seul point décisif n'y paraît point touché, et l'approbation légitime donnée au silence de la loi se tire, ce semble, d'autres raisons que celles alléguées. Ce qu'on peut incriminer dans l'argumentation de Jäger, c'est qu'elle contient une pétition de principe, puisqu'il reste à démontrer que les seules questions d'État soient des questions politiques. De plus, en admettant qu'une définition eût fait de l'association politique celle qui se mêle des affaires de l'État, le rapport constamment variable d'État à société ne se trouverait pas fixé pour cela, et le seul résultat serait d'avoir assigné le mandat inconstant de l'État comme objectif mobile à l'activité des associations politiques. L'absence de définition se trouve suffisamment justifiée par le brocard : « Omnis definitio odiosa, » sans qu'il y ait lieu de scruter le point de savoir si le législateur penchait plus vers telle ou telle opinion sur les rapports entre l'État et la société.

Deux mots maintenant encore, pour servir aussi d'esquisse à la loi autrichienne de 1867 sur les réunions. Le critérium pour l'application de cette loi est fourni, quoique sans une précision très grande, par l'accessibilité à tous, et par conséquent par la publicité des assemblées. Après quoi le lieu de la réunion, sa tenue à ciel ouvert ou dans des espaces clos, la nature spéciale du but poursuivi (débat sur des affaires publiques), sont pris en considération particulière. Dans la majorité des cas prévaut le principe de la déclaration, auquel se substitue celui d'une concession pour les assemblées à ciel ouvert. Les assemblées armées sont interdites, et une autre interdiction qui constitue une nouveauté frappe l'organisation d'assemblées politiques par des étrangers. Les députations en masse ne sont pas plus autorisées que sous la législation de 1849, et, comme dans la loi bavaroise du 26 février 1850, dix personnes au plus pourront être investies de la mission de remettre les adresses ou pétitions des assemblées. Mais à la différence de la loi bavaroise, qui est encore muette sur cette proposition, la loi autrichienne de 1867 concède expressément un droit de plainte (Recht der Beschwerde) contre toute mesure prise par les autorités inférieures. La distribution de la compétence des autorités est en quelque sorte changée, la sanction pénale est affaiblie et une réglementation entièrement neuve, car il n'en existait pas jusque-là, est intervenue au sujet du mode de surveillance des assemblées, spécialement de l'institution des commissaires aux réunions.

Pour compléter ce coup d'œil d'ensemble, rappelons d'ailleurs, ce qu'à notre connaissance l'activité administrative a, en matière de réunions, ajouté à l'activité législative par l'ordonnance ministérielle notamment du 20 avril 1868, qui a écarté comme inadmissible l'intervention de la police dans les réunions électorales, et par l'ordonnance du 1er juin 1872, qui n'admet pas dans les assemblées les démonstrations faites au moyen de drapeaux rouges.

Quand l'Autriche légiférait en 1867, elle avait déjà, par le traité de Prague, reconnu la dissolution de l'ancienne confédération germanique et donné son assentiment à une nouvelle organisation de l'Allemagne sans sa participation. On sait que cette réorganisation se traduisit par l'établissement de deux confédérations, celles du nord et du sud de l'Allemagne, qui n'eurent d'ailleurs qu'une courte durée. Il s'était en effet écoulé quatre années à peine sur le traité de Prague, quand, le 18 janvier 1871, le roi de Prusse, précipitant la solution du problème de l'unification allemande, à laquelle les deux confédérations mentionnées et le Zollverein avaient tant concouru, s'investit solennellement de la dignité d'empereur d'Allemagne, dans la salle des Glaces du château de Versailles.

Mais la matière de l'association, qui, suivant l'article 4, numéro 16, de la constitution de l'empire d'Allemagne, relève de la surveillance et de la législation de l'empire, n'y a pas été encore jusqu'à nos jours réglée d'une manière uniforme. Il n'y a, quant à présent, que la loi du 21 octobre 1878, dirigée contre les périls nationaux de la démocratie socialiste, qui ait arrêté des dispositions communes au regard des associations et réunions recevant. d'elle leur mot d'ordre, loi, qui après. avoir d'abord assigné elle-même comme terme à son application le 31 mars 1881, a, après une première prorogation, été en 1884 prorogée à nouveau jusqu'au 30 septembre 1886, sans avoir d'ailleurs pris fin à cette date. De même aussi les gouvernements particuliers ont été autorisés à subordonner pour certains districts et localités la tenue des réunions à un assentiment préalable de la police.

Par ailleurs, il convient donc pour l'exercice du droit d'association et de réunion de se reporter encore aux lois, rendues à cet égard par les divers États allemands ; les prescriptions pénales déposées dans ces lois sont restées en vigueur à côté du Code pénal allemand, conformément à la disposition expresse du paragraphe 2 de la loi introductive (Einführungsgesetz) du 31 mai 1870.

Ainsi, dans la monarchie prussienne, qui n'a pas plus que les autres contrées de l'Empire de motif de toucher maintenant à un état de choses désormais exclusivement du ressort de la législature allemande, c'est toujours la loi du 11 mars 1850 qui s'impose. Une ordonnance du 25 juillet 1867 a d'ailleurs rendu exécutoire cette loi à partir du 1er septembre de la même année dans les territoires annexés à la monarchie par la loi du 20 septembre et les deux lois du

24 décembre 1866 ; il n'y a eu d'exception que pour le district de grand bailliage Meisenheim, où une ordonnance du 13 mai 1867 a rendu applicable la loi dès le 1er juillet 1867, et pour l'enclave de Kaulsdorf où, en vertu d'une ordonnance du 22 mai 1867, la loi de 1850 a sorti ses effets dès le 1er juin 1867.

Dans les États allemands autres que la Prusse, on peut se trouver en présence de lois spéciales qui y auraient été portées. Tel est le cas de la Bavière, de la Saxe, du Brunswick, de Saxe-Weimar, de Mecklembourg-Schwerin, d'Anhalt, de Reuss, branche cadette, et de Hambourg. Et tel est aussi le cas de notre inoubliable Alsace-Lorraine, à laquelle on a conservé la législation qui la régissait avec le reste de la France au jour de son incorporation dans l'Empire d'Allemagne, de telle sorte qu'on y pratique actuellement pour les réunions publiques notre loi des 6-10 juin 1868, et pour les associations notre Code pénal de 1808, renforcé par notre loi du 10 avril 1834. Ah ! quelle parole pourrait plus durement stigmatiser la législation passée et en partie vivante de la France, que le fait que cette législation a été trouvée bonne pour nos anciens compatriotes par leurs implacables vainqueurs et annexionnistes !

Mais, parmi les États autres que la Prusse, il en est aussi, tels que le Wurtemberg, la Hesse, la Saxe-Meiningen, où les mesures relatives à l'exercice et destinées à prévenir les abus du droit d'association et de réunion se trouvent inscrites dans d'autres lois du pays, et spécialement dans le code sanctionnateur ou pénal.

Enfin la législation territoriale repose également pour partie sur un décret de la diète germanique du 13 juillet 1854, décret déjà cité et publié avec force de loi dans bon nombre d'États allemands, notamment de petits États comme Oldenbourg, Saxe-Altenbourg, Schwarzbourg-Sondershausen et Rudolstadt, Waldeck, Reuss, branche aînée, Schaumbourg-Lippe. Nous ne voyons guère que Mecklenbourg-Strelitz, Lippe et Lubeck qui n'aient pas de prescriptions légales sur le droit d'association et de réunion et sur lesquels nous serions dès lors tenté d'émettre le pronostic réservé d'habitude pour les peuples sans histoire !

Un rapprochement entre les diverses lois allemande fait apparaître les différences sensibles qui les séparent. Des questions d'une importance fondamentale pour la vie publique ont été résolues d'une façon diamétralement opposée. C'est ainsi, par exemple, que certains États font dépendre la tenue d'assemblées et la formation d'associations de l'agrément de la police, tandis que d'autres États se contentent d'une déclaration préalable à la police, et que d'autres encore se passent même de cette déclaration, au moins quand il s'agit de simples réunions. Tantôt l'autorité chargée de la police possède sans restriction aucune le droit de dissoudre des réunions ; tantôt cette faculté ne lui est accordée que dans certains cas. Si la dissolution irrévocable des associations est remise parfois aux tribunaux, parfois aussi elle est abandonnée aux fonctionnaires de l'ordre administratif. Une loi générale qui remplacerait tant de bigarrures par des règles uniformes pour toute l'Allemagne, et qui introduirait dans ce domaine aussi l'unité de législation, rendrait donc à ce pays un incontestable service. Mais, si l'uniformité législative en des matières aussi essentielles est pour un grand empire un besoin de premier ordre, la liberté en est un autre. Que sortira-t-il d'une loi sur les associations et les réunions, élaborée par le pouvoir législatif de l'empire d'Allemagne ? Les seules tendances qu'il ait manifestées encore ont été, comme nous l'avons vu, restrictives. Est-ce que d'ailleurs dans une autre sphère l'empire allemand, qui décide aujourd'hui par ses organes législatifs des questions douanières, est demeuré absolument fidèle à la politique libérale suivie jadis par le Zollverein, qu'inspirait la Prusse libre-échangiste ? La méfiance des séparatistes, dont un régime de fer se chargera peut-être longtemps encore d'entretenir le mécontentement, la crainte d'un socialisme et d'un prolétariat de plus en plus apparents et menaçants, pourraient bien armer le législateur contemporain d'une rigueur inusitée, en vue de la préservation des résultats acquis par la collectivité et par les particuliers. Mais il est peut-être oiseux de prolonger ces conjectures sur le libéralisme ou l'intolérance de la législation allemande à venir. Car tout dépend, après tout, de l'heure à laquelle on se mettra à l'œuvre et des circonstances et des progrès d'ordre politique et social, impossibles à prévoir dès maintenant, au milieu desquels l'unité allemande, si généralement appréciée en principe, restant même debout, cette œuvre sera alors abordée.

CHAPITRE XI

SYSTÈME DU DROIT D'ASSOCIATION

De même que l'État ou que les biens matériels
dans les phases qu'ils parcourent depuis leur engendrement jusqu'à leur consommation ou que d'autres
domaines encore sont devenus les éléments d'une
science, de même les réalités, les choses de l'association (auxquelles correspond en Allemand le mot unique
et bien autrement satisfaisant de Vereinswesen) et le
droit d'association ou Vereinsrecht pourront bien à
leur tour donner lieu à une véritable élaboration et
construction scientifiques. Ceux qui recevront ou se
donneront la mission, qui n'est pas la nôtre, d'entreprendre ce travail sur les choses de l'association, sur
l'association-matière (si l'on veut nous passer cette
abréviation), s'emploieront à résoudre, à décomposer,
à démonter organiquement l'imposant phénomène de
l'association. Ils ne se contenteront pas de procéder à
une classification plus ou moins appropriée ; ils voudront surprendre la vie sociale dans ses sources, dans

ses fondements organiques, et le système leur servira seulement à mettre en lumière cet être organisé. Après avoir fait passer successivement sous nos yeux les diverses formes que l'association peut affecter, ils aviseront à les faire rentrer indistinctement, au moyen d'une puissante synthèse, dans un grand tout, dans un corps unique ; et cette vue d'ensemble, ce coup d'œil synoptique auront le mérite, à n'en pas douter, de nous convaincre que *toutes ces grandes modalités opèrent simultanément*, que par conséquent le Vereinswesen ne représente pas une portion isolée de la vie humaine, mais que *sur tous les points* il la saisit, la pénètre et l'anime *en même temps* de ses formes, en tirant de là précisément sa haute importance.

Quant à nous, c'est déjà en subissant une sorte d'entrainement et de fascination que nous nous laissons aller à soulever ici la question d'un corps de doctrine pour le droit d'association lui-même. Aussi, dans la crainte d'encourir le reproche de hors-d'œuvre, vu l'ampleur, la généralité de la tentative, confions-nous le développement complet et intrinsèque du sujet à nos successeurs, voulant nous contenter de considérations introductives, plus en rapport avec le caractère restreint d'un plan, s'inquiétant seulement de la situation de l'association dans le droit public, et exécuté déjà, pour ainsi dire, quoique moins bien assurément, que nous l'eussions voulu, dans les pages qui précèdent.

Inutile dès lors de nous attarder à la notion et à la
définition du droit. Un point reste en toute éventualité
constant : c'est que le droit n'engendre pas les choses
auxquelles il s'applique, mais que ce sont les choses
qui donnent naissance au droit. Au droit est dévolu
la haute fonction d'assigner, à chaque condition vitale
de l'homme son indépendance et ses bornes, non pas
au regard d'autres choses, mais au regard de la volonté
et du fait d'autres personnalités. A cet effet, il lui faut
connaître avant tout et comprendre ces rapports vi-
taux, que lui-même limite, après quoi il les formulera.
Il est donc l'énoncé de l'essence desdits rapports, en
tant que celle-ci est acceptée et valable pour les agissements de tiers. Ceci est vrai de chaque partie du
droit, vrai également du droit d'association.

Par conséquent le droit d'association n'est en réalité
autre chose que l'essence de l'association, parvenant
à se faire reconnaître et à valoir dans les relations
entre personnalités, sans distinction de personnalités
complexes ou simples.

Mais l'analyse de l'essence de l'association conduit à
un double constat. D'une part, l'association représente
une unité, constituée par l'accord libre des individus,
ce qui en fait un contrat. D'autre part, elle est par
contre, en même temps, l'expression de l'essence supérieure de la personnalité, telle que cette essence est
impérieusement réclamée par l'unité des individus ;
ce qui revient à dire qu'elle renferme une existence

indépendante du caprice des particuliers. Non seulement l'association est ce qui vient d'être dit, mais elle l'est nécessairement. Sa vie, et avec elle la dernière raison de son droit, elle la trouve, une fois qu'elle existe, non seulement dans la volonté de ses membres, mais encore en elle-même. Voilà ses deux éléments.

S'il en est ainsi, il s'ensuit que des deux éléments de l'association doivent partir aussi deux branches fondamentales de son droit, ayant chacune pour devoir de servir de formule à l'élément respectif et à son essence. Le droit qui répercute l'essence du contrat, c'est le droit privé, tandis que le droit qui s'empare de l'essence de l'unité, c'est le droit public. De la sorte, tout droit d'association se compose de droit privé et de droit public (1). Mais les éléments de l'association fournis par l'individu qui s'appartient et par la réunion des individus avec son unité n'existent pas côte à côte; ils se fondent et ne font qu'un dans l'association. Cette unité est la détermination de l'un des éléments par l'autre. Ce qu'on pourrait appeler la vie de l'association consiste précisément dans la réaction de l'unité sur l'autonomie individuelle. Le droit en général

(1) Ceux qui nous ont fait l'honneur de nous suivre jusqu'ici verront facilement d'après cela de quel secours leur est la précision actuelle de notre langage, pour rectifier la précision moins grande de notre langage antérieur, où nous avons distingué entre associations d'un caractère privé et associations d'un caractère public, en nous plaçant, il est vrai, à un autre point de vue, celui de leur fin ou de leur but.

étant donc l'expression de l'essence des choses en relation avec d'autres, le droit d'association, suivant sa conception la plus large, se révèle à nos yeux comme l'ensemble des modifications que subit le droit privé ou l'indépendance juridique du particulier par le fait de l'essence de l'*unité des personnalités*, qui se fait jour d'une manière indépendante dans le corps social. Autrement dit, tout droit issu de l'initiative de la personnalité simple est du droit privé; et pour autant que l'agrégation ne représenterait autre chose que l'expression de la volonté des particuliers dont elle se compose, il ne pourrait être question à son sujet, au lieu d'un droit d'association, que *d'un droit privé du contrat*. Pour autant au contraire qu'une unité autonome s'établit moyennant cette volonté individuelle, le droit privé des sociétaires se trouve jusqu'à un certain point dominé et supprimé par cette unité, et cette essence de l'unité, sous l'empire de laquelle le droit privé éprouve des modifications, forme dans son libellé juridique *le droit d'association*.

Voyons donc dans le droit d'association *le droit créé par l'essence de la vie de l'association*. Aussi aucune des propositions rentrant dans le droit d'association n'a-t-elle sa source dans l'essence de l'indépendance personnelle et de son droit privé, mais bien dans celle de l'association et de sa vivante unité. D'où il appert que les diverses propositions de droit, découlant de la nature du droit individuel, n'appartiennent pas proprement au droit d'association, et ne se produisent uniquement en réalité, dans ce dernier droit, que parce qu'elles sont déjà modifiées par l'essence ou la nature de l'association. Aussi longtemps qu'une proposition de droit quelconque, et par exemple la validité de la résolution prise, pourra se justifier par l'essence de la simple personnalité, elle ne fera pas partie du droit d'association, mais du droit contractuel. Par contre, le droit d'association commence là où un particulier peut se prévaloir d'un droit n'ayant pas son fondement dans un contrat.

Cette différence essentielle apparaît le plus clairement là où le *même* contenu est fourni par le contrat et par le droit d'association, comme lorsque quelques-uns en particulier établissent conventionnellement une caution et garantie solidaire, concordant exactement avec celle réclamée par le Vereinswesen, spécialement par les associations d'acquêts ; car malgré tout il n'y a rien là qui soit revendiqué par le droit social, comme étant au contraire, suivant ce que tout le monde sait, classé simplement dans le droit privé. Mais du moment que la même garantie est déterminée par l'entrée dans l'association, elle participe du droit d'association et cela par la raison que ce n'est plus une volonté spécialement dirigée en ce sens, mais bien la nature même de l'association qui réclame et institue cette garantie. C'est pourquoi la mesure et le principe de la garantie sont, pour nous en tenir à

cet élément, appréciés dans le premier cas d'après le
contenu du contrat de cautionnement, et dans le
second d'après l'essence de l'association : non pas
toutefois d'après les statuts, mais d'après le concept et
la nature de la modalité sociale même, qui sert de base
à l'interprétation du droit en question. On ne saurait
par conséquent arriver jusqu'au droit d'association,
sans reconnaître dans l'association un être indépendant, *qui est le propre générateur de son droit*,
quel que soit d'ailleurs le nom qu'il plaise de donner
à cet être. Et on constate ainsi *que le principe vital
du droit d'association* n'est autre que celui de l'association elle-même.

Tel est le point de vue auquel nous nous plaçons
relativement au droit d'association. C'est en s'y
plaçant, qu'on peut dire peut-être sans trop de témérité, qu'il existe et peut exister une science du droit
d'association. Du moins allons-nous essayer de justifier cette assertion à l'aide des développements suivants qui, encore une fois, ne seront cependant qu'un
préambule, préambule historique et théorique au
sujet lui-même, entièrement réservé quant au fond et
aux détails.

LE DROIT D'ASSOCIATION EN VIGUEUR

Le droit d'association en cours n'est et ne peut être,
suivant sa notion de forme, que le droit d'association

en soi, reconnu et tenu pour valable par la volonté de l'État, ou que l'essence du droit d'association comme contenu de la volonté publique.

On admettra bien en second lieu, qu'il ne peut être question d'un véritable droit d'association, tant que dans la législation sur l'association il s'agit d'une *espèce* isolée de société. Et on n'aurait pas davantage un droit d'association entendu à notre manière, si même *chaque* espèce d'association défrayait des lois détaillées et suffisantes. Le droit d'association véritable ne pourrait être que celui qui contiendrait tout ce que ces lois sur les actions, les associations, les sociétés coopératives d'ouvriers, etc., contiennent elles-mêmes de *commun* entre elles. Quand on se représente une pareille loi, le droit d'association prend immédiatement un autre aspect que celui sous lequel il se montre aujourd'hui. Ce droit d'association proprement dit ou *général* subsisterait pour lui-même, et le droit d'association régissant les diverses espèces ou variétés d'association serait le droit d'association *particulier*, tandis que le droit applicable à une association déterminée rentrant dans une variété sociale quelconque pourrait être simplement désigné par le vocable de statuts. Voilà quel serait donc le système en la forme. Son élément organique ne serait pas alors moins simple.

En effet, le droit particulier d'association n'est pas au sens où nous le prenons distinct en soi du droit général, duquel il ne peut se différencier que par les seules *modifications* imposées à celui-ci par la variété d'association en cause. Le droit particulier d'association, tel que par exemple le droit propre aux sociétés par actions, aux associations acquisitives, etc., devrait donc partir, en les présupposant, des règles du droit social général et s'y rallier comme à des règles jugées en elles-mêmes valables pour toutes les modalités sociales, les statuts ne recueillant à leur tour — sauf à se référer au besoin simplement au droit général et particulier — que celles des dispositions de forme, réclamées par l'association en chantier. Ce serait là la discipline rationnelle extérieure du droit d'association en usage.

Pour que cet ordre extérieur fût également interne et organique, la différence ou la relation entre le droit d'association particulier et général ne devrait pas paraitre seulement accidentelle et appropriée, mais tirée de la nature même des choses. Par là nous entendons que les modifications ou déterminations plus précises apportées au droit général d'association dans le droit particulier fussent commandées par *l'essence de la variété sociale*, se montrassent en harmonie parfaite avec celle-ci, tant extérieurement qu'intérieurement. Ici par conséquent encore l'essence des choses doit être la source du droit qui les concerne. Il n'est pas besoin à cet égard de plus ample démonstration.

Cela étant, l'étude du droit d'association voudra être nécessairement commencée par celle de l'essence de l'association, alors que l'étude du *système* du Vereinswesen devra servir de base aux variétés et classes de ce droit d'association. Tout homme du métier nous concédera volontiers que l'étude du droit d'association existant ne nous avancerait pas beaucoup sous ce rapport, et cela pour des raisons que nous allons faire connaître ; mais que d'ailleurs là même où une législation sociale véritablement systématique s'établirait, celle-ci, suffisante peut-être pour le jurisconsulte praticien et pour le magistrat, ne saurait en tout cas jamais à elle seule suffire complètement à la science. Car, en fin de compte, le législateur ne légifère pas suivant sa fantaisie ; il se règle sur ce qu'il considère comme l'essence des choses ; de telle sorte que la nature supérieure de celles-ci devient ici comme toujours la source du droit. Aussi longtemps donc qu'aux lieu et place du droit positif on ne mettra pas à l'étude la notion et la substance organique de l'association, on n'arrivera ni à un état législatif ni à un état scientifique bien digne d'envie au sujet du droit d'association. C'est l'humble avertissement que nous croyons devoir donner aux législateurs et hommes de science de l'avenir, quand ils voudront aborder cette matière à leur point de vue respectif.

Peut-être se rangera-t-on plus volontiers encore aux appréciations qui viennent d'être émises, après que nous aurons caractérisé brièvement l'œuvre législative accomplie jusqu'ici par les divers pays dont nous avons fait précédemment connaître avec quelque étendue les errements dans le domaine légal de l'association.

CARACTÉRISTIQUE DE LA LÉGISLATION SOCIALE ANTÉRIEURE

Il ne s'agit pas de nous appesantir sur l'historique complet du droit d'association pris dans son acception la plus large. Outre les proportions excessives d'une pareille exposition, il y a, pour nous en éloigner, un motif tiré des entrailles de l'association elle-même et qui dès lors concourt aussi essentiellement à préciser le point de vue actuel de cette formation de droit.

Laissons en effet présentement la détermination vague du Vereinswesen qui, entendu d'une façon très compréhensive, s'étend à toutes les formes d'unions, de communautés, de confréries et même de corporations. Passons à la conception de l'association comme telle, de l'organisation personnelle librement formée et librement administrée, qui ne peut par conséquent non plus être imaginée ni déployer de l'activité, sans recueillir en elle toute la vie commune et ses intérêts. Nous arrivons alors à cette constatation significative, en dehors de laquelle il ne peut réellement s'agir d'une matière et d'un droit d'association indépendants, que jusqu'à l'avènement de la société bourgeoise, c'est-à-dire jusqu'à notre siècle, *il n'existe pas encore de véritable Vereinswesen*. Ce n'est que de notre temps que celui-ci s'est développé, quoique d'une façon très incomplète. Aussi ne sommes-nous guère encore aujourd'hui qu'*au seuil du droit d'association*. Tout ce qui s'est fait jusqu'ici revient à des essais et à des dispositions plus ou moins maigres; et nous disons par conséquent que tandis que les unions, communautés, assemblées et conjonctions contractuelles de toute nature sont anciennes comme l'histoire du monde, les associations apparaissent comme le membre le plus jeune et comme un membre presque encore mineur dans le développement de l'Europe. Il n'y a donc encore guère lieu à une histoire proprement dite du Vereinswesen. Il est vrai que pour ce point de vue nous devons encore appeler à notre aide une autre indication.

Nous voulons parler de la différence entre sociétés et associations. Une société est une union économique; une association appartient à l'organisme de l'administration. La société veut donc aussi son droit public et elle le trouve. Mais dans le système du droit d'administration, tout le droit public des sociétés rentre dans le concept et la mission de l'économie politique appliquée au droit régissant les choses de l'économie publique, tandis que, du moment que les associations embrassent aussi bien que l'organisme de l'État et l'administration autonome la vie collective de la communauté des hommes, le droit d'association est justiciable de la doctrine du pouvoir exécutif. Aussi l'histoire des sociétés s'échelonne-t-elle sans doute déjà sur plusieurs siècles, leur première forme s'accusant, comme l'on sait, en partie dans des maisons de banque, en partie dans des compagnies commerciales. Il est tout aussi certain que dans les deux combinaisons on voit à côté de l'élément de société s'affirmer celui d'association ; mais le tout est si restreint et si exclusif, qu'alors il n'était encore question ni de la nature ni du nom même de l'association.

L'idée, que le principe vital de l'association se refuse par lui-même à se laisser refouler dans un champ déterminé, est absolument étrangère à l'histoire jusqu'aux temps les plus récents. Quoi d'étonnant dès lors que jusqu'à nos jours ni la législation, ni la science n'aient vu clairement l'ensemble, tout en ayant rendu service dans les détails. Mais entrons à cet égard dans des explications plus circonstanciées.

Aussitôt que l'association entre en scène, elle se révèle avant tout au dehors comme *une puissance*. Puissance bizarre, qui donne à réfléchir non seulement au régime de classes et de races, mais encore au gouvernement. Car sans se préoccuper de classes et de races, l'association recrute ses membres parmi tous les habitants du territoire sans distinction. Par principe, elle n'admet ni privilèges, ni différences.

Elle est une unité réalisant en elle et par son activité la grande idée de l'égalité et de la liberté.

En même temps, l'association a sa volonté et ses organes propres et pourvoit par elle-même à l'exécution de cette volonté; elle est incapable par nature de se soumettre au pouvoir personnel de l'État comme un organe purement servant; elle est indépendante ou elle n'est pas.

Enfin, par la puissance de ses moyens, elle constitue une force au service de la vie matérielle du peuple, qui se déploie d'elle-même et poursuit ses buts et ses intérêts particuliers.

En conséquence, sur un monde, auquel la liberté dans l'administration ou l'égalité parmi les individus serait inconnue, l'association produit l'effet d'un phénomène étrange mais redoutable, et il est dès lors naturel que le pouvoir public, sans regarder à la nature interne de la chose, s'arrête tout d'abord à ses résultats et manifestations extérieures et ne songe qu'à dire droit pour cette relation de l'association avec le dehors. Mais cette relation est double. D'une part, il y a relation avec le *gouvernement;* car de quelque façon que l'association soit constituée, elle remplit toujours une certaine fonction publique et se charge d'exécuter ce dont l'exécution incomberait en réalité au gouvernement. D'autre part, il y a relation *du côté des particuliers;* car de toutes manières l'association produit des obligations et des droits;

tranchant essentiellement sur ceux que font naître des rapports individuels. Il ne faut donc pas s'attendre à ce qu'originairement le droit d'association s'inquiète du contenu de la notion de l'association et envisage autre chose que les relations de l'association avec le gouvernement et avec le monde des affaires ou des échanges, en s'efforçant d'élever dans les deux domaines les barrières que l'intérêt public semble requérir. Et voilà comment se forment les deux grands courants de la législation unioniste, que nous avons à désigner comme le contenu caractéristique de *la première époque du droit d'association*.

La première des directions suivies peut être appelée la direction *policière*. La pensée fondamentale qu'on surprend ici, c'est que les associations en tant qu'organes d'une puissance étrangère au gouvernement doivent être placées sous une sévère surveillance exercée en haut lieu. Le signe recognitif extérieur de cette surveillance consiste en ce qui fait encore aujourd'hui grief selon les lieux, à savoir dans la mise en tas de toutes les associations, sociétés secrètes et assemblées, confondues pêle-mêle, et partant dans *l'extension* du droit policier concernant ces manifestations à tout le droit d'association, quel que soit le genre d'activité mis au jour par l'association. Puis à ce premier signe recognitif vient se joindre par voie de conséquence ce second signe, résidant dans le principe de *l'autorisation* donnée aux associations et dans la possibilité légale de les *interdire* simplement. Toute association doit être agréée, toute séance doit être surveillée, toute transgression de ces prescriptions policières comporte un châtiment. L'union sans l'agrément gouvernemental tombe par elle-même sous le coup de la loi. En tout cela il n'est pas question d'un droit d'association interne. Mais *l'esprit* de cette direction ne se trouve peut-être pas uniquement dans une pusillanimité policière exagérée. Il convient plutôt de le voir dans le sentiment plus ou moins confus et obscur qu'on a du rôle des associations, qui font penser à une organisation de la vie publique principiellement différente de celle fonctionnant trop souvent, qui incarnent l'idée de l'administration libre et qui par conséquent supposent aussi ou engendrent l'idée d'une libre constitution.

La lutte engagée dans cette direction avec l'élément social a donc toutes les apparences d'une lutte, qu'elle est en réalité, contre le libre développement du peuple. Ceux qui l'engagent visent, en se plaçant sur le terrain juridique, à combattre et à atteindre dans ses symptômes les grands mouvements de la vie populaire. Tant que ces mouvements n'ont pas réussi à prévaloir, le droit que défraye toute la première direction reste en vigueur, et les dernières traces de ce droit s'aperçoivent là où l'action de la justice est refoulée autant que possible à l'arrière-plan, sa place étant occupée par la procédure purement administrative.

Quant à la seconde des directions annoncées, on pourrait l'appeler la direction mercantilo-juridique. Elle s'inspire de la pensée que les associations sont des puissances économiques contre la prépotence ou l'activité incorrecte desquelles il convient à l'autorité établie de garer les conditions matérielles d'un peuple. A cet effet, elle doit reconnaître qu'il importe avant toutes choses de régler avec grand soin les questions et rapports de *droit privé* résultant des labeurs économiques, auxquels s'adonnent de pareilles associations. Parmi ces questions se place, comme bien on pense, au premier rang, celle de la garantie attachée aux engagements contractés par ou pour les associations. Il s'ensuit naturellement que toute association est tout d'abord et par-dessus tout comprise comme une société, en ce sens que c'est dans *ses conditions acquisitives et d'échange* qu'on va chercher et que c'est avec ces mêmes conditions que l'on croit avoir épuisé l'essence de l'association. D'où il résulte encore une fois que notre direction *ignore* en général toutes celles des associations, à la base desquelles ne se rencontre pas de condition acquisitive, et ne songe dès lors pas non plus à les munir d'un droit quelconque. Par contre, celles qu'elle connaît, elle les envisage uniquement au point de vue de l'échange ; pour elle il n'existe que des associations commerciales vouées à des affaires commerciales, et il est curieux de suivre ici la tentative de rendre possible l'impossible et de faire des affaires commerciales. une catégorie juridique fixe. De là la grande erreur, qui plus qu'une autre a été préjudiciable au développement du droit d'association, de faire rentrer les sociétés par actions dans la notion de société. Erreur, en entraînant une autre plus grave encore, par suite de laquelle on ne visait qu'à la détermination des sociétés par actions et on ne s'inquiétait que du droit à elles propre, tandis qu'on laissait de côté — au moins pour un temps — le vaste domaine tout aussi important des sociétés mutuelles et des associations acquisitives. Cependant il est certain, à première vue déjà, que celles-ci aussi bien que les unions d'ouvriers se livrent à des opérations commerciales, et que sans acte d'échange il ne pourrait même pas en général exister d'association.

Avec une aussi fausse direction, qui a longtemps dominé dans la législation française, et que la législation allemande avait trop servilement recueillie de la nôtre, comment le droit d'association eût-il pu s'épanouir en système ?

Ce sont donc les deux directions mentionnées qui, se tenant raides et sans intermédiaires à côté l'une de l'autre, forment le contenu de la *première* période dans la législation relative à l'association-matière.

Toutefois cette période se présente différemment, selon qu'on l'observe en Angleterre ou sur le continent.

En Angleterre, l'élément policier disparaît dès le début ; tout le droit d'association anglais est essentiellement du droit commercial. C'est aussi pourquoi la législation anglaise tend au moins à introduire sur ce terrain une certaine police économique. Elle s'y prend d'une façon maladroite, mais décisive et tranchante. Le principe de la *illimited hability* dans les sociétés par actions n'est autre chose qu'un principe policier de politique commerciale. Mais l'Angleterre elle-même ne va pas encore au delà de la véritable société par actions ; et on pourrait dire, sans témérité, qu'elle ne parvient même pas à pénétrer jusque dans son essence. Car durant toute cette première période il ne se rencontre pas dans la Grande-Bretagne depuis le *Bubbles Act* de législation véritablement générale au sujet des sociétés par actions, chacune de ces sociétés figurant plutôt une *corporation*, dont le droit et les conditions enchevêtrées ont été fort bien mis en lumière jusqu'en 1855 par l'écrivain Schwebemayer.

En face de ce point de vue, celui de la France accuse une très grande simplicité. Deux législations essentiellement différentes, qu'aucun lien ni de forme ni de principe ne rattache l'une à l'autre, s'y réfèrent à un seul et même domaine. La première de ces

législations a trait, comme on a vu, aux associations,
et formule dans notre Code pénal sur les associations de plus de vingt personnes les règles policières
connues. La seconde, entièrement distincte de celle-ci,
est la législation mercantilo-juridique du Code de
commerce, qui a confondu pêle-mêle les sociétés et
les compagnies par actions en tant que sociétés en
nom collectif et sociétés anonymes.

Pour ce qui est de l'Allemagne, sa législation
n'avait qu'une perception assez confuse de ce point
de vue de droit commercial. Il se passa bien en effet
près d'un âge d'homme à la suite des sanglantes
guerres du premier Empire, avant que l'Allemagne
connût les grandes entreprises. Aussi le besoin d'action ne se faisant pas sentir, tout le droit français
demeura à peu près inconnu dans cette contrée. Par
contre, le point de vue policier l'emporta à un si haut
degré, qu'on n'y est pas parvenu depuis à s'en affranchir ; et, ce qui plus est, on le transporta dans une
sphère où il ne pouvait donner que des résultats
absolument nuisibles, c'est-à-dire dans la sphère du
droit commercial dont on a songé, il n'y a pas si
longtemps encore, à l'évincer.

Le mérite du *premier* essai fait pour assujettir la
matière de l'association à une véritable législation
revient au Landrecht général de Prusse qui, quoique sans grande habileté, distingue cependant déjà
les sociétés acquisitives (*Erwcrbsegesllschaften*) des

sociétés (*Gesellschaften*) proprement dites et édicte pour ces dernières des dispositions formelles, échafaudées sur le double principe de l'autorisation et de la surveillance. Bien entendu, nulle part encore il n'est trace ici d'actions, etc. Ces errements sont, d'une manière générale, suivis dans la législation allemande jusqu'en 1848. Comme on n'arrivait pas à fonder de grandes compagnies par actions ni, à plus forte raison, des associations coopératives de crédit, de production, etc., la formation juridique allemande de cette époque se signale par cette circonstance qu'elle ne possédait même pas encore la notion et le droit des sociétés, et faisait tenir tout le droit social dans la conception purement romaine de la *Societas*. Même les publicistes ne s'élèvent pas à la notion et ne montrent aucun zèle au service du Vereinswesen. Si le peuple allemand n'en avait pas eu le sentiment, ce n'est pas sa science qui l'aurait instruit de toutes les prohibitions policières rigoureuses édictées par la Diète germanique. D'estimables écrivains peuvent s'escrimer sur le droit d'association en se montrant incapables de saisir, avec la différence entre société (*Gesellschaft*) et association (*Verein*), les fondements de tout droit d'association. N'est-il pas surprenant que jusqu'à l'année 1848, à notre connaissance du moins, l'essence de l'action et de la société par actions ne soit nulle part mise en cause dans toute la littérature allemande ? Ce droit privé allemand lui-même, si consciencieux cependant, qui se croirait incomplet en ne traitant pas *de omni re*, n'a pas connu l'action dans les réflexions, bourrées de notes, du savant Mittermayer, tant on était encore en retard dans ce pays il y a quarante à cinquante ans, et c'est ce qui explique que l'idée française de l'association, telle que la formulèrent d'une façon informe Fourier et Louis Blanc, ait pu, à cause des nuages mêmes qui l'enveloppaient, en imposer autant à l'obscur mouvement social allemand. Au résumé, l'intérêt durant cette période au sujet du Vereinswesen en Allemagne ne réside pas dans ce que ce pays possédait sous ce rapport, mais dans ce qu'il ne possédait pas ; et si l'on compare la disette d'alors avec l'abondance actuelle en cette matière, on prendra peut-être plus aisément son parti de tout ce qui n'est pas encore entièrement tiré au clair et élaboré.

Partant de ces diverses indications, il ne va pas nous être difficile de nous identifier avec ce qu'a en propre la deuxième période.

Avec l'année 1848 entrent en ligne de compte deux choses, destinées à renouveler entièrement la physionomie de tout le Vereinswesen.

Et tout d'abord, les associations politiques sont considérées désormais comme faisant principiellement corps avec les constitutions libérales. Le peuple, comme il fallait d'ailleurs s'y attendre, s'empare sans doute de ce moyen avec une vivacité qui, en beaucoup d'endroits, dépasse la juste mesure, et les gouvernements, un instant réduits, se posent à nouveau en adversaires résolus de l'association politique. On voit ainsi promulguer la loi prussienne de 1850, la loi autrichienne de 1852 et la loi fédérale allemande de 1854. Ce fut là, en Allemagne, le dernier acte de la réaction. Il n'y eut rien de changé à la forme, mais bien à la chose. Les masses avaient appris à regarder la limitation de la liberté de leurs groupements comme inconciliable avec le principe du développement constitutionnel. Le point de vue purement policier était devenu intenable.

Quant à la seconde circonstance, en apparence essentiellement distincte de la précédente et se rencontrant néanmoins avec elle, elle est fournie par l'essor gigantesque que prirent les grandes entreprises, notamment sur le continent. Mais celles-ci n'auraient pu se comprendre sans des actions. Dès lors, le point de vue, jugé encore plausible pendant toute une dizaine d'années vis-à-vis de l'association et qui consistait de la part des gouvernements à s'efforcer d'écarter ou de restreindre les associations, se trouva en contradiction ouverte avec la nécessité pour le Vereinswesen de jouir de liberté dans le domaine économique. On n'en était pas arrivé encore à apercevoir dans l'association politique et dans l'association économique quelque chose de semblable, et à

songer par conséquent seulement à une législation
sociale. Toutefois il fallut bien concéder maintenant
à l'association économique une législation indépendante. Ainsi se produisit, caractérisant du même
coup le travail fait jusqu'alors dans cette voie, *la dua-
lité de la législation sociale,* dont une portion s'ap-
pliquait à la réglementation de la société par actions
dans le droit commercial et l'autre à la réglementation de l'association en général, toujours intimement
liée au droit de réunion en vertu de traditions datant
de l'époque policière. A cette occasion, la différence
essentielle des facteurs agissants amena ce qu'il est
possible de présenter comme le caractère de toute
cette période légiférante, notamment pour l'Allemagne.

La législation relative au droit des actions, telle
qu'elle est concentrée dans le Code de commerce allemand, n'est nullement animée du souci de se donner
pour base le droit d'association interne des compagnies
de ce genre. Ce qu'elle veut avant tout, c'est uniquement, en face des actions et des sociétés par actions,
mettre à l'abri le particulier et son droit d'une part,
les rapports commerciaux et leur droit de l'autre.
Au fond, *toutes* les dispositions, y compris même la
disposition principielle de l'autorisation de la société
par actions, ne trahissent qu'une pensée et ne poursuivent qu'un but : la *garantie* des intérêts particuliers
et généraux vis-à-vis de l'action, et du même coup la

fixation des limites juridiques de la *responsabilité* de l'actionnaire et de l'administration, la détermination des conséquences de droit privé attachées à la souscription, à la participation, aux contrats, et à tant d'autres faits, auxquels la création sociale sert de point de départ. La notion et le droit de l'association ne se montrent pas en général dans cette législation. Bref, par cette législation, il n'existait pas d'association par actions (*Actienverein*), ce qui l'a rendue impropre dès le début à comprendre seulement les autres formes des sociétés acquisitives et, à plus forte raison, à mettre à leur service les principes qui leur conviennent.

D'un autre côté, bien que, dans la direction politique, l'association respirât plus à l'aise qu'auparavant, on n'en était encore guère qu'à la négation simple, en se contentant de la renonciation au point de vue, autrefois déterminant, de la tutelle policière. En se reportant aux législations allemandes les plus libérales en matière d'association, telles que celles de la Bavière et de l'Autriche, on n'y trouve, en définitive, autre chose que l'abandon de restrictions policières antérieures. *Qu'à côté* de ces dispositions relatives aux actions et à la liberté d'association, il y eut et dût y avoir un vaste et important domaine pour des unions économiques d'une part, des dispositions ayant trait au droit d'association interne de l'autre, c'est à peine si l'on y a songé avant les derniers temps ! Telle était, et telle est encore, en partie au moins, la situation ! Le droit d'association économique se résout dans le droit des actions du Code de commerce, et le droit d'association général se résout dans la libre conformation des associations.

Cette situation a tout d'abord été fortement ébranlée sur le terrain de l'économie publique. Si l'action joue un rôle considérable et indispensable dans le Vereinswesen, elle n'est cependant ni apte ni appelée à servir *seule* de base, même au Vereinswesen économique. A peine l'action commence-t-elle à faire du chemin qu'on voit surgir à côté d'elle de petits capitaux et qu'on voit aussi par ailleurs la classe des travailleurs, privée de capitaux, chercher à l'aide de l'association à prendre place parmi les entrepreneurs. Ces agitations et tendances suivant leur cours, on dut constater *qu'il n'y avait pour elles aucun droit*, pouvant les satisfaire. En effet, les codifications de droit commercial ne connaissaient que les sociétés par actions qui n'étaient pas en cause dans notre espèce ; les lois sociales ne connaissaient que le droit d'association, sans rien décider au regard des droits portant sur des biens, au regard des prestations et des responsabilités, ce qui était insuffisant ; et la jurisprudence, elle, ne connaissait que la *Societas*, ce qui était sans valeur, puisque ces associations se sentaient précisément des associations et non de simples sociétés. Impossible d'ailleurs de ne leur prêter aucune attention, puisque tous les jours leur importance allait en grandissant. Force fut donc de découvrir pour cette nouvelle série de phénomènes un droit nouveau. Et alors se manifestèrent les suites du développement exclusif, auquel avait jusque-là obéi notre matière. En tous ces modes d'association, on continua encore à ne voir autre chose qu'une nouvelle forme d'association acquisitive ; en comprenant d'ailleurs que l'action ne conduisait pas au but, qu'il importait de remplacer l'action et son fonctionnement par une autre entente de la responsabilité, et que celle-ci devrait donc être l'objet d'un droit nouveau. On comprit en outre que la transmission du point de vue policier de l'autorisation aux associations de capitaux ne correspondrait plus guère au mouvement moderne, et que la formation de pareilles « sociétés » devait être gratifiée de la liberté dont jouissaient toutes les associations. Mais on ne se haussa pas jusqu'à la notion de l'association. Une seule pensée assiégea les esprits, celle de *remplir une lacune dans la législation commerciale ;* et la conséquence fut de laisser privées, après comme avant, de tout droit primitif, toutes unions ne rentrant pas dans la catégorie des associations acquisitives (*Erwerbsgenossenchaften*). Après comme avant, leur droit se confond avec *le contenu de leurs statuts.*

D'où il suit, qu'avec leur pouvoir réglementaire, les gouvernements se sont réservé et ont dû se réserver

pour chaque cas le droit, sinon d'agréer préalablement, par voie directe, de pareils statuts, au moins
de les interdire, et cela au gré de leur appréciation.
On ne saurait en faire un grief aux gouvernements
et en tirer prétexte pour les accabler du reproche de
sacrifier à des tendances policières. Car tout le monde
parait d'accord, maintenant, pour apercevoir dans les
associations de tout genre des manifestations publiques,
que ne saurait embrasser le point de vue simple de la
Societas et qui paraissent aptes autant que destinées à
assumer une partie essentielle de l'administration de
fa vie interne des États. A défaut donc de toute loi
pour de tels organes et phénomènes, le pouvoir réglementaire de l'administration supérieure doit entrer
en scène, celle-ci étant certainement responsable —
ce qu'il ne faudrait oublier — de ce que les associations
font ou *tentent* en tant qu'organes publics. Or l'approbation des statuts n'est autre chose qu'une mise en
œuvre du pouvoir réglementaire. Aussi, tant qu'il
n'existe pas sur l'association une législation systématique et organique dans le sens élevé du mot, le gouvernement ne semble-t-il devoir rencontrer, dans les
mesures prises contre toutes associations qui n'auraient pas de législation propre, d'autres entraves
que celles apportées par leur inopportunité ou son
libre arbitre. Le remède ne se trouve pas dans un
appel général à la liberté d'association, mais bien plutôt dans un droit organique d'association, basé sur

une étude systématique de la matière de l'association.

La législation plus récente veut être appréciée à ce point de vue. Celle-ci date véritablement du *Friendly Societies Act* (18.19 V. 63, 1855) auquel se rattache une série de nouveaux développements, groupés dans un petit recueil qui a été publié en 1860 par les soins de Tidd Pratt. Ajoutons-y le *Joint Stock Companies Act* de 1856, qui supprima la *illimited hability* comme assise de la société par actions et le nouveau *Companies Act* de 1867, qui tend essentiellement à pénétrer la législation anglaise de l'esprit animant le droit continental en matière de sociétés par actions.

Chez nous, la loi du 24 juillet 1867 sur les sociétés a affranchi de la tutelle administrative, à leur entrée dans la vie, les sociétés par actions, et elle a entrepris, dans ses articles 48 à 54, la réglementation législative des associations coopératives ou ouvrières comme « sociétés à capital variable ». Puis, l'année d'après, les réunions publiques, au moins celles ne traitant ni les matières politiques ni les matières religieuses, ont été soustraites à l'autorisation par la loi du 6 juin 1868, dont les auteurs avaient sans doute en vue les intérêts concentrés des travailleurs. Mais même dans ces sociétés à capital variable le législateur ne se départit pas de l'idée principale, qu'il y faut des actions (art. 50); de telle sorte que la notion et à plus forte raison le droit desdites associations sont ici méconnus.

Sans vouloir appuyer plus que nous ne l'avons fait antérieurement sur la législation et la littérature allemandes, nous pouvons rappeler au moins l'insuffisance, signalée par Schulze-Delitzsch, de la loi fédérale aussi bien que de la loi saxonne en ce qui concerne les personnes juridiques, ces lois manquant de clarté et de précision relativement à la responsabilité dans la *Erwerbsgenossenchaft* (mot un peu ambigu, paraissant désigner surtout les associations économiques qui ne sont pas par actions, parfois plus rectrictivement encore les associations de crédit seulement) et ces lois ne comportant pas d'application au surplus des unions. Les mêmes défectuosités se retrouvent en Bavière et en Autriche. Aucune de ces lois nouvelles n'a eu d'autre ambition que de fournir un complément au Code de commerce.

Quand on suit cette marche de la législation, on se persuade qu'en Allemagne, mais ailleurs aussi, on est arrivé, depuis quelque temps déjà, à une période de transition. Les antiques fondements de la législation sur l'association et du Code de commerce sont hors d'usage et abandonnés. Une vie toute nouvelle circule. Les changements et progrès publics portent leurs fruits et la loi du 30 juin 1881 vient consacrer d'une manière générale la liberté des réunions publiques sur le territoire de la République française. Les progrès économiques, accomplis sous l'empire d'une appréciation plus exacte du rôle de l'ouvrier dans le phénomène de la production, se traduisent de leur côté par la liberté, proclamée le 25 mai 1864, des coalitions, ces associations éphémères et défensives et par la liberté non plus seulement des associations syndicales entre propriétaires intéressés, auxquelles se réfère la loi du 21 juin 1865, mais de tous les syndicats professionnels quelconques, ces associations agissantes dont la fédération même ne rencontre aucun obstacle dans la loi de 1884. Puis, à l'occasion des débats provoqués par telle de ces lois, on voit des préoccupations théoriques, des soucis de généralisation se faire jour. Rien de plus naturel d'ailleurs, car si la théorie précède quelquefois et prépare certains faits et arrangements, ce sont plutôt les faits et les événements qui engendrent les doctrines, les enseignements, les conclusions, les œuvres d'abstraction et de quintessence. A mesure qu'en fait prévaut la liberté, dont le règne s'annonce assez clairement, la règle, dont ne veut s'accommoder l'arbitraire, s'impose davantage, cette règle qui se tire de la nature des choses, à l'étude de laquelle il n'est plus dès lors possible d'échapper. La philosophie est née avec la liberté de penser. L'économie politique a eu son berceau dans la patrie d'Adam Smith, qui a été aussi la patrie de la liberté individuelle, de la liberté du travail et des échanges. Les lois de l'humanité, qui, bien méditées, peuvent nous préserver, nous et nos descendants, de foule de catastrophes ou nous faire avancer plus résolument dans les voies civilisatrices, reposent sur une longue chaîne d'événements enregistrés par l'histoire. C'est aussi pourquoi, avec les prémisses précédemment posées en notre matière, nous considérons comme étant à peu près venu le temps d'un système qui, pour devancer quelque peu l'accomplissement de tous les progrès, pourra bien accélérer l'avènement de certains d'entre eux. Encore que l'exposition complète de ce système ne soit pas notre affaire, nous voulons au moins, pour dégager notre promesse, en esquisser ou en rappeler les bases à grands traits, sans vouloir cependant franchir le seuil d'une étude qu'il nous aura suffi de faciliter à ses inévitables zélateurs.

BASES DU SYSTÈME DU DROIT D'ASSOCIATION

Le droit d'association ou *Vereinsrecht* se systématise, quand son concept est dissous en ses éléments organiques par le contenu de l'association. Mais le droit d'association est, suivant ce que nous avons vu, l'essence de l'association, parvenue à s'imposer aux tiers. Le système du droit d'association se développe donc par les moments qu'on peut relever dans la notion même de l'association.

Or la notion de l'association est avant tout commune à toutes les associations ; elle paraît ensuite dans leurs divers genres, parmi lesquels prennent place les cas particuliers. D'où il résulte que les notions organiques fondamentales, extraites de la nature générale de l'association, sont les assises du système, que sur ces assises et en dedans d'elles s'élève le droit des genres d'associations et que le droit de chaque association isolée se présente encore une fois comme une modification de ce droit des genres. Par suite, il existe un *droit général* d'association, un droit *des genres d'associations* et un droit *propre à chaque association particulière*. Disons donc, d'après l'état actuel de la formation juridique du Vereinswesen, que le droit général d'association est fixé par la *science*, le droit des genres d'associations par la *législation positive* et celui des associations particulières par leurs *statuts*.

– Ces notions fondamentales fournissent en même temps le rapport des groupes indiqués du droit d'association entre eux. Le droit général d'association sert de source d'interprétation au droit des genres sociaux, comme ce dernier droit est le flambeau qui doit éclairer les statuts. Ainsi naît la science juridique organique du droit d'association. Et ainsi se confirme ce que nous avons dit de l'étude du droit d'association, qui ne se conçoit pas sans l'étude du système des associations.

Voilà pour ce qui est de la base *extérieure* du système du droit d'association. Quant à son *contenu*, il

est donné par un autre élément également inhérent à
l'essence de la notion d'association.

En effet, l'association est tout d'abord une unité
indépendante et, comme telle, un sujet de droits indépendant et individuel. Mais elle est en même temps,
de par sa nature supérieure, un organe de la vie collective, qui, en assumant une tâche publique par le
rapprochement volontaire de forces particulières, se
révèle comme un fait d'administration libre. Or, en
ce sens, elle appartient à la vie publique. Par suite,
elle se trouve, pour chaque point, placé dans un
double rapport. Le premier rapport, dû à son indépendance personnelle, engendre ce qu'on pourrait
appeler le droit d'association *interne;* tandis que
l'autre rapport, rapport organique où elle se trouve
placée vis-à-vis de l'ensemble de l'État et de son
administration, conduit au droit *public* du Vereinswesen.

Il advient ainsi que ces deux catégories du droit
interne et du droit public du Vereinswesen font leur
apparition dans *chaque* association et, comme toute
l'association appartient à la vie publique, dans chaque
partie également du droit interne. La condition ou manière d'être vis-à-vis de l'État des corps s'administrant
librement trouve son expression dans la haute surveillance de celui-ci. Le droit intégral d'association est
donc loin de représenter une vie juridique isolée du
droit public, et c'est cette haute surveillance qui intro-

duit l'association dans le vaste et actif organisme de la vie collective. La haute surveillance pénètre par conséquent non seulement l'activité, mais encore la législation du Vereinswesen ; et une fois qu'on s'est ainsi mis d'accord sur son compte, il n'y a pas à s'en occuper pour elle-même, mais dans la liaison constante et organique qui a été mentionnée.

Après cela le *principe* des deux moments relevants dans le droit d'association ne saurait pour sa détermination offrir de difficulté.

Le principe du droit d'association interne est dans la *liberté* organique, à la faveur de laquelle les sociétaires ne prennent conseil que d'eux et agissent par eux en vue du but social qu'ils se sont assigné eux-mêmes.

Le principe du droit public est dans *la limitation* de cette liberté, en tant que cette limitation apparaît comme une condition du développement d'ensemble, spécialement comme une condition de l'activité administrative.

Le premier principe sans le second mène à l'arbitraire, au désordre, à la lutte ; le second sans le premier dégénère en obéissance passive, en servitude des particuliers au regard de l'État. Les deux principes dans leur action respective l'un sur l'autre peuvent seuls consommer le droit d'association. Une pareille manière de voir serait-elle vraiment exposée au reproche d'absolutisme ? Nous avons quelque peine à le croire.

Si cependant ce reproche était formulé, il faudrait en prendre aussi allégrement son parti, que le faisait Lorentz de Stein, qui déjà avant nous a avancé toutes ces propositions, dont tout le mérite lui revient, mais dont nous sommes disposé à partager avec lui la responsabilité.

Mais voici maintenant une autre déduction de ce qui précède et qui est de la dernière importance pour le développement du système. Grâce justement à son principe, le droit public *varie suivant les divers genres d'associations*, puisque, précisément dans leurs divers genres, les associations mettent en mouvement l'activité administrative et appellent une limitation, variable suivant leur diversité même.

C'est de là que vient par conséquent aussi que les bases pour l'étude du droit interne et du droit public d'association sont si essentiellement différentes et que partant ces deux droits sont examinés et élaborés d'une façon si peu semblable. Le développement du droit interne s'appuie avant tout sur l'étude et la connaissance de l'essence de l'association, alors que l'étude et la connaissance de *l'administration intérieure* servent plutôt de support au développement du droit public d'association ; car les associations sont précisément des organes d'administration libres, et leur droit public revient dès lors au droit administratif intérieur dans son application au Vereinswesen.

Ce contenu du droit d'association s'érige en système, prend possession de ses domaines et compartiments quand l'association est considérée, ainsi qu'il convient, comme un tout organique, dans lequel les divers moments accusent leur indépendance vis-à-vis des particuliers aussi bien que vis-à-vis de l'État. Cette indépendance des divers moments, incontestée et admise du côté des particuliers, des tiers et de l'État, apparait comme constitutive de *leur droit*. On ne saurait donc s'acheminer vers le développement systématique du *Vereinsrecht*, sans décomposer la vie de l'association dans toutes ses parties, et sans envisager par conséquent l'association comme quelque chose de vivant en soi et au regard du monde extérieur. Au droit échoit la haute mission de fixer en des formules précises chacun des moments de cette vie en société, et de leur assigner leurs frontières en cherchant de la sorte ses propres fondations et son contenu dans l'aperception de la vie dont, s'agit.

Or, l'association est *tout d'abord* une unité personnelle, formée par la libre volonté des individus ; comme telle, l'association en a donc *ensuite* les organes avec l'activité inhérente à l'essence de la personnalité ; et *enfin* cette activité doit être en harmonie avec l'essence et la volonté de l'association.

Tels sont les trois chaînons, les trois grandes catégories de la vie sociale ; elles distribuent le droit d'association en trois grands domaines qui, conçus

comme un ensemble et occupés par les déterminations des genres d'associations et de leur droit respectif, constituent le système du droit d'association.

Nous ne ferons pas un pas de plus dans cette voie
qui s'ouvrirait immédiatement sur des détails coor-
donnés suivant ces prolégomènes. Mais il serait digne
des académies ou des écoles de droit de présenter
successivement aux méditations et aux facultés archi-
tectoniques des hommes d'État et des juristes, sous
forme de questions de prix, les deux questions qu'on
pourrait libeller ainsi :

« Mettre en système la matière de l'association. »

« Mettre en système le droit d'association. »

Quels services de pareils travaux bien conduits ne
rendraient-ils pas à la science ! Quels pas ne lui fe-
raient-il pas faire en face de l'étranger si avide à nous
disputer la palme des progrès scientifiques ! Et quelles
lumières ne seraient-ils pas capables de projeter sur
les questions les plus ardues, les plus controversées
au sein même du Parlement, comme celle d'un traitement ou uniforme à certains égards ou différent à
appliquer aux associations, selon qu'il s'agit d'associations professionnelles, religieuses, etc.

Nous n'insistons pas toutefois sur ce vœu en partie
double, sur ces deux lacunes à remplir dans la littérature politique et juridique, nous sentant mal à l'aise

pour provoquer avec trop d'ardeur de la part d'autrui
des recherches nouvelles, au moment même où nous
ne sommes pas sans préoccupation sur la valeur et
les résultats de celles auxquelles nous venons nous-
même de nous livrer.

FIN.

TABLE DES MATIÈRES

Paris. — Imprimerie PAUL DUPONT, 41, rue J.-J.-Rousseau (Cl.) 16.5.87.